儿童语言发展系列丛书·会读卷

开始朗读吧

道听“图”说：听到看到说到

刘　剑　吴晓蕾　编著

上海教育出版社
SHANGHAI EDUCATIONAL
PUBLISHING HOUSE

序

让每个孩子都有朗读的体验

刘剑、晓蕾是我的好友、同学，刘剑更是早几年就辞去了电视台新闻主播的工作，风风火火地去做更喜欢的事情——儿童语言发展教育。在很多地方，特别是上海，刘剑、晓蕾的知名度都很高。他们不但热心于事业的运作管理，而且笔耕不辍，善于总结。我们现在看到的这套书，内容广泛且针对性很强，对儿童学习朗读又增添了一套难得的新教材、好教材。

我很不同意“阅读不会给你带来丝毫的好运，但是可以让你做回自己”，这句话前后是矛盾的。朗读经典作品是一种精神熏陶，是一种高尚人格形成的过程，怎么能说不是好运呢！孔融不只是教会孩子们让梨，司马光也不是让孩子们都去砸缸，大象的重量也不用孩子们去称，但是通过朗读这些作品和故事，我们确实学到了远比一件件具体事情更有意义的友爱和智慧，也学会了分析问题和解决问题的方法。

接触更多的优秀文学作品可以使我们眼界开阔，认识深刻，知晓可为与不可为。苏东坡读书多不多？他也有所畏惧。他曾经写了一副对联贴在大门上，“识遍天下字，读尽人间书”。有一天来了一位老者，一边拿出几本书，一边对他说：“听说你要‘识遍天下字，读尽人间书’，今天特来请教。”苏东坡接过书一看，顿时就愣住了，因为书上的字他一个都不认识！老者微微一笑，飘然而去。苏东坡大受启迪，才知道人世间的学问是无止境的，于是将对联改为“发奋识遍天下字，立志读尽人间书”。

现在，朗读很受欢迎，又很容易操作。人人都能读诗，但要把它读好并不是一件容易的事！朗读并不是每个人都能得心应手，这里面最难避免的就是装腔作势，不分青红皂白地把声音端着、捏着，拿腔拿调地表演作秀。须知，朗读也是在说话，自然大方才是最好的。所以，要把朗读的方法告诉孩子们，让他们从小就知道正确的朗读方法。这就是我这两位同学正在努力做的一件大好事啊！

学习朗读还有机会进行朗诵表演，可以大大增强孩子的自信心。朗诵表演上台前要做的准备叫“一进”，上台后要完成的表达叫“一出”。“一进”就是要把作品理解深、理解透，获得真实的、具体的感受，把握好朗读的基调。这是一个不容忽视又很容易被忽视的环节，不少人的朗读听起来“水”“没味道”，或者把高兴的作品读成悲伤的感觉，就是理解得不准又不透。“一出”就是把对作品的理解通过语言等形式表达出来。要求很多，比如感情要真挚、基调要把握准确、要能读出韵味等。具体怎么“出”、怎么读，尤其是如何培养孩子的朗读能力，刘剑、晓蕾在这套教材里讲得很详细，请各位仔细阅读，慢慢体会。

中央广播电视台播音员、播音指导　朱卫东

2020 年 2 月

前言

为什么要朗读

对于孩子来说，读书学习是很重要的，而且必须大声地朗读。为什么一定要大声朗读，而不是默读或浏览呢？因为只有读出声来，文字的声、韵、调、节奏、语气才可以显现出来，作品的思想情感才会透过抑扬顿挫、跌宕起伏的声音律动感染人。而且，大声朗读时，精力最集中，情感最投入，不会有丝毫分心走神。但是，现在很多家长未必都能认识到孩子朗读的重要性，不然怎么会有那么多孩子不会朗读呢？

一、朗读对于孩子来说真的很重要

第一，朗读能激发孩子对阅读的渴望。有了愿望就有了动力，所以"教孩子如何阅读，不如教孩子渴望阅读"是非常有道理的。通过大声朗读，孩子会逐步感受到阅读带来的愉快和满足。这种快乐会给予孩子无穷的动力，使孩子阅读的渴望更加强烈，阅读就会成为不断重复的愉悦体验。所以，朗读不仅是学习语言的方式，更是一种人生体验；不仅能积累词语、培养语感、提高理解力，更能激发兴趣、促进交流、享受愉悦。如果父母也能大声地给孩子朗读，那么在培养孩子阅读兴趣的同时，也在为孩子积累取之不竭的财富。因为孩子对语言的理解能力发展远远早于对文字的理解能力，也就是说，他能听懂之后才能看得懂，而听父母的朗读也是在间接激发孩子对阅读的渴望。

第二，朗读能提高孩子的认知能力。孩子都是从"读书"开始学习的，这是最主要的教育方式，可以帮助他们建立知识体系，引导他们认知世界。朗读是孩子通过文字符号建立抽象思维能力的过程，也是检验其思维发展水平最直接的标准，孩子的认知能力通过朗读就能直接反映出来。我们常说，能问出什么样的问题，反映出孩子的认知水平；能用什么样的语言表达，反映出孩子的思维能力。那么，朗读通过图文结合的学习，将抽象思维能力和具象思维能力的培养结合在一起，是提高孩子认知能力的必由之路。

第三，朗读的习惯会使孩子终身受益。良好的学习习惯不是靠硬性规定的作息时间和刻板教条的方法训练出来的，而是靠从小培养的能力形成的。能否养成良好的自主阅读习惯，往往会影响孩子将来成为什么样的人。如果从小给孩子朗读或者帮助孩子养成朗读的习惯和能力，那就是在培养一种使孩子终身受益的好习惯。美国教育专家介绍说："美国的教育秘诀就是每天给孩子朗读 15 分钟。"

第四，朗读是语言学习的最佳方法。语言学习很复杂，不是单纯在语文课堂上学一些语言知识就可以学好的，必须"文语并重"才能真正掌握语言的真谛。我们知道，思考是最好的老师，可以引导你不断进步，高质量的朗读学习就是在帮助孩子学会思考。通过大量阅读，能从别人的思考中得到借鉴，引发更多的思考。读得越多，思考就会越深入，思维能力就会不断提高。"熟读唐诗三百首，不会作诗也会吟。"不仅是在传授写作方法，更是在告诉人们，从朗读中我们可以学会如何进行思考，如何表达思想和情感。

二、朗读对语言表达很有价值

首先，朗读语言的完整流畅是对思维能力的一种检验。朗读语言必须完整流畅，这对于小学生来说是一个不低的要求。刚入学的小学生，虽然有的已经识字不少，但是对词语概念和意义的理解还不太准确，感受也不太深入，朗读往往是见字发声，还停留在念字的初级阶段。此时，我们应该帮助孩子学习理解词语，以词语意义为纽带，让他们学会读出语言的内在含义，学会流畅地读出完整的语句，而不是一字一顿地念字。

在此，有必要对小学教学中的“指读”教学法“微词”两句。我们不提倡“指读”这样的朗读教学方式，而是希望孩子们从小就能掌握“眼到、心到、口到”的读书方法。《弟子规》中“读书法，有三到：心眼口，信皆要”的说法，来自朱熹在《训学斋规》里说的“读书有三到，谓心到、眼到、口到。心不在此，则眼不看仔细，心眼既不专一，却只漫浪诵读，决不能记，记亦不能久也。三到之中，心到最急，心既到矣，眼口岂不到乎”。按照朱熹的解释，我们明白了读书是一种思维过程，必须集中精力，心无杂念，眼睛紧盯文字，将注意力集中到对文字的辨认、理解、感受上，才可能准确、完整、流畅地大声朗读出来。我们再来看“指读”教学法，看似是在用一根手指帮助孩子看准文字，减少朗读中的添字、漏字现象，但是这样的“帮助”必定会弱化“心、眼、口”的统一协调功能，更容易使语言的思维能力弱化，使孩子形成“见字发声”的毛病，从而养成“读字不读句，读音不读意”的坏习惯。

其次，朗读语言要朴实大方是一种培养美感的形式。朗读文学作品是将作品内容用声音表达出来，传递出的是作品的思想和感情，也是朗读者自己的理解和感受。要求朗读语言朴实大方，主要是针对很多孩子误将“朗读要有感情”认为是必须做出有感情的样子，发出有感情的声音，所以就虚声假气或故意提高声调。我们认为，朗读的感情通过声音表达出来应该是在深切感受的基础上、在语言表达的过程中自然流露，应该是朗读者思想情感的真实呈现，而不是貌似有感情的声音，而且这种虚假的朗读往往是以不变应万变，不管读什么作品都是一个声音和一种形式。

朴实大方的声音要求我们以自然的声音进行表达，不要特意提高声调或者用虚声假气来抒情。现在很多所谓的语言艺术培训机构教幼儿园的孩子口部操和用气发声，这实在是对孩子的戕害！

朴实大方，落实到词语表达上就是要以内容为重，不要见到形容词就强调，就有意延长音节，而应该根据词语在句子中的作用来判断哪些词语应该重读，哪些不需要强调。比如《小熊过桥》一文中有这样几句：头上乌鸦哇哇叫，桥下流水哗哗笑，妈妈妈妈快来呀，快把小熊抱过桥。其中"哇哇""哗哗"这样的象声词就不能读得比"叫""笑"重；"妈妈妈妈快来呀"中的"快"就不能读得比"来"重；"快把小熊抱过桥"中的"快"也不能读成重音，这句的重音是"抱"。

说到这里，或许您已经明白了孩子为什么需要朗读，也知道了朗读对孩子的重要性，那就赶紧关注孩子的语言发展教育，和孩子一起开始朗读吧！

刘剑　吴晓蕾
2020 年 2 月

目录

朗读学习是从倾听开始的，打开自己的耳朵，只有专心听，才能真正学会朗读。听是说的基础，一定要先培养良好的朗读听辨能力。

第一单元 听读结合 学读儿歌

看图说话，看什么和怎么看与学生的抽象思维能力密切相关，因此看图观察训练是一种培养抽象思维能力的好方法。

第二单元 看图读图 会读会讲

学习朗读必须对文字仔细推敲和认真思考，才能真正理解词语，感受作者遣词造句的用意，朗读才能准确、生动、有意境。

第三单元
推敲理解　讲好故事

通过倾听，可以提升儿童的专注力；通过倾听，可以提高儿童的理解能力；通过倾听，可以增强儿童的感受力；通过倾听，可以发挥儿童的听力优势。

第四单元
悉心倾听　模仿表达

第一单元
听读结合　学读儿歌

上小学就要开始接受正规的学校教育了，读书识字是学校教育的重要内容，掌握语言文字知识、学习使用语言文字是小学生语文学习的主要任务。为了更好地帮助学生学好语文，培养并建立良好的自主阅读习惯，逐渐形成运用语言学习的能力，我们希望在《开始朗读吧》这一系列教材中，通过分层、分级朗读学习和拓展阅读，帮助学生在琅琅书声中养成爱读书、会读书、读好书的阅读习惯。

朗读学习其实是从倾听开始的，只有专心倾听，才能学会朗读，这就是我们常说的“听得懂，才能学得会”。听和说密切相连，互相促进。听是说的基础，儿童在开口说话之前，首先是通过听觉能力的培养来建立语音的听觉表象，之后才逐步开口学会说话。同学们一定要先从认真听开始，培养自己的朗读听辨能力。

第一课
听示范　跟着读

一、本课要点

听朗读是高质量语言输入的途径，但是，学习语言的目的不仅仅是为了能听懂别人说了些什么，知道多少语言知识，记住多少个词语，而是为了培养学生的语言运用能力。所以，读出声音来的朗读学习是学习语言过程中检验学习效果的直接指标。

在这一课中，我们先从听老师示范并跟着朗读开始。

（一）讲解示范跟读

老师讲解作品之后，学生要能准确理解作品中的每一个词语，明确每一句话的句读关系，真正理解作品的内容和情感。认真听老师朗读后，请跟读。

（二）音频示范跟读

老师播放示范朗读作品音频，学生听两遍音频后，请再跟读一遍。

（三）同学互听互读

同学之间的互听互读是为了培养学生的朗读听辨能力和理解表达能力。请两位同学示范，一位朗读，一位听，然后交换，两位同学完成听和读之后，再互相评价。

本课要学习的作品是《小童话》。

小　童　话

邵燕祥

在云彩的南面，

那遥远的地方，
有一群树叶说：
我们想像花一样开放。
有一群花朵说：
我们想像鸟一样飞翔。
有一群孔雀说：
我们想像树一样成长。

二、课堂朗读

（一）声音洪亮

朗读就是要大声地把文字读出来，朗读儿歌一定要声音洪亮。但是，大声朗读并不是扯着嗓子喊，而是要读出儿歌抑扬顿挫的音乐美，展现儿歌的旋律美。怎样才能声音洪亮呢？

1. 打开口腔

有不少学生朗读的时候不张嘴，声音就会含在嘴里，不仅说话含糊不清，而且声音也不够响亮。有的学生嘴巴张开了，但是口腔的整体没有打开，因此不能形成良好的口腔共鸣，声音不圆润，不饱满，不动听。

要求：

张大整个口腔，打开牙关，要尽量打开后槽牙。简单地说，就是朗读的时候要张大嘴巴。

练习：

（1）抬头张口练习：提颧肌，放松下巴，抬头向上慢慢张开嘴巴，双眼往上看。

（2）咬苹果练习：想象自己在咬一个大大的红苹果，保证后槽牙打开，有一种可以一口咬住大苹果的感觉。

两种练习，都可重复多次。

2. 单元音的发音要响亮

汉语悦耳动听、响亮优美、富于音乐性的主要原因是汉语有响亮圆润的单元音。“a、o、e、i、u、ü”这六个主要单元音的发音都要悦耳响亮。

要求：

单元音“a、o、e、i、u、ü”的发音要响亮清晰。

练习：

跟老师练习单元音的发音。

（二）口齿清楚

排除语音障碍问题，发音时，舌头在口腔中形成气流阻碍的位置不准确是口齿不清的主要原因。

1. 发音时要唇齿相依

发音时，只有做到唇齿相依，发音才可能规范准确。

要求：

上下嘴唇贴住上下齿，不要噘嘴巴，尤其是发翘舌音的时候，不能噘着嘴。

练习：

（1）“i”的发音：体会紧贴上下齿发音的感觉。

（2）“j、q、x”和“z、c、s”的发音：嘴唇紧贴牙齿，舌面展开，避免舌尖咬在上下齿之间。

2. 声母的发音要准确

声母是普通话音节中开头的音素，往往决定了音节发音的准确度，因此声母的发音要准确有力。

要求：

明确自己在声母发音上有哪些问题，请老师纠正指导。

练习：

朗读《听》，老师有针对性地纠正学生的声母发音问题并进行强化练习。

听

佚　名

小雨，滴答滴答；大雨，哗啦哗啦。

只有雪花最懂事，它悄悄地落下，

落在每家窗前，静静地听。

听啥？

听窗里的笑声，听春天的童话。

三、蒙学经典——《三字经》(一)

在中国传统文化中，被称为“经”的书并不太多。因为“经”有至高无上的荣誉和地位，不是什么书都可以被称为“经”。《千字文》就不能叫作《千字经》。《弟子规》是对儿童行为规范的要求，虽然很有价值，但也没有被称为“经”。可见《三字经》是中华民族儿童启蒙教育的重要篇章，也是传承中华传统文化的必读经典，我们一定可以从中汲取丰富的文化精髓。

rén	zhī	chū	xìng	běn	shàn
人	之	初，	性	本	善。
xìng	xiāng	jìn	xí	xiāng	yuǎn
性	相	近，	习	相	远。
gǒu	bú	jiào	xìng	nǎi	qiān
苟	不	教，	性	乃	迁。
jiào	zhī	dào	guì	yǐ	zhuān
教	之	道，	贵	以	专。

注解：

生命刚开始的时候，人的本性都是善良的。人的本性其实都是很接近的，后来因为生活和学习环境的不同，人的生活习惯差异就越来越大了。

如果不及早接受良好的教育，善良的本性就会随环境的影响而发生改变。不接受教育，人性中坏的东西就可能生发出来。教育的根本是专一，应注重培养儿童的专注力。学习时要专心致志，课业的选择要以专精为主，不要希求广博。这里的教包含两种教育内涵，一种是道德品质的教育，另一种是文化知识的教育。

四、课后朗读

小宝宝要睡觉

佚 名

风不吹，浪不高，
小小船儿轻轻摇，
小宝宝啊要睡觉。

风不吹，树不摇，
小鸟不飞也不叫，
小宝宝啊快睡觉。
风不吹，云不飘，
蓝色的天空静悄悄，
小宝宝啊好好睡一觉。

五、古诗赏读

江 上 渔 者

［宋］范仲淹

江上往来人，但爱鲈鱼美。
君看一叶舟，出没风波里。

第二课
听音韵　大声读

一、本课要点

我们学习朗读就要学会听语言中的音韵美感，要感受语言的抑扬顿挫、轻重缓急、高低起伏。汉语是单音节字，一个音就是一个字，每个字都有一个声调。现代汉语有阴平、阳平、上声、去声四个声调，这些特点就形成了汉语的音韵关系。音要准，韵要足，朗读的声音才会呈现出语言的音韵美。

在这一课中，我们通过朗读《早发白帝城》来感受语言的音韵美。

早发白帝城

［唐］李　白

朝辞白帝彩云间，
千里江陵一日还。
两岸猿声啼不住，
轻舟已过万重山。

练习：

（1）听老师朗读古诗，感受诗歌的音韵和节奏，尤其是句尾的押韵。

（2）大声朗读这首古诗，着重体会诗歌的音韵和节奏。

二、课堂朗读

读儿歌一定不能读得太快，一方面是儿童要体会儿歌的音韵美，另一方面是儿歌的内容都很可爱，需要细细体会，慢慢感受。

（一）语速适中

对于害羞的学生来说，只有解放思想，敢于大声说话才能做到说话、朗读既能突出重点，也能让整个语流舒缓顺畅，做到不急不躁，娓娓道来。

要求：

大声朗读词语，感受语言的音节关系，做到“重而舒”。

练习：

大声朗读下列四音节词语。

百发百中	不知所云	悲欢离合	不谋而合
抛砖引玉	平分秋色	品头论足	普天同庆
满面春风	弥天大谎	马到成功	美不胜收
铁证如山	南征北战	劳苦功高	甘拜下风

（二）音韵优美

儿歌也是押韵的，所以朗读的时候要把韵脚读得稳一点，归韵到位一些，不要急急忙忙地收掉韵脚，语速不能太快，节奏不能太赶。

1. 读稳韵脚

要求：

朗读儿歌时，一定要注意层次的划分，有节奏地推进，注意句尾押韵的韵脚。

练习：

朗读《十二月歌》。

十二月歌

佚　名

正月要把龙灯耍，
二月要把风筝扎，
三月清明把柳插，
四月牡丹正开花，
五月龙舟下河坝，
六月要把扇子拿，
七月双星桥上会，

八月中秋看桂花，
九月重阳登高去，
十月初十打糍粑，
冬月天寒要烤火，
腊月过年把猪杀。

看似每个月描写了不同的风俗特点，但是在朗读时，我们却要以两个月为一个层次，形成一种节奏形式，在对比中更好地呈现出儿歌的音韵美和节奏美。

2. 抑扬回环

循环的语言形式或者下句头接上句尾也是儿歌常用的写作手法，在朗读时，我们要充分关注这种语言表达形式。

要求：

在对比中突出儿歌的音韵关系，形成一种特有的声音美感。

练习：

朗读《下巴上的洞洞》。

下巴上的洞洞

鲁　兵

从前，有个奇怪的娃娃，
娃娃，有个奇怪的下巴，
下巴，有个奇怪的洞洞，
洞洞，谁知道它有多大。

瞧他，一边饭往嘴里划，
一边从那洞洞往下撒。

如果，饭桌是土地，
而且，饭粒会发芽，
那么，一天三餐饭，
他呀，餐餐种庄稼。

可惜，啥也没有种出来，
只是，粮食白白被糟蹋。

你们，听了这笑话，
都要，摸一摸下巴。
要是，也有一个洞洞，
那就，赶快塞住它。

在朗读第一节时，要抓住下一句开头的词语重复上一句句尾的特点，强调并突出重复的第二个词语。另外，这首儿歌分行写作的方式，既清楚地表明了语义，也形成了特有的语言节奏，音韵感自然就呈现出来了。

三、蒙学经典——《三字经》（二）

xī mèng mǔ zé lín chǔ
昔 孟 母，择 邻 处。
zǐ bù xué duàn jī zhù
子 不 学，断 机 杼。
dòu yān shān yǒu yì fāng
窦 燕 山，有 义 方。
jiào wǔ zǐ míng jù yáng
教 五 子，名 俱 扬。

注解：

孟子的母亲，为了寻找一个对孟子有益的教育环境，不辞辛劳搬了三次家。他们从坟场附近搬到市场边，再迁至学校旁。小时候，孟子也很调皮，有一次学习不用功，逃学回家，孟母就当着他的面将织了一半的布匹剪断，告诫他说：求学就像织布一样，必须将纱线一条一条织上去，经过持续不断的努力，积丝才能成寸，积寸才能成尺，最后才能织成一匹完整有用的布。读书也是一样，要努力用功，并且持之以恒，经过长时间的累积，才能取得成就。

五代末年的窦禹钧，因为他祖居蓟州，临近燕山，又称窦燕山。他遵照圣贤教诲的义理来教育子女，使子女知道应该遵守做人的规矩和法度。因此，他的五个儿子都很有成就，三个中了进士，两个中了举人，都学有所成，光耀门楣。这就是“五子登科”成语的由来。

四、课后朗读

妈妈爱唱歌

佚　名

妈妈爱唱歌，
整天笑呵呵。
亲我小脸蛋，
唱支宝贝歌；
和我做游戏，
唱支欢乐歌；
陪我去睡觉，
唱支摇篮歌；
这支歌，那支歌，
唱得我心里乐呵呵。

五、古诗赏读

晓出净慈寺送林子方

［宋］杨万里

毕竟西湖六月中，风光不与四时同。
接天莲叶无穷碧，映日荷花别样红。

第三课
听全篇　读准确

一、本课要点

（一）听全篇

听大人讲话、朗读作品或者讲故事是最好的语言学习途径，是提高认知能力、发展智力最直接有效的方式。听全篇就是要学会听懂作品完整的意思，准确掌握全篇作品。

请认真听老师朗读《致老鼠》，从形象轮廓画像、老鼠特点描写、篇章落脚点等方面把握作品。

致　老　鼠

阎　妮

我喜欢你们——
一双机灵的眼睛，
粉红的耳朵。
虽然爱做坏事，
可我还是喜欢你们。
如果我到了你们的王国，
一定要你们
洗脸、洗手、洗澡、刷牙。
还要教会你们
自己劳动，
做事不要偷偷摸摸。

我还要给你们
介绍个朋友——
它的名字叫猫。

（二）读准确

1. 读准词语

这项听读训练的目的在于培养学生的语音听辨能力，逐渐形成对语音规范准确的敏感反应。

请认真听完老师朗读后，大声朗读下列词语。

老鼠　喜欢　机灵　眼睛　粉红　耳朵　虽然
坏事　如果　王国　一定　洗脸　洗手　洗澡
刷牙　劳动　偷偷　摸摸　介绍　朋友　名字

2. 读准语句

听辨能力的核心是理解力，就是听的人能不能准确地判断出说话人的目的和诉求，能不能准确理解话语的含义。听话能力强，就能准确地理解所听到的内容，就能准确地理解作品的整体。

请再朗读一遍《致老鼠》。

二、课堂朗读

响亮的声音并不是朗读的全部，只是具备了传播语言内容的基本物质条件，在这样的声音中还必须包含准确理解和真切感受，表情达意才是朗读的目的。

（一）准确理解

儿歌都比较短小，选用的词语大多数是儿童能够理解的，所以学读儿歌就要先看清楚文字，把词语读准确，要读出语句的意思，不能一字一顿地读字的声音。

朗读儿歌时，不要只把注意力放在认字或读字上，一定要从作品的整体上看懂作品，理解作品到底写的是什么。只有理解儿歌的内容，才能抓住重点，作品中的重点词语才能通过重音的强调和节奏的变化显现出来。

要求：

朗读全篇作品，回答问题，找出每一句的重点词语。

练习：

请先听老师朗读《有趣的狗尾巴》，然后回答以下问题。

（1）狗尾巴能保持平衡吗？

（2）狗尾巴竖起来是表示高兴吗？

（3）当小狗安逸舒服时，狗尾巴会怎么动呢？

（4）小狗摇头摆尾是对你说“不”吗？

（5）小狗害怕的时候会怎样呢？

回答这些问题之后，请找出每一句的重音，再读一读《有趣的狗尾巴》，看看和你刚开始朗读的有什么不同。

有趣的狗尾巴

佚　名

仔细去观察，狗尾很有趣。
它能保平衡，也能表情绪。
尾巴竖起来，表示生了气。
尾巴左右摆，表示很安逸。
摇头又摆尾，表示喜欢你。
后腿夹尾巴，表示很恐惧。

（二）真切感受

学习朗读的目的就是要通过阅读文学作品增强学生的理解感受能力，从而逐渐提高学生的语言学习能力和语言运用能力，朗读儿歌只是学习的开始。尽管大多数儿歌都比较浅显易懂，但是需要学生在准确理解儿歌的基础上，把握重点词语，将儿歌的内容与自己生活中的具体情况结合起来，强化对重点词语的感受能力。

要求：

结合自己的经验，体会作品中的描写，用自己的语言表达具体的感受。

练习：

朗读《白兔眼睛红》。

白兔眼睛红

佚　名

兔子颜色是天生，全由色素来决定。

灰兔黑兔有色素，皮毛眼睛色相同。

唯有白兔无色素，眼睛充血才发红。

三、蒙学经典——《三字经》（三）

yǎng	bú	jiào	fù	zhī	guò
养	不	教，	父	之	过。
jiào	bù	yán	shī	zhī	duò
教	不	严，	师	之	惰。
zǐ	bù	xué	fēi	suǒ	yí
子	不	学，	非	所	宜。
yòu	bù	xué	lǎo	hé	wéi
幼	不	学，	老	何	为。

注解：

生育了子女，如果只知道养活他们，而不去教育，那是父母的失职。父母是孩子的第一任老师，是孩子终生的榜样，要懂得“遗子千金不如遗子一经”。老师不只是传授知识和技能，更重要的是引导学生懂得为人处世的大道理。老师一定要严格要求学生，在教育上不能偷懒懈怠，只有这样，才能教出好学生。子女不用心学习，是不对的。年龄小的时候，不肯努力学习，等到年龄大了，还能有什么作为呢？

四、课后朗读

小熊过桥

佚　名

小竹桥，摇摇摇，

有只小熊来过桥。

立不稳，站不牢，

走到桥上心乱跳。
头上乌鸦哇哇叫，
桥下流水哗哗笑。
妈妈妈妈快来呀，
快把小熊抱过桥！
河里鲤鱼跳出水，
对着小熊大声叫。
小熊小熊别害怕，
眼睛向着前面瞧，
一、二、三向前跑。
小熊过桥回头笑，
鲤鱼乐得尾巴摇。

五、古诗赏读

小　池

［宋］杨万里

泉眼无声惜细流，树阴照水爱晴柔。
小荷才露尖尖角，早有蜻蜓立上头。

第四课
听语义　读句子

一、本课要点

语义就是句义。只有完整的句子才能表达出完整的语义，所以听老师朗读就要注意听出准确的语义，学会把句子读完整。

（一）听语义

朗读课文时，经常会出现见字发声的情况，尤其是用手指着文字一个字一个字地读。这种“指读”不仅会忽略词语，还会影响语句表达的完整准确，形成一字一顿的不良朗读习惯。

在这一课中，我们要通过朗读《春夏秋冬》来学习如何听语义，读出完整的语句。

春夏秋冬

佚　名

春天来了，大地醒了，小河水哗哗地流淌，
小树发芽，绿草青青，鲜花开放，百鸟歌唱。
夏天来了，艳阳高照，知了唱起了动听的歌谣，
鱼儿嬉戏在清清的水面，伙伴们跳下小河快乐地洗澡。
秋天来了，天高气爽，大雁排着队往南飞翔，
稻谷金黄棉花白，瓜果甜又香，丰收的季节又来到。
冬天来了，北风呼啸，腊梅花放出阵阵清香，
雪花伴着腊梅花，小朋友快来堆雪人呀快来打雪仗。

仔细听老师朗读《春夏秋冬》，体会完整的语句表达，尤其是比较长的句

子。比如“鱼儿嬉戏在清清的水面，伙伴们跳下小河快乐地洗澡”这一句，“鱼儿”“伙伴们”后面就要有一个小停顿，让语义更清晰完整，不能在“鱼儿嬉戏”和“伙伴们跳下小河”后面停顿。可以感受一下，这两种停顿的语句完整感是不一样的。

（二）读句子

句子读得完整，篇章才可能完整。一开始学朗读就要特别注意语句的完整性，这是我们一直强调的朗读学习要求，也是朗读学习能力的评判标准之一。

请再朗读一遍《春夏秋冬》，注意每一句的完整表达。

二、课堂朗读

（一）表达生动

儿歌是很有童趣的，没有生动的表达，就会失去最可爱的内涵。首先，要有朗读的渴望；其次，要根据儿歌的具体内容设计表达形式和方法，但一定不能成人化。

儿童学习朗读，童趣是最为难能可贵的，不可轻易丢弃。我们反对单纯教授朗读技巧的做法，不希望儿童很早就被所谓的技巧束缚住，失去了表达的自由和率真。

（二）自然大方

自然大方就是不要做作，不要有固有的腔调和机械刻板的程式化表达习惯。自然不仅体现在有声语言上，也会体现在肢体语言上。

要求：

按照自己对文字的理解，用自然大方的声音和语气表达情感。

练习：

朗读《蝴蝶蝴蝶你找谁》。

蝴蝶蝴蝶你找谁

金　波

花蝴蝶，

多么美，

张开翅膀飞呀飞；
这里找，
那里找，
蝴蝶、蝴蝶你找谁？

黄花开，
白花开，
一朵更比一朵美；
这里找，
那里找，
我丢了一朵红玫瑰。

你看那，
小妹妹，
是她摘了红玫瑰；
这样做，
可不对，
戴在头上也不美。

三、蒙学经典——《三字经》（四）

yù	bù	zhuó	bù	chéng	qì
玉	不	琢，	不	成	器。
rén	bù	xué	bù	zhī	yì
人	不	学，	不	知	义。
wéi	rén	zǐ	fāng	shào	shí
为	人	子，	方	少	时。
qīn	shī	yǒu	xí	lǐ	yí
亲	师	友，	习	礼	仪。

注解：

一块玉石，如果不经过雕琢，就不能成为一件有用的玉器，它只是一块玉石。人也是一样，如果不学习，就无法明白为人处世的道理。不知道哪些事合乎义理，哪些事不合乎义理；哪些事应该做，哪些事不应该做。小时候，就要注意启蒙教育的正确方向，必须做到：亲近良师，结交益友，好好学习待人处事、应对进退的礼仪。

四、课后朗读

八只小狗抬花轿

佚　名

八只小狗抬花轿，老虎坐轿把扇摇。
一只小狗跌一跤，老虎对它踢一脚。
小狗气得汪汪叫，老虎呼呼睡大觉。
小狗抬轿到山腰，想个办法可真妙。
一、二、三往上抛，老虎摔了一大跤。

五、古诗赏读

观书有感

［宋］朱　熹

半亩方塘一鉴开，天光云影共徘徊。
问渠那得清如许，为有源头活水来。

第五课
听节奏　读韵律

一、本课要点

（一）听节奏

节奏是朗读作品时语流形成的一种回环往复的声音变化形态。在听老师朗读时，要学会从老师朗读的抑扬顿挫、高低强弱、虚实变化、明暗转换等方面细心体会。

（二）读韵律

学会听节奏之后，要强化的练习就是让朗读有韵律美。听老师示范朗读，不仅要听标准的语音、规范的词语和完整的语句，还要听作品的整体和内容，要听明白作品讲了些什么，更要注意听老师朗读节奏的变化，用心感受老师朗读时的语气态度和声音中蕴含的情感，细心体会有声语言的音韵美。只有这样，自己朗读的时候才能读出作品的节奏和韵律。

在这一课中，我们要通过学习诗歌《月之故乡》来感受语言的节奏和韵律。请听老师朗读《月之故乡》，体会朗读的节奏变化，然后请模仿老师朗读作品。朗读时，要注意全篇作品的语言节奏，做到音韵优美，变化有致。

月之故乡

彭邦桢

天上一个月亮，
水里一个月亮。
天上的月亮在水里，
水里的月亮在天上。

低头看水里，
抬头看天上。
看月亮，
思故乡。
一个在水里，
一个在天上。

二、课堂朗读

（一）充分想象

儿歌除了音韵节奏朗朗上口外，文字描写也形象生动。伴随着朗读儿歌的声音旋律，文字描绘的景象就会浮现在脑海里。学习朗读儿歌需要强化这种展开联想的能力，让自己有一种身临其境的感觉。

（二）大胆表达

所谓大胆表达，就是要尽量把自己想到的情感和意思用语言毫无保留地表达出来，还需要稍微夸大一点，这样别人才能感受得到。

要求：

展开联想，将看到的文字形象和画面用声音表现出来，努力刻画出各种动物的形象。

练习：

朗读《动物园里谁最美》。

动物园里谁最美

佚　名

动物园里谁最美？
那就看你喜欢谁？
狮子的头，
孔雀的尾，
大象的鼻子，
河马的嘴，
长颈鹿的脖子，

鸵鸟的腿，
我说这些都很美。
你要问道谁最美，
那就看你喜欢谁。

三、蒙学经典——《三字经》（五）

xiāng jiǔ líng néng wēn xí
香　九　龄，能　温　席。
xiào yú qīn suǒ dāng zhí
孝　于　亲，所　当　执。
róng sì suì néng ràng lí
融　四　岁，能　让　梨。
tì yú zhǎng yí xiān zhī
弟　于　长，宜　先　知。
shǒu xiào tì cì jiàn wén
首　孝　弟，次　见　闻。

注解：

黄香是东汉江夏人，九岁时就懂得孝顺父母。夏天天热的时候，他就用扇子先将父亲的床铺扇凉，再请父亲就寝；冬天天冷的时候，他就用自己的体温把父亲的被子暖热，再请父亲就寝。类似这种孝顺的行为，是每一个为人子女应尽的本分。

东汉末年的孔融，四岁时就懂得礼让兄长，把大的梨子让给兄长吃，自己选择较小的。这种尊敬兄长、友爱兄弟的美德，应当及早培养。

做人第一重要的是孝顺父母，友爱兄弟，其次才是增广见闻，学习知识。需要强调的是，“孝”是中国传统教育的始发点和基础。时代会变，知识会更新，但是“孝”和“弟”是永远不会改变的。任何时代都不可能缺少对父母的孝顺和对兄弟的友爱，这是做人的根本。不懂“孝”“弟”的人，本事再大或学问再深，都将是一个不受社会欢迎的人。

四、课后朗读

芽　　苞

金　波

春天到了，

天气暖和了，

快点出来吧！

小芽苞，

别只露出个小头，

树皮外面多美，

快点出来吧！

太阳会给你穿上绿衣，

春风会送给你甜甜的露滴。

五、古诗赏读

示　　儿

［宋］陆　游

死去元知万事空，但悲不见九州同。

王师北定中原日，家祭无忘告乃翁。

第六课
听语气　读情感

一、本课要点

（一）听语气

在学听朗读语气的要求中，学会抓住重点词语是一个窍门，也是需要重点掌握的能力。要知道句子中的哪个词语是最重要的，表达了什么思想情感，老师是如何表达的，这个词语在句子中的真实语义是什么。如果这些问题都能回答了，那就是真的听懂了。

（二）读感情

朗读时，要学习运用声音来表达情感，尝试把自己从作品中理解到的高兴、悲伤、忧愁等不同情感用声音表达出来，把它们的形象用声音刻画出来，这就是我们说的语气。语气不仅是声音的变化，更重要的是，我们一开始学习朗读时就要知道，声音的任何变化都是情感的变化，要表达情感就必须有符合情感的声音形式，情感态度才是声音变化的内因。

请听老师朗读《我有一个小抽屉》，感受“妈妈”和“我”的语气变化。然后朗读《我有一个小抽屉》，把“妈妈”和“我”的语气区分开来，用鲜明的语气把讲述的态度表达出来。

我有一个小抽屉

佚　名

我有一个小抽屉，里面放着好东西。
有图书和玩具，还有铅笔和橡皮。
我要画只大公鸡，拉开抽屉拿铅笔。

咦，铅笔在哪里？
我翻来翻去没有笔，我又生气又着急。
对了，请妈妈帮我找铅笔。
妈妈说：“小宝宝，你的东西不整齐，
乱七八糟像垃圾，我们一起来整理，
左边放图书，右边放玩具，当中放什么？”
我说：“当中放铅笔和橡皮。”
今天没有画公鸡，学会整理小抽屉。

二、课堂朗读

（一）自主学习

要学读一首新的儿歌，就要认识全部文字，如果有不认识的字，就需要学着查字典认读这些生字。表面上看，学查字典和读儿歌没有什么关系，但是这个认字的过程却是提高学生自主学习能力的好方法。因为这是一个查阅、认识、理解、记忆的过程，可以很好地帮助学生准确理解这个生字在句中组成的词语，对于把握整篇作品都有促进作用。

没有生字了，并不一定就会朗读新作品，因为还需要进一步加强对词语的理解，不仅要掌握全篇作品，还要能找准重点词语，这样才能落实儿歌的重点，突出自己对作品的理解和感受。只有明白句子中的哪个词语是最重要的，才算真正懂得这句话说的是什么意思。

（二）学读新作

在开始学读新作品之前，要按照自己学习朗读作品的要求，先认识全篇作品的文字，如果有不认识的字词，应该立即查字典。然后学会理解作品，尤其是重点词语和语句。在完成这些准备之后，就可以开始尝试朗读了。

做好以上的准备后，就可以先试着轻声地朗读几遍，可以通过小声朗读感受词语和音韵节奏。如果觉得能够顺畅、准确地朗读全文，那么准备就算大功告成了。

大声地表达自己对作品的理解是一种突破，是一种创造，也是开心愉快的体验，有一种非常棒的成就感。

请朗读《好孩子的思想》。

好孩子的思想

佚 名

好孩子的两眼，
装着十万个为什么，
月牙似的小嘴，
常把大人们问倒。
好孩子的大脑，
会旋转出千万个古怪，
总想把这些古怪，
变成现实中的美好。
好孩子的双手，
会弄出许多新花样，
能让坏了的闹钟，
重新唱出动听的小曲。
有时，好孩子也会拍着脑瓜：
“哇，这道题太难，太难！”
却从来不肯停止
向上攀登的两脚。

三、蒙学经典——《三字经》（六）

zhī mǒu shù shí mǒu wén
知 某 数，识 某 文。
yī ér shí shí ér bǎi
一 而 十，十 而 百。
bǎi ér qiān qiān ér wàn
百 而 千，千 而 万。

注解：

一个人要知道基本的算术和高深的数学以及认识文字和阅读文学。一是数字的开始，十个十是一百，十个一百是一千，十个一千是一万，如此累积上去，可以无穷无尽。这就告诉我们，儿童应该具体学些什么知识，先从学习数学开始。可见，数学教育是中国传统启蒙教育的一个重要组成部分。

四、课后朗读

好　爸　爸

佚　名

啊，什么是好爸爸？
好爸爸应该是浩瀚的大海，
用双臂去拥抱小河，
让它也变成欢跳的浪花。
好爸爸应该是蓝蓝的天空，
染上了红红的朝霞。
让小鸟自由地飞翔，
让白云快乐地玩耍。
好爸爸应该是肥肥的田野，
捧出五颜六色的小花，
让小苗得到泥土的滋哺，
结出的果子又肥又大。
好爸爸是一首诗，
好爸爸是一幅画，
好爸爸应该是挂在树上的
一篇翠绿的童话。

五、古诗赏读

书湖阴先生壁

［宋］王安石

茅檐长扫净无苔，花木成畦手自栽。
一水护田将绿绕，两山排闼送青来。

单元拓展

本单元重点是通过听读结合学习朗读，我们强调从听示范、跟着读开始，逐渐学会听音韵、大声读，听全篇、读准确，听语义、读句子，听节奏、读韵律，听语气、读情感的学习过程。在本单元的拓展学习中，我们要把所学的知识和能力综合运用到古诗朗读和现代诗歌朗读中。

一、古诗朗读

静 夜 思

[唐]李 白

床前明月光，疑是地上霜。
举头望明月，低头思故乡。

风

[唐]李 峤

解落三秋叶，能开二月花。
过江千尺浪，入竹万竿斜。

题 西 林 壁

[宋]苏 轼

横看成岭侧成峰，远近高低各不同。
不识庐山真面目，只缘身在此山中。

二、作品选读

小马为啥站着睡

佚　名

家马祖先是野马，经人驯养到农家。
野马生活在野外，常有猛兽伤害它。
站立姿势便于跑，趴在地上危险大。
世代练成逃生术，睡觉很少地上趴。

渔　火

谭旭东

夜静悄悄的，
河水，
是一个乖孩子。
听月亮妈妈的话，
睡觉了。
渔夫点亮了渔火，
河水就像睁开了眼睛，
在说着梦话。

第二单元
看图读图　会读会讲

看图说话要求学生仔细观察图画后，对图画描绘的内容进行概括提炼，选择合适的语言把图画的内容和情感表达出来。这种语言训练方式，形式上是在训练口语表达，实质上是在培养学生的观察能力和表达能力。

小学低年级学生还不具备良好的观察能力，有的学生不知道应该看什么和怎么看，有的学生集中注意力看图的时间不长，观察图画的目的性不明确，不懂得应该按照什么顺序观察图画。这些都与他们的抽象思维能力不足有关，因此看图观察训练是培养抽象思维能力的好方法。

在本单元的学习中，我们将以看图说话为主，通过看图读图，逐步提升学生的看图说话水平，为提高学生的写作能力打下基础。

第一课
学会读图　讲直接感受

一、本课要点

看图说话是大家非常熟悉的一种语言学习方式，但在朗读学习中的看图说话却有着不一样的目的，是为了增强学生的观察模仿能力，并通过生动的语言来展现这种观察能力和表达能力。

（一）看图阅读的要求

1. 仔细观察，看懂图画

认真观察图画，要先看全图，再看图画中的主体，就是最突出的部分。这部分往往都是一眼看上去就能吸引眼球的。

2. 观察理解，看懂内容

看懂图画是看图说话的第一步，所以看懂图画上描绘的是什么、有什么东西、哪些人物在图画上、人物在做什么等，这些都需要看明白。

（二）看图阅读的步骤

1. 看整体

先看整体，了解主要内容，对画面要有整体认知，增强对画面的感受力，找到你认为最突出的部分。

2. 抓特征

从整体进入局部，要学会从画面中的景物、人物或动物的形体、相貌、服饰等细节分辨人物特征，比如性别、年龄、身份等。

3. 作判断

就是对图画表达的内容要有自己的认识。如果画的是人物，就要从人物的表情、动作、姿态等细节推测他们在做什么或处于什么状态；如果画的是景物，就要从景物的特征上判断出表达的含义。

4. 巧分析

抓住图画中的特征后，就要学会结合图画整体表达的主题，通过图画表现的环境进行巧妙的分析，为讲述图画做好内在逻辑的准备。比如看到太阳，就知道是白天，我们准备讲述的时间就确定了。

5. 善联想

如果是多幅图画构成一个故事，则需要用同样的方法仔细观察每一幅图，然后将这些图画描绘的内容联系起来，找到故事情节发展变化的线索，形成一个整体的故事。

要求：

请根据以上所学的方法，先看图，然后尝试讲出你所看到的内容和感受。讲述内容不限，长短不限，但必须语句完整，有明确的语义，用词得当。

练习：

图一（单幅图）

——选自“自说自画幼儿故事大赛优秀作品选”（作者：陈子皙）

图二（多幅图）

比如，在吃饭前，妈妈叫我一定要洗手，
可是我一直用餐具吃饭啊，手怎么会脏呢？
只有吃豌豆的时候，才需要用手抓，可是我压根就不吃豌豆！

比如，我玩过水，抓过鱼，
手怎么会脏呢？
可是妈妈却说：“玩水不算是洗手！”
真的是太叫我生气啦！

——选自绘本《根本就不脏嘛》（湖北美术出版社）

二、课堂朗读

熟悉作品，明确朗读的目的，这是朗读的起点。《猫和老鼠》这篇寓言故事表面上是讲猫和老鼠的故事，实际上却蕴含着深刻的道理。作为故事的讲述者，只有充分理解这个故事，才能把故事讲得生动有趣。

首先，请仔细阅读原文，认识全部文字；然后，多阅读几遍，梳理清楚故事的脉络，弄明白为什么老鼠不会再上当了；最后，再朗读全篇。

猫和老鼠[①]

［希腊］伊　索等著　吴健平　于国畔译

有一所房子里鼠多为患，猫知道了这件事后便赶到那里去捕捉老鼠。猫吃掉了一只又一只老鼠。老鼠们为了不落得全军覆没的下场，一到晚上便纷纷躲藏起来，猫自然就没有办法捉到它们了。猫决定用计谋把老鼠诱骗出来。为此，它抓住一根钉子，吊在上面装死。有一只老鼠探出脑袋向外张望，看见猫这样，说道：“不，亲爱的猫先生，即使你完全变成一只麻袋，我

① 本篇节选自上海译文出版社《伊索寓言》。

也不会走近你。”

三、蒙学经典——《三字经》（七）

sān	cái	zhě	tiān	dì	rén
三	才	者，	天	地	人。
sān	guāng	zhě	rì	yuè	xīng
三	光	者，	日	月	星。
sān	gāng	zhě	jūn	chén	yì
三	纲	者，	君	臣	义。
fù	zǐ	qīn	fū	fù	shùn
父	子	亲，	夫	妇	顺。

注解：

古人认为构成生命现象与生命意义的基本要素是：天、地、人。“才”在这里是指最基本的东西，就是最永恒、最基本、最重要的东西。“天”是指万物赖以生存的空间，包括日月星辰运转不息，四季更替而不乱；“地”是指万物借以生长的地理条件和各种物产；“人”是万物之灵，要顺天地化育万物。把人作为三才之一，也反映了中国古代的人本主义思想。

仰望天空，白天最亮的是太阳，晚上最亮的是月亮和星星。所以，三种光明的来源是指日、月、星。星是总称，除了太阳和月亮，天上发光的东西都叫星。中国传统中还将星分为三类：第一类是行星，包括金、木、水、火、土五大行星；第二类是宿（xiù）星，也就是二八宿，即东方苍龙七宿，南方朱雀七宿，西方白虎七宿，北方玄武七宿；第三类是经星，除以上两类都叫经星。

“三纲”是中国文化中的一个十分重要的概念，不弄清楚这个概念，中国传统就难以理解。“纲”就是提网的总绳，纲举目张。“君为臣纲，父为子纲，夫为妻纲”是中国传统的“三纲”。“君为臣纲”对应的是天道，“父为子纲”对应的是地道，“夫为妻纲”对应的是人道。维持人与人之间最重要的三种伦常关系，就是君臣之间有道义，父子之间有亲情，夫妻之间能相互尊重，和睦相处。

四、课后朗读

启 明 星

佚 名

天上星星数不清，最亮要数启明星。
要问这是为什么，说出原因给你听：
它离太阳比较近，反射强光耀太空，
太阳未到它先到，它给人们报黎明。

五、古诗赏读

登 鹳 雀 楼

［唐］王之涣

白日依山尽，黄河入海流。
欲穷千里目，更上一层楼。

第二课

概括提炼　讲图画细节

一、本课要点

图画细节会告诉我们很多重要的信息，概括提炼这些信息就可以知道到底画了些什么。所以，概括提炼、抓住图画细节是看图说话的要点，必须注重对图画细节的观察。

（一）概括提炼的要求

1. 按一定顺序观察图画并进行提炼

看图观察的顺序是从图画作品的构成来说的，我们可以按照主次顺序和方位顺序展开观察。对于主题突出的图画，可以选择主次顺序观察，先看画面中最主要的部分，再观察其他内容。对于比较繁杂丰富的画面，可以选择方位顺序观察，面对图画，从高到低、从左到右、从前到后、从里到外进行观察。

2. 从图画细节中看到具体的内容

图画的内容都蕴含在具体的细节之中，只有看清细节，才能进行明确的表达。如果图画上的孩子躺在床上，台灯亮着，时钟显示十点钟，显然故事是晚上十点发生的，这时候孩子正准备睡觉；如果孩子们在打雪仗，那自然就是冬天了；如果孩子们穿着短袖、裙子在海滩上玩耍，那当然是夏日海滨了；如果背景是学校大门，孩子们正在迎面走来，那就是放学时间了。

（二）讲述图画细节

观察图画后，要进行分析、归纳、概括和提炼，因为我们的语言表达一定要在有明确的意向后才能更准确。只有知道自己想要说什么，才能用合适的词语和句子来表达这些想法。概括提炼就是为讲述指引方向，以明确的目的引导准确的语言表达。

刚开始学习的时候可能会有一点困难，但这是正确思维方式的开始、是思维能力发展的开端，必须坚持！要让儿童学会看到一个场景、一件物品或一个人，就能用一个词语或词组来描述表达，这就是概括能力。所以，在全面而细致、有步骤、按顺序地观察图画后，需要用语言准确地提炼概括出图画内容，用合适的词语讲述图画细节。

要求：

先看图，梳理图画细节，结合细节进行讲述。不要求讲整幅图，能讲局部细节即可，讲述时长不限，但必须语句完整，用词得当。

练习：

图一（单幅图）

——选自“自说自画幼儿故事大赛优秀作品选”（作者：刘予婕）

图二（单幅图）

——选自绘本《爷爷一定有办法》（明天出版社）

图三（双幅图）

——选自绘本《生气汤》（明天出版社）

二、课堂朗读

朗读一篇作品，在准确理解词语、深入感受语义的基础上，还要学会提炼主题，把握重点。尽管这样的要求有一点抽象，但却是提高抽象思维能力的良好途径之一，也是朗读学习的目的之一。

如何抓住作品的主题呢？我们以《嫩绿的豆荚》这篇作品为例。在这个小故事中，送嫩绿的豆荚是故事发展的线索，但并不是故事的主题。通读全篇后发现，“我”是故事的主线，故事情节的变化都是为了突出主题而做的铺垫。所以，“我”的矛盾心理体现在吵架后发誓“再不进她的家”的纠结上，渲染这种纠结是为最后的恍然大悟埋下伏笔。而妈妈让我送豆荚、拿回空篮子正是对“我”最高明的帮助和教导，让“我”在这一来一回的过程中领悟到妈妈的良苦用心以及“友爱和温暖”的主题。

根据以上分析，朗读《嫩绿的豆荚》。

嫩绿的豆荚

金　波

我和邻居小丫，
吵了一大架，
我发誓说，
再不进她的家！

第一天，
在街上相遇，
我看都不看她。
第二天，
她见了我，
却故意和别人
大声地说话；
我刚看她一眼，
她又撅起了嘴巴。
第三天，

我捉了一只知了，
从她窗前走过，
她正巧看我，
却又装着摆弄
那盆月季花。
我发誓说，
再不进她的家！

我家的菜园里，
结满了嫩绿的豆荚。
妈妈摘了一篮子，
让我送给张奶奶，
送给李妈妈，
最后一大篮子，
让我去送给小丫。

我真后悔，
干嘛要发誓，
再不进她的家。

我提着一篮子豆荚，
来到她家门前，
轻轻地敲敲门，
就急忙把篮子
放在她家门槛下。

回到家，
妈妈问得可真仔细——
“送到啦？”

“送到了！”
“说了什么话？”
“没说什么话！”
“篮子呢？”
“忘了拿！”
“去把空篮子拿回来，
快去呀，
快去吧！”

唉，我真后悔，
干嘛要发誓，
再不进她的家！

走在半路上，
忽然，我看见了小丫，
她正给我送还篮子，
篮子里，装着
又大又甜的瓜！

妈妈，您
真是个好妈妈，
您让我懂得了
如果篮子里
装的是嫩绿的豆荚，
就应该送给
张奶奶、李妈妈，
还有邻居小丫；
如果心里
装的是友爱和温暖，

就应该快快
送给你、
送给他、
送给大家！

三、蒙学经典——《三字经》（八）

yuē	chūn	xià	yuē	qiū	dōng
曰	春	夏，	曰	秋	冬。
cǐ	sì	shí	yùn	bù	qióng
此	四	时，	运	不	穷。
yuē	nán	běi	yuē	xī	dōng
曰	南	北，	曰	西	东。
cǐ	sì	fāng	yìng	hū	zhōng
此	四	方，	应	乎	中。

注解：

一年有四季，叫春夏秋冬，四季各有不同，不停地循环运转，永不止息，无穷无尽。曰，就是叫作的意思。运，就是运转的意思。穷，就是穷尽的意思。春耕、夏耘、秋收、冬藏四季变化形成了不同的季节差异，这是因为地球在不停地自转，也在绕着太阳公转。

东南西北这四个方向，以中央为准互相对应。如果没有中心，就没有东西南北。应，就是对应。中，就是中央。中国古代皇帝的宝座就在太和殿的正中间，太和殿又是紫禁城的中心，紫禁城又是北京城的中心，这就是“应乎中”的具体体现。

这样的思想还让古代的人们以为地球是方的，中国人就居住在地球的中央，所以叫“中国”。这是中国古人对世界的观感，但是古人对东西南北方向的认识却是科学的，并一直沿用至今。古人是从太阳的轨迹认识方向的，所以是先确定东西方向，再确定南北方向。

四、课后朗读

柳 条 长

叶圣陶

柳条长，桃花开，蝴蝶都飞来。
菜花黄，菜花香，蝴蝶飞过墙。
飞，飞，飞，看不见，蝴蝶飞上天。

五、古诗赏读

鹿 柴

［唐］王 维

空山不见人，但闻人语响。
返景入深林，复照青苔上。

第三课
深入观察　讲图画主题

一、本课要点

观察时必须有明确的指向，不能停留在表面，掌握观察的方法是提高看图说话能力的有效途径。所以，深入观察是学习看图说话的重要方法。

所谓深入，就是要透过图画表面的描绘，看出作者通过图画表达了什么。你看到、感受了什么，这是看图观察后分析理解所得。

（一）看图观察的方法

1. 比较观察法

比较观察法是指在观察时对图画上不同物体的特征进行比较，可以较快地区分出物体间的特征差异。我们可以从差异中看出图画的不同表达。比如图画上是一个小动物的脸部特写，你就可以比较图画前后的差别，从而观察出小动物的心情变化。

2. 聚焦观察法

聚焦观察法是指对某一特定对象进行细致观察，强调专注地反复观察。只有不断积累快速聚焦的观察能力，才可能进行准确细致的观察。比如要观察一个人，就要既关注他的外貌、表情、动作、服装等，比较外貌、外形上的差异，更要注意观察他的眼神、表情等能显现内心情感的细节。

（二）讲述图画主题

要求：

用简短精炼的句子概括图画，要能突出主题，准确表达完整的意思，要讲述图画的内容和意义。

练习：

图一（单幅图）

——“中秋节”（作者：田天）

图二（多幅图）

——选自绘本《月亮的味道》（二十一世纪出版社）

二、课堂朗读

理解作品是会读会讲的基础，没有准确的理解肯定既读不好，也讲不好。分析理解作品是对语言文字的进一步明确和感受，尤其是对词语在语句中真实含义的进一步认识，然后层次分明地朗读出来。

我们以《鸭妈妈找蛋》这篇作品为例。朗读时，不仅自然段之间的语言表达要根据情节发展而有所区分，而且鸭妈妈询问不同的人物所说的话要有内在情绪的变化，叙述表达要在对比中寻求变化。只有把握好作品层次的语势变化，才能把这个故事讲得更有条理、更生动，也更有情感。

根据以上分析，朗读《鸭妈妈找蛋》，把握好层次的变化。

鸭妈妈找蛋

佚　名

鸭妈妈生鸭蛋，那鸭蛋就像姑娘的脸蛋，谁见了都说：“哎呀，多可爱的鸭蛋！”鸭妈妈听了，乐得“嘎嘎”直叫：“啊！那是我生的蛋。”可是鸭妈妈有个毛病，她走到哪儿就生在哪儿，所以她常常找不着自己的蛋。

有一天傍晚，鸭妈妈又忘了在哪儿生蛋了，在院子里跑来跑去，怎么也找不着？就问母鸡：“鸡大姐，您看见我的蛋吗？您捡过我的蛋吗？”“我没看见。”

鸭妈妈赶紧跑出院子，正碰上老山羊带着小山羊回家，鸭妈妈忙问老山羊：“羊大叔，您看见我的蛋吗？您捡过我的蛋吗？”“我没捡过你的蛋，你到池塘边看看吧！”

鸭妈妈蹦到池塘边，找了好一阵子，还是没找着，回到院子里，碰到老黄牛回家了，就问：“牛大伯，您看见我的蛋吗？您捡过我的蛋吗？”“啊！我可没看见你的蛋，也没捡过你的蛋，你老是丢三落四的，可不好。”

鸭妈妈叹了口气说：“我忙得很哪！又要游水，又要捉小鱼小虾，还要下蛋，一忙就忘了蛋生在哪儿啦？”“你说你忙，那我呢？耕地、拉车、磨面，可不像你丢三落四的，你呀，做事不用脑子。”

鸭妈妈拍了拍脑袋说：“噢，不是我不用脑子，而是我的脑子有毛病。”“别着急，好好想想，你今天都到过哪些地方？”鸭妈妈低下头，从大清早出屋想起：池塘边？没生过蛋；草地里？也没生过蛋；树林里？根本没去过。噢！想起来了……她挺难为情地低着头说：“今天我……我还没生蛋呢！”

三、蒙学经典——《三字经》(九)

yuē	shuǐ	huǒ	mù	jīn	tǔ
曰	水	火，	木	金	土。
cǐ	wǔ	xíng	běn	hū	shù
此	五	行，	本	乎	数。
yuē	rén	yì	lǐ	zhì	xìn
曰	仁	义，	礼	智	信。
cǐ	wǔ	cháng	bù	róng	wěn
此	五	常，	不	容	紊。

注解：

五行的观念，在中国传统思想中的影响是巨大的，源于《周易》的阴阳思想，直接影响了中国人的思维方式。《三字经》是按照“克”的方式排列的。水、火、木、金、土是构成物质世界的五种基本要素，称为五行，古人用五行之间“生”与“克”的变化来解释变化无穷的一切事物。它们之间有相生相克的关系：水生木、木生火、火生土、土生金、金生水是相生的关系；水克火、火克金、金克木、木克土、土克水是相克的关系。

与五行对应的方方面面，就是“本乎数”，那些对应的数字、颜色、器官等，都反映了五行说对中国人的深远影响。比如五数、五色、五官、五脏等。

五数：一、二、三、四、五

五色：黑、赤、青、白、黄

五官：耳、舌、目、鼻、唇

五脏：肾、心、肝、肺、脾

五常就是五种基本的德行，包括仁、义、礼、智、信。五常作为道德准则和道德规范的基本内容之一，维系着人与人之间的关系。“仁”是儒家思想当中最为重要的，是指爱人利物；“义”是指公正合宜、正正当当的行为；“礼”是指规规矩矩的态度；“智”是指慎思明辨的能力；“信”是指不自欺亦不欺人的态度。古人认为，智、信必须以仁、义、礼为前提，没有这个前提，人所具备的智、信有可能是可怕的，会造成更大混乱的。

四、课后朗读

小孩淘气

佚　名

大雨刚停，
我们就跑出去，
噼里啪啦踩水，多么有趣，
妈妈喊，爸爸拉，
回去回去，真淘气，
踩湿了鞋子，弄脏了衣服，
大人就要生气。
我们还是噼里啪啦踩水，
因为小孩就是这样爱淘气，
大人难道不懂吗？
淘气也是童年的乐趣。

五、古诗赏读

赠汪伦

［唐］李　白

李白乘舟将欲行，忽闻岸上踏歌声。
桃花潭水深千尺，不及汪伦送我情。

第四课
看到想到　明确讲什么

一、本课要点

在这一课中，我们要重点学习如何讲述图画内容，如何为图画编讲一个生动的故事。

（一）看到想到

当你仔细阅读图画，看懂图画上画的是什么之后，需要展开联想，构思一个故事，这就是看到想到。

（二）明确讲什么

要讲出图画的故事，就必须明确图画的内容，所以需要构思一些情节，编成一个故事。编故事是将图画上看到的内容用语言表达出来，这就需要我们把想象创造能力运用到语言表达之中。

要表达清楚，就必须先看清楚和理解清楚，再想清楚，最后才能说清楚。如何才能明确讲什么呢？可以按照一个简单明了的看图说话路径展开：看——想——说。这就相当于观察——思考——表述的过程，能进一步明确应该说什么。

要求：

任选一幅图，仔细阅读观察后，讲述一个完整的故事。故事要完整，要有创意。

练习：

图一（单幅图）

——选自“自说自画幼儿故事大赛优秀作品选”（作者：奚望）

图二（单幅图）

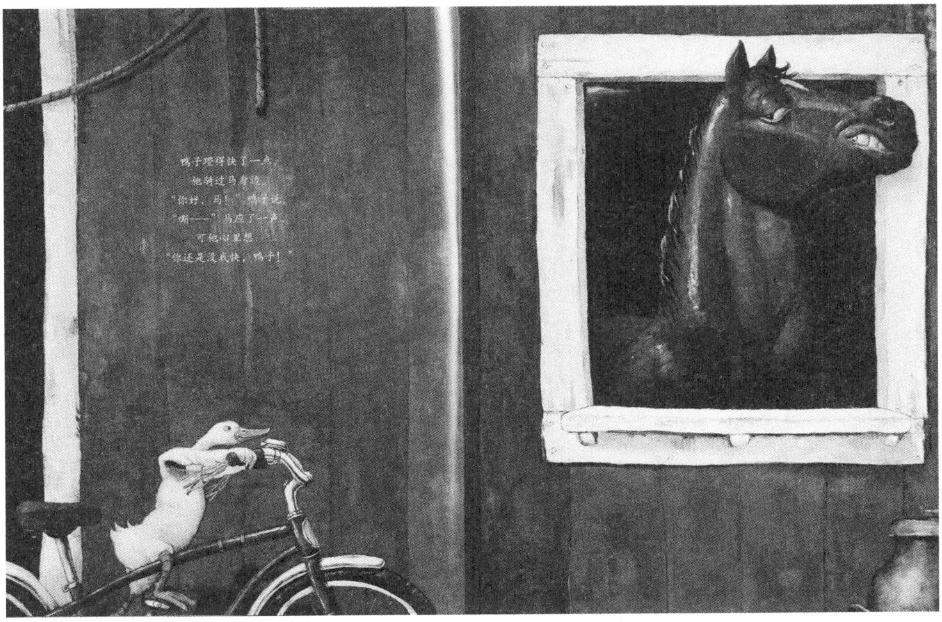

——选自绘本《鸭子骑车记》（海南出版社）

二、课堂朗读

大家或许都有过这样的体会，当我们特别想告诉别人某一件事情的时候，讲述表达的状态就特别积极，并且下意识地调动身体的机能，讲述就非常自如。如果讲述的状态不积极，朗读的作品就会显得平淡无味，没有吸引力。

在老师指导下，用积极和不积极两种状态朗读《穷苦的富人》，体会不同的感受。

穷苦的富人

佚　名

村边有一间全镇上最破旧的屋子，里边住着一个穷人，他穷得连床都没有，只好躺在一条破长凳上。

“咕噜咕噜，咕噜噜”，穷人的肚子又饿得直叫。可他就是懒得起来。穷人有一个耐饿的好办法，每回一饿得慌，他就躺下来想一些美事儿，一会儿就忘记饿啦！

这不，他又在想美事呢！“哎呀，真想发财呀，要是我发了财，我一定花天酒地，我可不会像那些有钱的小气鬼……”

这番话呀，恰好被路过的魔鬼听到了。魔鬼见他怪可怜的，就对他说：“好吧！我就让你发财。我给你一个钱袋，这里边永远都有一块金币，是拿不完的，但是，你千万要记住，在你觉得钱已够了时，就要把钱袋扔掉，才可以开始花钱。”穷人可高兴坏了，他不停地从钱袋里往外拿金币，整整拿了一个晚上。金币堆了一大堆，他想：“哈哈！这些钱足够我用一辈子了。”

第二天，穷人决定扔掉钱袋去买面包吃。可他刚刚出门就赶紧退了回来，说：“我怎么这么傻呀，这是一个发财的机会，我怎么可以错过呢？”他又开始从钱袋里往外拿钱，可每当他想扔掉钱袋时，都觉得钱还不够多。

一天天过去了，穷人不吃也不喝，只顾从钱袋里往外拿钱，终于，他倒下去了，饿死在满屋子的金币中。

三、蒙学经典——《三字经》（十）

dào　liáng　shū　mài　shǔ　jì

稻　粱　菽，麦　黍　稷。

cǐ liù gǔ rén suǒ shí
此 六 谷，人 所 食。
mǎ niú yáng jī quǎn shǐ
马 牛 羊，鸡 犬 豕。
cǐ liù chù rén suǒ sì
此 六 畜，人 所 饲。

注解：

稻米、高粱、黄豆、麦子、黏性的黄米、不黏的黄米是人类所食用的主要食物。马、牛、羊、鸡、狗、猪是人类所饲养的主要牲畜，这些牲畜对人类的繁衍发展也有不同的贡献。

四、课后朗读

水牛喜欢水里钻

佚 名

只因夏天天气热，水牛皮厚难出汗。
钻进水里降体温，免得中暑出危险。
还因蚊虫闹得欢，又咬又蜇苦难言。
水牛躲进深水中，避开蚊虫保安全。

五、古诗赏读

忆 江 南

［唐］白居易

江南好，
风景旧曾谙。
日出江花红胜火，
春来江水绿如蓝。
能不忆江南？

第五课
生动规范　清楚怎么讲

一、本课要点

编好一个故事，明确要讲什么后，接下来面临的问题就是如何才能讲得好。看图说话的讲述既要生动又要规范，语言要适当夸张，语音、词语的标准规范都不能放松要求，语句要完整且连贯流畅。

（一）把握讲述的要求

1. 展开想象

讲故事不能仅仅停留在对图画的直接描述和解说上，要充分展开想象，讲出隐含在画面背后的故事。

2. 紧扣主题

所有的讲述都要有明确的主题，要围绕并突出主题，不能漫无目的。所以，语言的组织要以表达主题为核心。

3. 丰富情节

讲故事重在情节设计，情节发展才能增加故事的悬念，增加故事的吸引力。这就需要对画面展开联想，合理地融入自己的生活经历和感受。

4. 精练语句

书面化的语言和修饰性太强的语句都太复杂，最好不要用这类长句子，要多用短句子，多用生活化的、平实的语言。

5. 自然表达

讲述的语言表达要朴实自然，不要提高嗓门假装亲切，不要为了所谓的有感情就故意嘘声嘘气。大大方方地讲故事是最好的。

（二）结合要求讲述

要求：

按照以上五点讲述要求试着讲述以下图画故事。

练习：

图一（单幅图）

——选自“自说自画幼儿故事大赛优秀作品选”（作者：龚逸豪）

图二（双幅图）

——选自绘本《我妈妈》（河北教育出版社）

二、课堂朗读

朗读讲述一定要注意自己的声音状态，不要为了所谓有感情就故意提高嗓门或者嘘声嘘气。学会用自己的声音真诚地讲述，这才是最好的用声方法。特别希望听到儿童朗读、讲故事那种天真童趣的声音，因为儿童特有的那种充满稚气的声音是不可复制的，会随着年龄增长而逐渐消失，极为珍贵。

朗读民间故事《咕咚》。在老师的提示下，体会声音的松弛感受。

咕　咚

佚　名

木瓜熟了。一个木瓜从高高的树上掉进湖里，“咕咚”！

兔子吓了一跳，拔腿就跑。小猴子看见了，问他为什么跑。兔子一边跑一边叫：“不好啦，‘咕咚’可怕极了！”

小猴子一听，就跟着跑起来。他一边跑一边大叫：“不好啦，不好啦，‘咕咚’来了，大家快跑哇！”

这一下可热闹了。狐狸呀，山羊啊，小鹿哇，一个跟着一个跑起来。大伙一边跑一边叫：“快逃命啊，‘咕咚’来了！”

大象看见了，也跟着跑起来。野牛拦住他，问：“‘咕咚’在哪里，你看见了？”大象说：“没看见，大伙都说‘咕咚’来了。”野牛拦住大伙问，大伙都说没看见。最后问兔子，兔子说：“是我听见的，‘咕咚’就在那边的湖里。”

兔子领着大家来到湖边。正好又有一个木瓜从高高的树上掉进湖里，“咕咚”！

大伙你看看我，我看看你，都笑了。

三、蒙学经典——《三字经》（十一）

yuē xǐ nù yuē āi jù
曰喜怒，曰哀惧。

ài wù yù qī qíng jù
爱恶欲，七情具。

páo tǔ gé mù shí jīn
匏土革，木石金。

sī yǔ zhú nǎi bā yīn
丝 与 竹，乃 八 音。

注解：

喜悦、愤怒、忧伤、恐惧、爱恋、厌恶、欲望是人人都具备的七种情绪。儒家认为，这七种情绪是与生俱来的，有智慧、有修养的人才能适当地调节控制，不受情绪所左右，做情绪的主人，用理智对情绪加以控制，即所谓“发乎情，止乎礼”。

周代的人将乐器分为八类：匏、土、革、木、石、金、丝、竹。匏，是用葫芦制成的吹奏乐器；土，是用黏土制成的陶土吹奏乐器，如笙、埙（xūn）等；革，是指皮制的乐器，如晋鼓、腰鼓、拨浪鼓等；木，是用木头制成的乐器，多为打击乐器，如木鱼、梆子、拍板等；石，是用玉或石制成的打击乐器，如磬（qìng）等；金，是用金属制成的乐器，如钟、锣、钹（bó）、铙（náo）等；丝，是丝弦类的乐器，因为中国古代用蚕丝作弦，故称为丝类，如琴、瑟、筝以及后来传到中国的胡琴、琵琶、小提琴、吉他等；竹，是用竹子制成的乐器，包括横吹的笛和直吹的箫。以上八种乐器可作为八音的代表。

四、课后朗读

猫咪不怕摔

佚 名

小猫咪，真正乖，爬大树，登高台，
每天跳上又跳下，再高它也不怕摔。
只因猫脚长肉垫，肉垫厚厚像海绵，
落地之时会反弹，因此能够保安全。

五、古诗赏读

绝 句

［唐］杜 甫

两个黄鹂鸣翠柳，一行白鹭上青天。
窗含西岭千秋雪，门泊东吴万里船。

第六课
谁听谁想　知道给谁讲

一、本课要点

（一）明确听者是谁

有对象，就有了交流，可以想象听故事的人是随着故事进展一同思考和感受。这种方法是通过想象中的对象与自己形成一种积极的交流，使得讲述更生动、自然。

把握看图说话的对象感是为了帮助学生建立良好的语言意识，充分利用对象感来设定语言交流的具体情境，增强学生语言表达的生动性和可感性。

（二）结合图画讲述

要求：

结合图画，自己选定主题，想象一个听故事的人，然后讲述一个完整的故事。

练习：

图一（单幅图）

——选自绘本《我爸爸》（河北教育出版社）

图二（多幅图）

——选自“自说自画幼儿园故事大赛优秀作品选”（作者：王楚梦）

二、课堂朗读

从文字描写中，朗读者体会到的是一幅幅具体的画面和场景，充满想象的空间和情绪的感染。朗读就是要把这些画面传递给听的人，用声音来描绘作品中的画面和人物。

《刷子李》是一篇非常生动的作品。作品一开篇就先告诉读者刷子李如何了得——“他刷浆时必穿一身黑，干完活，身上绝没有一个白点。他还给自己立下一个规矩，只要身上有白点，白刷不要钱”。一下子就把故事的关注度提高到紧追不放的程度。接下来，讲了刷子李的徒弟曹小三对师傅手艺的半信半疑，看到师傅身上似乎有个白点，“传说中那如山般的形象”即将倒塌，但最后还是被师傅的精湛绝技彻底折服。作品描写很细腻，朗读者的感受就要很具体，特别是情节转换的地方。在朗读这篇作品时，重音的选择非常关键，因为这些重音往往能直接生动地表达出人物的性格特点。比如说“身上绝没有一个白点”，重音就必须放在“绝没有”上；再比如“曹小三当然早就听说过师傅那手绝活，一直半信半疑，这回非要亲眼瞧瞧”，重音就要落到“半信半疑”上，四个字的音节还要稍微延长一点。

朗读《刷子李》，按照以上分析，确定作品中语句的重音。

刷　子　李

冯骥才

码头上的人，全是硬碰硬。手艺人靠的是手，手上就必得有绝活。

刷子李是河北大街一家营造厂的师傅。专干粉刷一行，别的不干。最叫人叫绝的是，他刷浆时必穿一身黑，干完活，身上绝没有一个白点。他还给自己立下一个规矩，只要身上有白点，白刷不要钱。

一年的一天，刷子李收了个徒弟叫曹小三。曹小三当然早就听说过师傅那手绝活，一直半信半疑，这回非要亲眼瞧瞧。

那天，头一次跟师傅出去干活，到英租界镇南道给李善人新造的洋房刷浆。干活前，师傅把随身带的一个四四方方的小包袱打开，果然一身黑衣黑裤，一双黑布鞋。

一间屋子，一个屋顶四面墙，先刷屋顶后刷墙。顶子尤其难刷，蘸了稀溜溜粉浆的板刷往上一举，谁能一滴不掉？一掉准掉在身上。可刷子李一举刷子，就赛没有蘸浆。但刷子划过屋顶，立时匀匀实实一道白，白得透亮，白得清爽。

刷子李干活还有个规矩。每刷完一面墙，必得在凳子上坐一大会儿，抽一袋烟，喝一碗茶，再刷下一面墙。此刻，曹小三借着给师傅倒水点烟的机会，拿目光仔细搜索刷子李的全身。每一面墙刷完，他搜索一遍。居然连一个芝麻大小的粉点也没发现。他真觉得这身黑色的衣服有种神圣不可侵犯的威严。

可是，当刷子李刷完最后一面墙，坐下来，曹小三给他点烟时，竟然瞧见刷子李裤子上出现一个白点，黄豆大小。黑中白，比白中黑更扎眼。完了！师傅露馅了，他不是神仙，往日传说中那如山般的形象轰然倒去。但他怕师父难堪，不敢说，也不敢看，可忍不住还要扫一眼。

这时候，刷子李忽然朝他说话：“小三，你瞧见我裤子上的白点了吧。你以为师傅的能耐有假，名气有诈，是吧。傻小子，你再细瞧瞧吧——”

说着，刷子李手指捏着裤子轻轻往上一提，那白点即刻没了，再一松手，白点又出现，奇了！他凑上脸用眼再瞧，那白点原是一个小洞！刚才抽烟时不小心烧的。里边的白衬裤打小洞透出来，看上去就跟粉浆落上去的白点一模一样！

三、蒙学经典——《三字经》(十二)

gāo zēng zǔ， fù ér shēn。
高 曾 祖，父 而 身。
shēn ér zǐ， zǐ ér sūn。
身 而 子，子 而 孙。
zì zǐ sūn， zhì xuán zēng。
自 子 孙，至 玄 曾。
nǎi jiǔ zú， rén zhī lún。
乃 九 族，人 之 伦。

注解：

高曾祖代表了三代，即高祖父、曾祖父和祖父，然后是父亲，再是自己，往下是儿子、孙子、曾孙、玄孙，一共九代亲族，称为九族，包含自己以上的上四代和以下的下四代，是我们的直系血亲，和自己的关系最为密切，是家族中长幼尊卑的伦常关系。伦，就是次序、辈分的意思。在这里，“至玄曾”三字，为求押韵而对调了。

四、课后朗读

温暖的童话

佚 名

在我的心灵之中，
有个地方深不可测，
其竟从未所问，
你是那希望之火，
为我照亮我的前程，照亮着希望，

在每个黑黑的夜里，
牵挂的是您，
在每个寒冷的夜晚，
是您给我无尽的温暖，
天空下起雨了，
每个雨滴都在述说。

五、古诗赏读

凉　州　词

［唐］王之涣

黄河远上白云间，一片孤城万仞山。
羌笛何须怨杨柳，春风不度玉门关。

单元拓展

本单元重点是通过看图说话提升看图观察能力和语言表达能力，不仅要看得懂、看得细、看得深，还要讲得清、讲得好、讲得美。在每一课的课后朗读和古诗赏读中都安排了相关作品，目的是要大家体会诗中有画和画中有诗，学习用语言来描绘图画，也学会在朗读时展开联想，用丰富多彩的画面来促进语言表达。单元拓展中的古诗朗读和作品选读，都是结合单元学习要点挑选的朗读材料，需要认真学习。

一、古诗朗读

敕勒歌

[南北朝]佚　名

敕勒川，阴山下。
天似穹庐，笼盖四野。
天苍苍，野茫茫，风吹草低见牛羊。

早春呈水部张十八员外（其一）

[唐]韩　愈

天街小雨润如酥，草色遥看近却无。
最是一年春好处，绝胜烟柳满皇都。

二、作品选读

雾

贺　宜

呀，好大的雾！

白烟滚滚，遮住了树林，遮住了大路；遮住了他，遮住了我；听见你的声音，看不见你的面目。

太阳尽睡着；晓风尽睡着。

这雾多浓密哟，多神秘哟，统治了这寒冷的潮湿的世界。

这雾，他沉住了人的气，他掩蔽了人间的丑恶。礼拜堂的钟响着，鸽子的铃响着，在天空荡过、划过。

太阳在山顶上伸懒腰了；晓风在海边跨着大步闯来了。

这雾呀，哼，凭他多浓密，多神秘，这时候，轻轻地静静地溜走了。

大家一起飞

熊前彪

小鸟去过好多地方，飞过许多城市，森林里的小动物们可爱听她讲故事了。

她说火车又长又大，开起来可快了。动物们都没有见过火车，小鸟就指着大蛇说：“就像大蛇那样长。”大蛇可高兴了，到处对朋友说：“瞧！我是大火车。”

她说城里住着许多人的大楼又高又大，动物们都没有见过大楼，小鸟就指着大树说：“就像大树一样高大。”大树也乐坏了，低头对朋友说：“瞧！我是大楼。”

小鸟还说：“城市里的孩子爱吃棉花糖。”可动物们都不明白：“棉花糖是什么样的？”小鸟就指着天上的白云说：“棉花糖就像大云朵。”大家都仰头望着白云，直流口水。

小鸟飞上天，摘了好多云朵下来，当作棉花糖分给大家吃。

奇怪？大家吃了云朵棉花糖，就觉得浑身轻飘飘的。

小猪、大熊、大蛇、大树……都飘上了天，像五彩云朵在天上飞起来，随着风儿飘来飘去，好玩极了。

真奇妙，大家说：“谢谢小鸟！让我们飞起来啦！”

第三单元
推敲理解　讲好故事

唐朝诗人贾岛写诗很用功，勤于思考，用什么词都非常讲究。有一次，他作了一首诗，诗里面有这么两句："鸟宿池边树，僧推月下门。"他觉得第二句里面的"推"字，用得不太好，想改成"敲"字，但又觉得用"推"字也可以，就这样推、敲不定，甚至走路时也一边走一边做着推门和敲门的动作，仔细琢磨到底用哪一个字更好。最后，他觉得"敲"字更生动一些，便改成了"僧敲月下门"。

从这个故事中我们看到，作者写作时真是煞费苦心。我们学习朗读就必须仔细推敲和认真思考，才能真正深入理解词语，感受作者遣词造句的用意，朗读才能准确、生动、有意境。

第一课
准确理解明句读

一、本课要点

读书是否真的懂了，只有读出来才知道，因为“句读之不知，惑之不解”，停顿的位置对不对就是懂不懂的标准。所以，从小学习语文就要先明句读，读懂文字的意思，这也是在朗读学习中一再强调要以词语理解为基础的原因。

（一）停顿准确

停顿是语义表达是否准确的标准。因为词语是构成语句的最小单位，词语的组成关系就是语义关系，只有明白了词语在语句中的真实含义，说话的意思才能明白无误。所以，只有读书明句读，才能准确地表达文字含义，这样读书才能算无惑。

（二）语句完整

语句完整是指朗读的时候没有因为停顿不准确而造成语言理解的歧义。既反映了朗读者对文字的理解能力，也反映了朗读者的口语表达水平。

下面，结合小故事《下雨天》来探讨理解和句读的关系。

下　雨　天

佚　名

从前，有一个穷秀才，他很穷，天天吃不饱。所以，他就想办法去混口饭吃。他有一个挺富裕的朋友，每当人家差不多要开饭时，他就会到人家家里“拜访”。而且还编出各种各样的理由，让他朋友留他吃饭。

这一天，秀才又“拜访”友人。友人实在想不出什么理由让他离开，就打算看看情形再说。这时，天突然下雨，秀才说：“天下大雨了！”友人想来想去，怎么才能把自己不愿意留下他的意思说出来，又给他留点面子，大家不至于太难堪。于是，就借口有点事情进屋去了，给穷秀才留下了一张纸条：

“下雨天留客天天留我不留”

那个时候没有新式标点符号，需要明句读才能读懂文字的意思，所以都说有知识的人能识文断字。那位富裕的朋友本想表达的意思是“下雨天，留客天，天留，我不留”。心想，你看到这纸条一定不好意思留下了。可是，从屋里一出来，看到穷秀才还在。就问他：“咦，你怎么还在这儿？”穷秀才说：“是你叫我留下的啊。”还立马指着那张纸条说：“下雨天，留客天，天留我不？留！”穷秀才笑嘻嘻地说：“你这么客气，我还好意思走嘛。”

请为“下雨天留客天天留我不留”加上标点符号，试试不同的标点符号能组成多少语句，每一句的真实语义又有什么不同。

参考答案如下：

下雨天，留客天，天留，我不留！（这是主人的真实心意，不愿意留客）

下雨天，留客天，天留？我不留！（我不愿意留下）

下雨天，留客天，天！留我不？留！（询问老天，得到留下的意愿）

下雨，天留客？天！天留我？不留！（自己决定不留下来）

下雨，天留客，天天留，我不留！（天天下雨，我已经不想留下了）

下雨天留客？天天留？我不留？（犹豫不决）

下雨天留客？天！天留，我不留？（对老天的意愿不敢违抗）

下雨天，留客天，天留我不？留！（自我认定要留下来）

二、课堂朗读

讲故事大体上分为两种，一种是按照故事文本讲述已经写好的故事，另一种是没有文稿，口头讲述自己经历过的或是听说过的事情。从这节课开始，我们先学习如何讲有文稿的故事。

讲故事是以叙述语言为主的口语表达，如何将已经写成文字的故事用口语讲得生动有趣呢？这就要明白讲故事有哪些要求。

讲故事的人一定要有强烈的愿望，要特别想把这个故事告诉别人。千万不要认为讲故事就是念稿子，更不是为了有意表演给别人看。讲故事是把自己知道的故事分享给要听故事的人，所以要有一种特别想告诉别人发生了什么事情的冲动。这种状态是学习讲故事应该特别注意的，我们要先调动积极性，之后才能开始讲述。

（一）放松身体

甩甩手，放松放松身体，就像运动员准备上场比赛一样，朗读者也需要放松自己的肌肉。身体放松了，才能进入一个自然松弛的朗读状态。我们可以做一做以下放松动作来调节身体肌肉：

- 扩胸运动；
- 甩手运动；
- 下蹲运动；
- 转动头部。

（二）预热声音

每次朗读前，需要做一下口部操，让唇、舌得到充分的活动，有利于发音器官的自然放松。简单的预热活动主要有以下几步。

- 口腔开合练习：张口像打哈欠，闭口像咬苹果。反复多次练习。
- 提颧肌练习：提颧肌微笑，唇齿相依。与口腔开合练习交替进行。
- 舌头力量练习：可以选择弹舌活动和顶舌活动。弹舌是先把力量集中在舌尖，抵住上齿龈，堵住呼出的气流，突然打开，发出“te”音，越有力越好。顶舌是闭唇，用舌尖顶住左右内颊，用力顶。
- 单元音发音练习：连续进行单元音“ɑ、o、e、i、u、ü”的发音练习。

（三）唤起愿望

要调动自己的积极性，唤起讲述的愿望。这是一种心理活动，先分析作品，梳理讲述层次，提炼主题思想，明确讲述态度。学生要在老师的帮助下，将分析、理解和感受到的作品情感和故事内容转化为表达的愿望。

结合讲故事的要求，朗读《司马光砸缸》。

司马光砸缸

佚　名

有一次，司马光跟小伙伴们在后院里玩耍。院子里有一口大水缸，有个孩子爬到缸沿上玩，一不小心，掉到缸里。缸大水深，眼看那个孩子快要没顶了。别的孩子一见出了事，吓得边哭边喊，跑到外面向大人求救。司马光却急中生智，从地上捡起一块大石头，使劲向水缸砸去。“砰！”水缸破了，缸里的水流了出来，被淹在水里的孩子也得救了。

小小的司马光遇事沉着冷静，从小就是一副小大人模样。这就是司马光砸缸的故事。

三、蒙学经典——《三字经》（十三）

fù zǐ ēn，fū fù cóng。
父子恩，夫妇从。

xiōng zé yǒu，dì zé gōng。
兄则友，弟则恭。

zhǎng yòu xù，yǒu yǔ péng。
长幼序，友与朋。

jūn zé jìng，chén zé zhōng。
君则敬，臣则忠。

cǐ shí yì，rén suǒ tóng。
此十义，人所同。

dāng shùn xù，wù wéi bèi。
当顺叙，勿违背。

注解：

十义也叫五伦，是彼此之间如何互相对待的原则，分别是父慈、子孝、夫和、妇从、兄友、弟恭、朋谊、友信、君敬、臣忠，是每个人都要遵守的准则，不要违背。

四、课后朗读

财主与教书先生

佚　名

传说中有一财主想给他的孩子请一位教书先生，但是这位财主是出了名的吝啬鬼，有学问的人大多不愿意去。后来有一个人主动要求去，但是在去之前和财主就每天的生活有约在先，并写成文书让财主签字画押，让财主照此执行。

其实这约定就一句话："无米面也可无鸡鸭也可无鱼肉也可青菜豆腐不可少。"

让财主一看，很开心，这样的要求好满足，就一口答应了。谁知这位先生到了财主家后，天天都说财主没有兑现承诺，天天都要好吃的。

财主就质问他说："当初不是你说的'无米面也可，无鸡鸭也可，无鱼肉也可，青菜豆腐不可少'吗？"

教书先生理直气壮地说，当初我是这样写的："无米，面也可；无鸡，鸭也可；无鱼，肉也可；青菜豆腐不可少！"

五、古诗赏读

绝句二首（其一）

［唐］杜　甫

迟日江山丽，春风花草香。
泥融飞燕子，沙暖睡鸳鸯。

第二课
理解词语真感受

一、本课要点

（一）理解的关键在于重点词语

朗读的感受是在分析并理解文字作品的基础上，由词语产生的具体的、明确的、真实的内心体验和情感起伏。这种感受能通过文字引发联想，有利于朗读者产生身临其境、感同身受的感觉。

但是这样的感受实质上是对具体词语的理解，是对词语在句子中的作用的一种认识。所以，作品中的重点词语是理解作品的关键。朗读者只有理解了、感受了，才能表达出来。理解越准确，感受越真切，表达就越生动。

（二）感受的要点在于形成态度

所谓感受就是要具体地感受作品，要把作品中的人、物、景、情融化在朗读者的心灵深处，使朗读者可以看到、闻到、触摸到作品，甚至可以和作品进行交流。这一切的目的都是为了把具体的感受转化为明确的情感态度，有利于将自己的感受和作品的内涵生动细腻地表达出来。

文学作品的思想情感都不是直接明说的，而是通过生动地讲述、细腻地描写来呈现的。只有真正读懂作品，才能有自己的理解和感受。所以，朗读者首先应该是一位读者，只有读懂作品并形成自己的感受，才能开始朗读作品。

请先确定重点词语，然后再朗读《犀牛和朋友》。

犀牛和朋友

张秋生

一只犀牛很孤独。

他不爱交朋友，就爱一个人独来独往。谁惹恼了他，他就用那只尖尖的角顶谁，吓得谁也不敢和他玩。

犀牛背上是一条条的褶纹。褶纹里长了不少虫子。犀牛痒得无法忍受，他的尖角对付不了自己背上的小虫，难受得在地上打滚。犀牛的脾气也更烦躁了。

一只小鸟试着接近犀牛，她大胆地落在犀牛背上，啄起犀牛背上褶纹里的小虫子。

犀牛起先对小鸟竟敢落在自己背上感到愤怒，但不一会儿就平息了自己的愤怒，变得很温柔、很高兴了。因为小鸟捉掉了虫子，让犀牛感到很舒服。从此，犀牛和小鸟交起了朋友。

犀牛终于懂得，每个人都需要朋友，朋友——就是热情的帮助。

犀牛再也不孤独了。

二、课堂朗读

讲故事必须把握的第一条原则就是朴实无华。尽管有了积极的态度，但是讲故事还是不能太夸张，尤其是叙述语言一定要平实自然，语气诚恳，装腔作势的浮夸和虚假的表演都是要不得的。那种提高嗓门虚情假意的做作和半吊着声音的假抒情着实使人难受。所以，讲故事就是要做一个诚实的叙述者，用朴实大方的语言讲故事给别人听，不需要太多的修饰。学讲故事，要符合儿童的年龄，突出儿童天真稚嫩的语言特质。

要求：

（1）不要装腔作势；

（2）不要虚情假意；

（3）不要嗲声嗲气；

（4）不要见字发声。

练习：

朗读《孔融让梨》。

孔融让梨

佚　名

孔融有五个哥哥，一个小弟弟。

有一天，孔融家里吃梨。一盘梨子放在大家面前，哥哥让弟弟先拿。你猜，孔融拿了一个什么样的梨？他不挑好的，不拣大的，只拿了一个最小的。父亲看见了，心里很高兴：别看这孩子才四岁，还真懂事。就故意问孔融："这么多的梨，又让你先拿，你为什么不拿大的，只拿一个最小的呢？"

孔融回答说："我年纪小，应该拿最小的；大的留给哥哥吃。"

父亲又问他："你还有个弟弟，弟弟不是比你还要小吗？"

孔融说："我比弟弟大，我是哥哥，我应该把大的留给弟弟吃。"

父亲听了，哈哈大笑："好孩子，好孩子，真是一个好孩子。"

孔融四岁，知道让梨。上让哥哥，下让弟弟。大家都很称赞他。

三、蒙学经典——《三字经》(十四)

lǐ　yuè　shè　yù　shū　shù
礼　乐　射，御　书　数。

gǔ　liù　yì　jīn　bù　jù
古　六　艺，今　不　具。

fán　xùn　méng　xū　jiǎng　jiū
凡　训　蒙，须　讲　究。

注解：

《三字经》倡导的是儒家文化，希望儿童先懂得如何做一个有道德的人，然后再学会成为一个有知识、有才能的人。所以，先将做人的道理阐述清楚了，再来讲如何学习的问题。

首先提到"六艺"，就是古人教导子弟必备的六种技能：礼节、音乐、射箭、驾车、书法、数学。现在的学生已经不具备这些才能了。凡是教导初学儿童的启蒙学习，一定要讲究教学方法。

四、课后朗读

骆驼和羊

佚　名

骆驼长得高，羊长得矮。骆驼说：“长得高好。”羊说：“不对，长得矮才好呢。”骆驼说：“我可以做一件事，证明高比矮好。”羊说：“我也可以做一件事，证明矮比高好。”

他们走到一个园子旁边。园子四面有围墙，里面种了很多树，茂盛的枝叶伸出墙外来。骆驼一抬头就吃到了树叶。羊抬起前腿，趴在墙上，脖子伸得老长，还是吃不着。骆驼说：“你看，这可以证明了吧，高比矮好。”羊摇了摇头，不肯认输。

他们又走了几步，看见围墙有个又窄又矮的门。羊大模大样地走进门去吃园子里的草。骆驼跪下前腿，低下头，往门里钻，怎么也钻不进去。羊说：“你看，这可以证明了吧，矮比高好。”骆驼摇了摇头，也不肯认输。

他们去找老牛评理。老牛说：“你们两个都只看到自己的长处，看不到自己的短处，这是不对的。”

五、古诗赏读

听弹琴

［唐］刘长卿

泠泠七弦上，静听松风寒。
古调虽自爱，今人多不弹。

第三课
感受语气有态度

一、本课要点

（一）必须深入细致地体会

朗读者理解的是文字，感受的是作品的情感和思想，如果不能深入细致地感受作品，就很难体会到作品的内涵和意境。

比如雷抒雁的作品《蚕》中的“你们织的茧，得你们自己去咬破”，这句话是对全篇的总结，也是中心思想的概括。我们应该结合全文来体会和感受作品主题，感受得越深入、细致，朗读表达就越有底气，作品内涵就能通过声音更好地传递出来。

（二）形成鲜明独特的语气

态度由感受而生发，又由声音具体呈现出来，所以态度是否鲜明，从朗读的声音中就能直接感受到，这种声音形式就是语气。要表现鲜明的态度，就要有准确的语气；要有准确的语气，就离不开真切的感受。

由此可知，感受的目的是明白作品中的“这句话”为什么一定要这样说、这样读，目的是什么？是爱还是恨，是喜还是忧，是赞颂还是批评。朗读的声音就是朗读者的心声，是朗读者对作品感受形成的一种独一无二的语气。用鲜明独特的语气把朗读者从感受中升华出来的态度表现出来，有声语言才是鲜活而有意义的。

二、课堂朗读

仔细阅读《蚕》，明确朗读的语气。

蚕

雷抒雁

她在自己的生活中织下了一个厚厚的茧。

那是用一种细细的、柔韧的、若有若无的丝织成的。是痛苦的丝织成的。

她埋怨、气恼，然后就是焦急，甚至折磨自己，同时用死来对突不破的网表示抗议。

但是，她终于被疲劳征服了，沉沉地睡过去。她做了许多的梦，那是关于花和草的梦，是关于风和水的梦，是关于太阳和彩虹的梦，还有关于爱的追求以及生儿育女的梦……

在梦里，她得到了安定和欣慰，得到了力量和热情，得到了关于生的可贵。

当她一觉醒来，她突然明白拯救自己的，只有自己。于是，她便用牙齿把自己吐的丝一根根咬断。咬破自己织下的茧。

果然，新的光芒向她投来，像云隙间的阳光刺激着她的眼睛。新的空气，像清新的酒，使她陶醉。

她简直要跳起来了！她简直要飞起来了！

一伸腰，果然飞起来了，原来就在她沉睡的时刻，背上长出了两片多粉的翅膀。

从此，她便记住了这一切，她把这些告诉了子孙们：你们织的茧，得你们自己去咬破！

蚕，就是这样一代代传下来。

三、蒙学经典——《三字经》（十五）

xiáng xùn gǔ míng jù dòu
详 训 诂，明 句 读。

wéi xué zhě bì yǒu chū
为 学 者，必 有 初。

xiǎo xué zhōng zhì sì shū
小 学 终，至 四 书。

注解：

由于古文是竖排的，而且没有标点符号，古人读书就必须先要把句子点断清楚，否则就无法读。所以，古时称文辞停顿的地方叫作句或读，语意完整的停顿为句，句中语意未完、语气稍作停顿的地方为读。古人文章不分段，没有标点符号和注音。一句话的句读不同，意思就完全不一样。

读书求学，必须有一个好的开始，才能奠定良好的基础。古代的小学和今天的小学不是一回事。六到十二岁上小学，进行“童蒙养正”，培养学生的生活规范。首先学习洒扫应对，侍奉长者，然后再学习“六艺”等。学完这些，才开始深究“四书”当中“修齐治平”的大学问。

四、课后朗读

小蝌蚪找妈妈

方惠珍 盛璐德

池塘里有一群小蝌蚪，大大的脑袋，黑灰色的身子，甩着长长的尾巴，快活地游来游去。

小蝌蚪游哇游，过了几天，长出两条后腿。他们看见鲤鱼妈妈在教小鲤鱼捕食，就迎上去，问：“鲤鱼阿姨，我们的妈妈在哪里？”鲤鱼妈妈说：“你们的妈妈有四条腿，宽嘴巴。你们到那边去找吧！”

小蝌蚪游哇游，过了几天，长出两条前腿。他们看见一只乌龟摆动着四条腿在水里游，连忙追上去，叫着：“妈妈，妈妈！”乌龟笑着说：“我不是你们的妈妈。你们的妈妈头顶上有两只大眼睛，披着绿衣裳。你们到那边去找吧！”

小蝌蚪游哇游，过了几天，尾巴变短了。他们游到荷花旁边，看见荷叶上蹲着一只大青蛙，披着碧绿的衣裳，露着雪白的肚皮，鼓着一对大眼睛。

小蝌蚪游过去，叫着：“妈妈，妈妈！”青蛙妈妈低头一看，笑着说：“好孩子，你们已经长成青蛙了，快跳上来吧！”他们后腿一蹬，向前一跳，蹦到了荷叶上。

不知什么时候，小青蛙的尾巴已经不见了。他们跟着妈妈，天天去捉害虫。

五、古诗赏读

月　夜

［唐］刘方平

更深月色半人家，北斗阑干南斗斜。
今夜偏知春气暖，虫声新透绿窗纱。

第四课
情节叙述要朴实

一、本课要点

（一）朴实大方

朗读不能故作亲切，只要大大方方、朴实自然地讲述清楚就可以了，千万不要受到所谓“有感情”的困扰。朗读的感情是由理解感受生发出的，是一种由内而外的真实情感，不是外加的、故作的声音样式。朴实自然的叙述，就是要像讲自己真实经历过的事情一样，不疾不徐地慢慢道来。

（二）语言清晰

平时想讲清楚一件事，首先就要把事情的来龙去脉说清楚，在朗读作品时也一样，必须保证讲述清楚。朗读是在用声音表达文字，叙述情节、描绘场景、塑造形象、抒发感情都只能通过声音来实现，所以朗读一定要做到语言清晰。

二、课堂朗读

仔细阅读《书本里的蚂蚁》，出现对话之前的叙述一定要朴实无华。

书本里的蚂蚁

王一梅

古老的墙角边，孤零零地开着一朵红色的小花，在风里轻轻地唱着歌。一只黑黑的小蚂蚁，顺着花枝往上爬，静静地趴在花蕊里睡觉。

小姑娘经过这儿，采下这朵花，随手夹进了一本陈旧的书里。小蚂蚁当然也进了书本，夹成了一只扁扁的蚂蚁。

“喂，你好，你也是一个字吗？”书本里传来了整齐的、细碎的声音。

“是谁？书本也会说话？”黑蚂蚁奇怪极了。

“我们是字。”细碎的声音回答着。黑蚂蚁这才看清，书本里满是密密麻麻的小字。“我们小得像蚂蚁。”字很不好意思地回答。

“我，我是蚂蚁，噢，我变得这么扁，也像一个字。”黑蚂蚁挺乐意做一个字。

书本里有了一个会走路的字。第一天，黑蚂蚁住在第100页，第二天就跑到了第50页，第三天又跑到第200页……所有的字都感到很新奇。要知道，这是一本很陈旧的书，很久没有人翻动过了，而这些字从没想动动手脚，走一走，跳一跳。“我们真是太傻了。”字对自己说。现在，它们都学着黑蚂蚁跳跳舞、串串门，这有多快乐呀！

旧书不再是一本安安静静的书了。

有一天，小姑娘想起了那朵美丽的花，就打开书来看。啊！这本她原本看厌的旧书，写着她从来也没有看过的新故事，她一口气读完了这个新故事。

第二天，小姑娘忍不住又打开书来看，她更加惊奇了，她看到的又是一个和昨天不一样的新故事。

这时候，小姑娘突然看到了住在书里的小蚂蚁。问：“你是一个字吗？”“是的，我原来是一只小蚂蚁，现在，我住在书本里，是会走路的字了。”会走路的字？小姑娘明白了，这本书里的字，每天晚上走来走去，书里的故事也就变来变去。

是的，第三天早晨，小姑娘在旧书的封面上发现了一个字，它呀，走得太远，不认识回家的路了。不过，这些字没有一个想离家出走的，它们全住在一起，快快乐乐的，每天编出新的故事。

小姑娘从此再也没有买过故事书了。

三、蒙学经典——《三字经》（十六）

lún yǔ zhě èr shí piān
论 语 者，二 十 篇。

qún	dì	zǐ	jì	shàn	yán
群	弟	子，	记	善	言。
mèng	zǐ	zhě	qī	piān	zhǐ
孟	子	者，	七	篇	止。
jiǎng	dào	dé	shuō	rén	yì
讲	道	德，	说	仁	义。

注解：

《论语》是记录孔子及其弟子言论行事的著作，由孔子的弟子和再传弟子编纂而成，一共有二十篇，以语录体和对话体为主，记录了孔子及其弟子谈论为人处世和为政行仁的言论。孔子的政治主张、伦理思想、教育理念都集中体现在这部书中。

孟子是孔子的学生，他继承并发扬了孔子的思想，有“亚圣”之称，与孔子并称“孔孟”。《孟子》共七篇，是孟子的学生万章与公孙丑等记录孟子言行的书，是语录体的散文集，是一部儒家经典著作，核心内容是道德和仁义。《孟子》多长篇大论，文章气势磅礴，论述逻辑严密，对答机智尖锐，语言从容舒缓，一直是中国传统散文写作的典范和代表。

四、课后朗读

老鼠嫁女

鲁风

哩哩啦，哩哩啦，敲锣鼓，吹喇叭，老鼠家里办喜事，有个女儿要出嫁。

“女儿嫁给谁？”妈妈问爸爸。

爸爸是个老糊涂，他说：“谁神气就嫁给他。”

爸爸去找太阳，太阳说：“乌云要遮我，乌云来了我害怕。”

爸爸去找乌云，乌云说：“大风要吹我，大风来了我害怕。”

爸爸去找大风，大风说：“围墙要堵我，我见围墙就害怕。”

爸爸去找围墙，围墙说：“老鼠会打洞，老鼠来了我害怕。”

太阳怕乌云，乌云怕大风，大风怕围墙，围墙怕老鼠，老鼠怕谁呀？

爸爸乐得笑哈哈：“原来猫咪最神气，女儿应当嫁给他。”

哩哩啦，哩哩啦，敲锣鼓，吹喇叭，老鼠女儿坐花轿，一抬抬到猫咪家。

老鼠爸爸，老鼠妈妈，第二天来看女儿，咦，女儿不见啦！女儿在哪？女儿在哪？

猫咪说：“我怕人家欺负她，啊呜一口就吞下。”

五、古诗赏读

寒　食

［唐］韩　翃

春城无处不飞花，寒食东风御柳斜。

日暮汉宫传蜡烛，轻烟散入五侯家。

第五课
场景描绘要细致

一、本课要点

（一）语言描写要细致生动

讲话也好，写故事也好，总少不了描写。我们要特别注重对要点和细节的描写，朗读准备时就要先找准句中的重点词语或词组。只有看到、感受到所描写的形象、色彩、味道、状态等，朗读时才能细致而生动。

（二）细致描写要落实到重点词语

比如《跳舞熊》的开头是这样描述的："有只狗熊长期被迫跳舞卖艺，它逃了出来，回到自己的故居。狗熊们用亲吻来向它表示兄弟情谊。"这段文字的重点是讲一只被迫跳舞卖艺的狗熊逃回了森林，狗熊们对他很友好。在这段叙述中，交代了这只狗熊的身世，"跳舞"这个词是故事的伏笔，朗读时就要强调。"逃"出来，才有了故事的开始，也是重要的信息，需要突出。"故居"则是故事的发生地，这也是描写的重点词语。"亲吻""欢腾的声音"都是必不可少的描写心情、态度的词语，朗读时都需要强调突出。要做到场景描绘的细致表达，就必须生动地突出这些重点词语或词组。

二、课堂朗读

仔细阅读《跳舞熊》，突出重点词语或词组。

跳　舞　熊

佚　名

有只狗熊长期被迫跳舞卖艺，它逃了出来，回到自己的故居。狗熊们用亲吻来向它表示兄弟情谊。森林里响起一片欢腾的声音。

狗熊们互传喜讯：“佩茨又回到咱们这里了！”佩茨于是向大家描述它在外地的冒险经历、它所见所闻的种种事迹。提起跳舞，它仿佛仍受锁链羁系，便向观众表演了一番波兰式的舞艺。弟兄们观看了它的表演，对它灵巧的四肢赞叹不已。它们立即争相学习，可是做不到它那样用后腿行走自如，甚至连身子都直不起，不少狗熊趴跌在地。因此佩茨又多次重复献艺。不料它的才能却惹恼了狗熊全体。“滚！”大家嚷道：“滚你的！你这蠢货自以为比我们高明？”它们逼迫佩茨再次离去。

劝君莫显高明！这样别人就不会恨你，你才能和众人接近。你越是比别人高明，就越要提防表现自己。固然你的超群本领一时会博得交口称誉，可别相信这事！因为不久就会招来妒忌，它们会把你的聪明才智说成是不可饶恕的罪行。

三、蒙学经典——《三字经》（十七）

zuò zhōng yōng zǐ sī bǐ
作中庸，子思笔。
zhōng bù piān yōng bú yì
中不偏，庸不易。
zuò dà xué nǎi zēng zǐ
作大学，乃曾子。
zì xiū qí zhì píng zhì
自修齐，至平治。

注解：

《中庸》的作者是子思，子思是孔子的孙子孔伋。孔子去世后，儒家分为八个派别，子思是其中一派。中庸之道的主旨在于休养人性。“中”是不偏、不倚，“庸”是不易、不变，中庸所说的是不偏于一方，永不改变的天下至理。

《大学》是孔子的学生曾子所写，阐述了个人道德修养、道德作用与治国平天下的关系，即“修身、齐家、治国、平天下”所蕴含的大道理。他提出的“八条目”是格物、致知、诚意、正心、修身、齐家、治国、平天下。

四、课后朗读

花的沐浴

郭　风

草地上有百里香、铺地锦、野菊和蒲公英。

有一天，天下雨了。小雨点敲打着野外的树木，在繁密的树叶上敲出声音来了，好像我们学校里摇铃一样：叮当！叮当！

于是，一群小野花走出来了，百里香、野菊、铺地锦和蒲公英们，一听见这雨声，都走出来了。她们好像在幼儿园里做唱游一样，排成小队，走出树林，到这草地上，站在雨中……

她们要在那里沐浴。

小雨点为她们从头淋下，她们口里轻声地唱着歌。有时抖抖身子，让水点落下去……

小雨点为她们从头淋下，她们口里轻声地唱着歌。她们摇摆着身子，用绿色的浴巾擦洗自己的头发和身体……

雨停止了。她们的沐浴也停止了。这时，阳光照在草地上，草地上一片光明，那些小野花们显得多么美丽！她们沐浴过了，全身发出香味。

五、古诗赏读

溪上遇雨（其二）

［唐］崔道融

坐看黑云衔猛雨，喷洒前山此独晴。

忽惊云雨在头上，却是山前晚照明。

第六课
形象刻画要生动

一、本课要点

（一）人物形象要生动

我们介绍一件事或是介绍一个人，就像是用语言在绘画一样，是在描绘一种形状，塑造一个形象，所以特征和个性就是重点。通过分析找到作品中“那个”形象的特征和个性，再依据这些特点设计朗读的声音形象，这就是用声音刻画形象的过程。在这一过程中，确保能生动地呈现人物个性特征和形象特质的关键还在于对作品的深入理解、反复揣摩和细心感受。

（二）抓住人物内在特点

比如寓言故事《老鼠生肖排第一》，在对作品反复阅读之后，就可以确定狮子的形象用威武雄壮、宽厚低沉的声音来刻画，老鼠的形象用满怀心机、尖锐轻巧的声音来刻画。两个形象的语言特点还可以根据场景的不同，在语速和语气上做相应的变化。同时，要注意角色内心世界的描写，将老鼠狡猾的天性通过讲述尽量表现出来，故事就会更加鲜活有趣。

二、课堂朗读

仔细阅读《老鼠生肖排第一》，把握作品形象的特征和个性。

老鼠生肖排第一

佚　名

狮子大王召集十二生肖开会，商量排座次的事。到底应该把谁排在第一位呢？狮子大王很为难。因为许多生肖都要求自己排第一，并且为此争论不休。

狮子大王没有办法，便说道："这样吧，你们都上来说说自己要排第一的理由，谁说得最有道理，谁就排第一！"

于是，十二生肖中的牛、虎、兔、龙、蛇、马、羊、猴、鸡、狗和猪纷纷登台演讲。但他们都只说自己的优点，对缺点却避而不谈。

老鼠是最后一个上台的。他诚恳地说道："我虽然也有长处，但是和各位相比，还有很大的差距。论耕田，我比不上牛；论看门，我比不上狗；论奔跑，我比不上马……所以无论如何，我都不能排在生肖的第一位！"

"恰恰相反！"狮子大王对老鼠说，"这第一的位置非你莫属！"

台下的十一生肖听了都目瞪口呆，狮子大王说："我觉得老鼠非常诚恳，他能正确地认识自己，所以我选他当第一！"

其他十一生肖听了，一个个羞愧地低下了头。于是，老鼠坐上了生肖第一的位置。

三、蒙学经典——《三字经》（十八）

xiào jīng tōng sì shū shú
孝经通，四书熟。

rú liù jīng shǐ kě dú
如六经，始可读。

shī shū yì lǐ chūn qiū
诗书易，礼春秋。

hào liù jīng dāng jiǎng qiú
号六经，当讲求。

注解：

《孝经》共十八章，是一部阐明孝道的书，在唐代就被尊为经书，南宋以后列入《十三经》。历代统治者都推崇《孝经》，因为它不仅讲孝道，还从"孝"是一切德行的根本推出了忠君思想。俗话说："百善孝为先。"因此，古人研究学问，首先读《孝经》，要把《孝经》的道理都融会贯通；再读"四书"，明白做人处世的道理，有了做学问的基础；然后才能研究"六经"这些深奥的典籍。

《诗经》《尚书》《周易》《礼记》《周礼》《春秋》合称为“六经”。凡是有志于读书的人，都应当仔细研究其中的道理。“礼”包含了《礼记》《周礼》两部著作。《诗经》是我国第一部诗歌总集，《尚书》是我国第一部历史文献汇编，《周易》是我国第一部哲学思想著作，《礼记》是我国第一部文化资料汇编，《周礼》是我国第一部组织管理和典章制度著作，《春秋》是我国第一部编年体史书。

四、课后朗读

云彩和风儿

佚　名

天上的云彩，真有趣。

天上的风儿，真能干。

吹呀吹，云彩变成小白船，竖起桅杆，扬起风帆，

小白船飘啊飘，飘到远处看不见。

吹呀吹，云彩变成大狮子，躬起身子，张开大口，

狮子吼呀吼，吓得羊群都逃散。

吹呀吹，云彩变成胖娃娃，头戴金帽子，身穿白围兜，

跑来跑去，跟太阳公公闹着玩。

天上的云彩，真有趣。

天上的风儿，真能干。

五、古诗赏读

塞　上　曲（其二）

［唐］戴叔伦

汉家旌帜满阴山，不遣胡儿匹马还。

愿得此身长报国，何须生入玉门关。

单元拓展

本单元重点学习了如何理解感受作品，通过推敲理解、讲好故事等一系列讲述学习训练，我们解读了准确理解、细致感受、词语体会等基本概念，对叙述表达、眼神表情、角色塑造等朗读技巧进行了简单的讲解。在本单元的拓展学习中，我们要继续通过古诗和现代诗文的朗读来巩固所学的知识和技能。

一、古诗朗读

望天门山

［唐］李　白

天门中断楚江开，碧水东流至此回。
两岸青山相对出，孤帆一片日边来。

别　董　大（其一）

［唐］高　适

千里黄云白日曛，北风吹雁雪纷纷。
莫愁前路无知己，天下谁人不识君。

二、作品选读

两个过路人①

［希腊］伊　索等著　吴健平　于国畔译

两个过路人一同赶路，其中一个发现了一把斧子，另一个便大声喊道：

① 本篇节选自上海译文出版社《伊索寓言》。

“瞧，我们发现了一样东西！”发现斧子的人说：“你说错了，不是我们发现了一样东西，而是我发现了一样东西。”没多久，他们就遇上了丢失斧子的主人追来了，手里拿着斧子的人对另一个人说：“这下我们完了！”另一个人说：“你说错了，不是我们完了，而是你完了，因为你发现斧子的时候没有我的份！”

驴子和知了①

[希腊]伊　索等著　吴健平　于国畔译

驴子听到知了接连不断的鸣叫声，非常喜欢这种美妙的歌声，就羡慕起知了来，问道：“你吃的是什么食物，居然会有这么好的嗓子？”“露水。”知了答道。于是，驴子也开始把露水当食物，可是，它却因此而饿死了。

人类也是如此，做违背自己天性的事情，不仅不能达到目的，而且还会大祸临头。

① 本篇节选自上海译文出版社《伊索寓言》。

第四单元
悉心倾听　模仿表达

近年来，在参与的重度失聪儿童语言矫正辅导工作中，我们了解到，这些儿童在安装了人工耳蜗之后获得了听力，智力也随之获得快速发展。有个非常明显的规律：越早植入人工耳蜗，儿童的智力发展越好。通过观察发现，植入人工耳蜗的早晚时间差真是可以按天来计算，越早越好！所以，一个人失去听力就会失去语言，失去语言就会丧失智力发展的机会。对于儿童来说，保证高质量的语言输入是他们学习语言的必要条件，要清醒地认识到语言学习是靠耳朵的，是从学习听话开始的，不会听就不会说。

倾听是很有学问的。通过倾听，儿童学会开口说话；通过倾听，可以提升儿童的专注力；通过倾听，可以提高儿童的理解能力；通过倾听，可以增强儿童的感受力；通过倾听，可以发挥儿童的听力优势。

第一课
专注细节和节奏

一、本课要点

（一）用耳朵倾听

倾听是指凭借听觉器官接受言语信息，进而通过思维活动达到认知、理解的全过程。儿童认识世界，首先来源于倾听。听是儿童思维发展的起点。

培养倾听能力和专注倾听的意识能逐渐提高儿童的语言模仿能力。学会认真听，真正听懂用声音表达作品的准确含义和丰富感情，在听的时候就一定要集中注意力，不仅要听语音和词语，还要听懂朗读时根据内容用不同语气表达所产生的变化。如果能把听到的感受提炼成词语讲出来，能描绘出朗读的特点，那么就可以开始学着模仿朗读了。

（二）细节很重要

听示范朗读，可以直接听懂语言文字描写的内容，也可以通过声音感受到语言的美，便于模仿学习。

在听示范的时候，要注意细节，注意语气上的细微变化，真正明白每个词语是如何表达语义的。所以，抓住朗读中的表达细节，可以培养较强的观察能力，学习通过细节来强化感受。比如语音的细节就应该密切关注，因为模仿语音可以进一步规范语言。如果一时纠正不过来的字音，不要太过着急，要留有时间，多练习，多体会。

（三）节奏是关键

模仿朗读不要太过注意像不像，抓到语言的节奏才是关键。节奏丢失了，模仿就不像了。节奏的把握是一种形式上的感觉，是否能听出语言的轻重缓急、虚实强弱等变化才是听的秘诀。听节奏是一种审美感受，需要用心体会。模仿示范朗读的节奏变化不仅可以增强表情达意的语感，也可以感受到表达情感的声音形式的变化。当然，模仿朗读的时候，把握节奏的关键是要从变化的大处着眼，抓住节奏变化的整体形态，不要太过拘泥于一句话或者一个词语的表达。

二、课堂朗读

请认真听老师朗读《冬天的雪》，再模仿朗读这篇作品。

冬天的雪

佚　名

雪，已经停了，北风还在吹着口哨。天上也一定很冷，月姑姑都钻进了云朵里。院子里，没有一点声响。屋檐下的小麻雀，不再叽叽喳喳地说话了；树洞里的小松鼠，也许在做着香甜的梦呢！

冬天的夜，很长很长。大家都休息了，只有不怕寒冷、不知疲倦的雪娃娃，翘着胡萝卜鼻子，还在大门口站岗。

三、蒙学经典——《三字经》（十九）

yǒu lián shān yǒu guī cáng
有连山，有归藏。
yǒu zhōu yì sān yì xiáng
有周易，三易详。
yǒu diǎn mó yǒu xùn gào
有典谟，有训诰。
yǒu shì mìng shū zhī ào
有誓命，书之奥。

注解：

《易经》包括《连山》《归藏》和《周易》，共称为“三易”，其中《连山》和《归藏》已经失传，如今流传下来的只有《周易》。《易经》是中国历史上最早的一部经书，也是中国哲学思想的源头。“三易”除了指《连山》《归藏》和

《周易》外，还有另一层意思是指“易”所包含的三层意义：简易，说真理往往是非常简单的；便易，告诉我们要与时俱进，随机应变；不易，是指永恒不变的是大道。

《尚书》是中国最早的历史文献汇编。《尚书》中包含典、谟、训、诰、誓、命六类文体。典，是记载嘉言懿行和典章制度的，如《尧典》《舜典》等。谟，是大臣献上的计策，如《大禹谟》等。训，是贤明大臣对君主的进谏和训导，如《伊训》等。诰，是君主发布的政令，如《酒诰》等。誓，是君主出征时宣誓、发兵的文告，如《甘誓》《秦誓》等。命，是君主对大臣的训命。这些都是《尚书》中的奥妙所在。

四、课后朗读

希　望

胡　适

我从山中来，带得兰花草，
种在小园中，希望开花好。
一日望三回，望到花时过；
急坏看花人，苞也无一个。
眼见秋天到，移花供在家；
明年春风回，祝汝满盆花！

五、古诗赏读

池　上

［唐］白居易

小娃撑小艇，偷采白莲回。
不解藏踪迹，浮萍一道开。

第二课
抓住人物的特征

一、本课要点

（一）理解人物，提炼特征

作品中的人物多种多样，具体特征都是鲜明突出的，朗读者要根据自己对这些人物的理解把他们的特征归纳提炼出来。只有先提炼出准确的性格特征，才能赋予这些人物具体的声音形象。

人物的声音往往和他的外形相关，也和我们平时的认知了解同步。体型庞大的动物声音宽厚雄浑，体型小的动物声音轻巧尖细，如乌鸦和猪、狗熊和老鼠等。人物角色的性格不同、外形不同、性别不同，声音因此也不同。如果要扮演寓言故事中的小动物和大动物，可以按照这样的通识来处理。

（二）设定环境，表现特征

比如《乌鸦和猪的“谅解”》中两个角色的特点是不一样的。乌鸦在树上，又是“小东西”，在我们的认识上声音肯定就要尖锐一些。猪的声音大家多少都有一些认识，应该是粗粗的、憨憨的。

二、课堂朗读

朗读《乌鸦和猪的“谅解”》，注意把握并表现人物角色的特点。

乌鸦和猪的“谅解”

湛　庐

乌鸦在一株树上，看见下面有一只浑身长满黑毛的猪。

“哈哈！这个黑家伙，多难看呀！”乌鸦说。

猪向四处看了看，发现说话的是乌鸦，也就说："讲话的，原来是一个黑得可怜的小东西！"

"你说谁？你也不看看你自己！"乌鸦气愤地说。

"你也看看你自己吧！"猪也很气愤。

它们争吵了一阵，就一道去池塘，证实谁更黑得难看。它们从水里照了照自己，又互相端详了一下，谁也不开口了。但乌鸦忽然高兴地说："其实，黑有什么不好看呢？"

"我也以为黑是很好看的。"猪也快乐地说。

这只是一点比喻，是说：我们应该警惕，不要因为彼此都有同样的缺点，就互相原谅，并且把缺点当作优点自称自赞起来。

三、蒙学经典——《三字经》(二十)

wǒ zhōu gōng zuò zhōu lǐ
我周公，作周礼。
zhù liù guān cún zhì tǐ
著六官，存治体。
dà xiǎo dài zhù lǐ jì
大小戴，注礼记。
shù shèng yán lǐ yuè bèi
述圣言，礼乐备。

注解：

周公是周文王的第四个儿子，叫姬旦，周武王的亲弟弟。武王病逝后，13岁的成王即位，周公辅佐成王，并在成王年满20岁时把统治权交还成王。周公辅政期间建立了典章制度和政治制度，确立了国体，制定了周礼，分官设职。以"天、地、春、夏、秋、冬"来分设六官，即六卿：天官冢宰，负责吏部；地官司徒，负责户部；春官宗伯，负责礼部；夏官司马，负责兵部；秋官司寇，负责刑部；冬官司空，负责工部。这六官分属于天子之下，各司其职，管理国家大事，为后世保存了良好的政治典范。

汉朝时，有两位著名的儒者述说圣人的言论，大戴戴德将《礼记》删订为85篇，小戴戴圣将《礼记》删订为46篇，即现今留存的，加上后人增补的3篇，合计为49篇。《礼记》主要记载和论述先秦的礼制、礼仪，还记录了孔子及其弟子的言论，记述了修身做人的准则，比较完整地保存了古圣先贤的言论，各种礼节、音乐等都十分完备。

四、课后朗读

其实，我是……

金　波

其实，我是一条鱼。
当我跃入水里，
自由地遨游时，
我想这样告诉你。

其实，我是一只鸟。
当我攀上山顶，
有云从耳边拂过，
我想这样告诉你。

其实，我是一棵树。
当我走进大森林，
享受着自由的呼吸，
我想这样告诉你。

五、古诗赏读

悯　农

［唐］李　绅

春种一粒粟，秋收万颗子。
四海无闲田，农夫犹饿死。

第三课
突出重点和层次

一、本课要点

提高倾听能力对每个人来说都很重要，而且会影响今后的学习和工作。对于儿童来说，提高倾听能力不仅能提高语言表达能力，而且能有效地提高综合能力。但是一定要由简到繁，循序渐进。大家常说会听才会讲，但实际生活中却有很多人不会倾听，甚至不愿意听，更别说专心倾听了。不会听、不善于听就很难学会表达讲述。那么要怎么做才能学会倾听，才能更有效地提高讲述能力呢？

（一）仔细聆听，记住要点讲

专心聆听是为了保证所听到的内容是准确的，要学会一边听一边记忆。专心就是听的过程中不仅要专注内容，还要归纳总结。在听别人讲的时候，用重点词语记一些重要内容，比如时间、地点、人物、过程、数字、人名、地名等，这些重要内容都是不允许出现偏差的。只有这样，才能在讲述的时候准确地讲出要点。

（二）提炼主题，围绕重点讲

把听到的一段话或一件事转述给其他人，并不需要完全照原样讲述。一方面，不可能完全像录音机一样重复；另一方面，转述给别人的目的只是告诉别人你所听到的主要内容以及你对这段话、这件事的理解和认识，自然就不必鹦鹉学舌了。

学会提炼主题，概括所听到的一段话、一件事的主题，并能有重点地讲述，就需要有较好的提炼概括能力。这样的讲述是在理解基础上的自主表达，需要重新组织语言进行讲述，不是死记硬背别人说过的话。所以，讲话一定要围绕重点讲。

（三）听出线索，分清层次讲

为了能很好地通过倾听来提高语言表达能力，在倾听的时候，就需要注意归纳层次。通常可以按照叙事讲述的结构线索来寻找，明确谁在哪里、在干什么、干得怎么样、为什么等。另外，还可以从讲述顺序中梳理出讲述的层次，如先讲了什么，然后讲了什么，又讲了什么，最后讲了什么等。这样梳理清楚讲述的思路，就可以以关键词、重点词为线索分层次进行讲述了。

二、课堂朗读

请听老师朗读《寄生树与细草》，然后自己朗读一遍，最后用自己的语言讲述这个故事。

寄生树与细草

郭沫若

寄生树站在一株古木的高枝上，在空气中洋洋得意。它倨傲地俯瞰着下面的细草，说道："你们可怜的小草，你看我的位置是多么高，你们是多么矮小！"

细草们没有回答。

寄生树又自言自语地唱道："啊哈哟，我是大自然中的天骄。有大树做我庇护，有大树供我养料。我是神不亏而精不劳，高瞻乎宇宙，君临乎小草，披靡乎浮云，揖友乎百鸟。啊哈哟，我是大自然中的天骄。"

一场雷雨，把大树劈倒了。寄生树和古木的高枝倒折在细草上。细草们为它哀哭了一场。寄生树渐渐枯死了。每逢下雨的时候，细草们便追悼它，为它哀哭。

寄生树被老樵夫捡拾在大箩筐里，卖到瓦窑里去烧了。每逢下雨的时候，细草们还在追悼它，为它哀哭。

三、蒙学经典——《三字经》（二十一）

yuē guó fēng yuē yǎ sòng
曰 国 风，曰 雅 颂。

hào sì shī dāng fěng yǒng
号 四 诗，当 讽 咏。

shī jì wáng chūn qiū zuò
诗 既 亡，春 秋 作。

yù bāo biǎn bié shàn è
寓 褒 贬，别 善 恶。

注解：

按体裁可分为国风、大雅、小雅、颂四种文体，叫作“四诗”。“国风”是采集于周朝各诸侯国的民俗歌谣，反映了当时各诸侯国人民的生活状况，也记载了许多历史事件。“雅”者正也，是正式场合演唱的歌，共105首，又分为“大雅”和“小雅”。“大雅”是诸侯朝觐周天子所进献的诗歌歌词。“小雅”则是周天子宴请宾客所奏的乐歌歌词。“颂”则是宗庙祭祀时，对祖先、神灵的一种颂歌，共40篇，分为周颂、鲁颂、商颂。《诗经》是中国最早的诗歌总集。它收集了从西周初期到春秋中叶的诗歌，共305篇。先秦称为《诗》或《诗三百》。西汉时被尊为儒家经典，史称《诗经》。《诗经》记载的内容从事父到事君，人伦之道无所不备。当然，《诗经》中记载的事件是有主观选择的，有态度、有观点，对记载的事件有的是批评的，有的是嘲讽的，有的是颂咏的。

那怎么会“诗既亡”呢？这与大家都知道的周幽王昏庸无能有关，传说还与红颜祸水美女褒姒有关。正是那场“烽火戏诸侯”导致周幽王失信于诸侯，造成天下大乱。周平王向东迁到洛阳后，也就是历史上的东周，周天子衰落，不能号令天下，各诸侯国的共主周天子已经不被各诸侯国尊重，采风因此停止了。不拜见周天子，大雅也没了。周天子不再宴请各诸侯国国君，小雅也无所用。乱世之秋，也就顾不上祖宗和神灵了，颂也就消失了。这就是“诗既亡”，就是诗歌的精神消亡了，作诗的风气就逐渐没落、消失了。于是，孔子写出《春秋》一书，文字虽然简约，意义却十分深远，是中国最早的编年体史书。它详记了鲁隐公到鲁哀公242年的历史，用来褒扬善行好事，贬抑恶行坏事，希望能借此提醒世人分辨忠奸善恶，更期盼当政者能有所警惕。《春秋》记载的是历史事件，孔子在记录这些事件时已经用极其考究的词语将自己对事件的褒贬蕴含其中，只是没有直接说出来。这种表面平淡，好像没有个人好恶和感情色彩的文字，就是后人所说的“春秋笔法”，即用间接的文字词语表达出真实的观点和态度。同时，《春秋》也明确记录了那些好事，以此来扬善惩恶。

四、课后朗读

读　　书

佚　名

读一本书，
好像对生活打开一扇窗户。
洒进金色的阳光，
流入新鲜的空气，
闻玉兰飘来清香，
听黄莺婉转歌唱。

读一本书，
就是和许多高尚的人谈话。
谈世上的好人坏人，
谈灿烂的文化艺术，
还谈一个人活着，
该多为别人着想。

五、古诗赏读

晚　　春

［唐］韩　愈

草树知春不久归，百般红紫斗芳菲。
杨花榆荚无才思，惟解漫天作雪飞。

第四课
听辨记忆都重要

一、本课要点

（一）听辨能力要协同

在日常阅读中，我们常常会出现这样一种情况，看到的明明是这个词语，读出的却是另外一个。同样，我们也会出现看到的文字和听到的文字不一样却浑然不觉的情况。在这一课中，我们就要通过听辨学习来尝试提高听辨协同能力。

（二）凭记忆找差异

强调听辨和记忆的能力，一方面是考察听觉与视觉协同分辨文字的能力，另一方面是考察专注力和记忆力，要记住所听到的有差异的词语是一件不容易的事情。

二、课堂朗读

学生看着《春》听音频朗读。这篇作品中有个别词语与音频中的词语是不一样的，听完朗读后，请找出音频和文字作品中有差异的词语。

春

朱自清

盼望着，盼望着，东风来了，春天的脚步近了。

一切都像刚睡醒的样子，欣欣然张开了眼。山朗润起来了，水涨起来了，太阳的脸红起来了。

小草偷偷地从土里钻出来，嫩嫩的，绿绿的。园子里，田野里，瞧去，一大片一大片满是的。坐着，躺着，打两个滚，踢几脚球，赛几趟跑，捉几回迷藏。风轻悄悄的，草软绵绵的。

桃树、杏树、梨树，你不让我，我不让你，都开满了花赶趟儿。红的像火，粉的像霞，白的像雪。花里带着甜味儿；闭了眼，树上仿佛已经满是桃儿、杏儿、梨儿。花下成千成百的蜜蜂嗡嗡地闹着，大小的蝴蝶飞来飞去。野花遍地是：杂样儿，有名字的，没名字的，散在草丛里，像眼睛，像星星，还眨呀眨的。

“吹面不寒杨柳风”，不错的，像母亲的手抚摸着你。风里带来些新翻的泥土的气息，混着青草味儿，还有各种花的香，都在微微润湿的空气里酝酿。鸟儿将巢安在繁花嫩叶当中，高兴起来了，呼朋引伴地卖弄清脆的喉咙，唱出宛转的曲子，与轻风流水应和着。牛背上牧童的短笛，这时候也成天嘹亮地响着。

雨是最寻常的，一下就是三两天。可别恼。看，像牛毛，像花针，像细丝，密密地斜织着，人家屋顶上全笼着一层薄烟。树叶儿却绿得发亮。小草儿也青得逼你的眼。傍晚时候，上灯了，一点点黄晕的光，烘托出一片安静而和平的夜。在乡下，小路上，石桥边，有撑起伞慢慢走着的人，地里还有工作的农民，披着蓑戴着笠。他们的房屋，稀稀疏疏的，在雨里静默着。

天上风筝渐渐多了，地上孩子也多了。城里乡下，家家户户，老老小小，也都赶趟儿似的，一个个都出来了。舒活舒活筋骨，抖擞抖擞精神，各做各的一份事儿去。“一年之计在于春”刚起头儿，有的是工夫，有的是希望。

春天像刚落地的娃娃，从头到脚都是新的，它生长着。

春天像小姑娘，花枝招展的，笑着，走着。

春天像健壮的青年，有铁一般的胳膊和腰脚，他领着我们上前去。

音频文稿

春

朱自清

盼望着，盼望着，东风（春风）来了，春天的脚步近了。

一切都像刚睡醒（苏醒）的样子，欣欣然张开了眼。山朗润起来了，水涨起来了，太阳的脸红起来了。

小草偷偷地从土里钻出来（冒出来），嫩嫩的，绿绿的。园子里，田野里，瞧去（看去），一大片一大片满是（全是）的。坐着，躺着，打两个滚，踢几脚球，赛几趟跑，捉几回迷藏。风轻悄悄（轻轻）的，草软绵绵（软软）的。

桃树、杏树、梨树，你不让我，我不让你，都开满了花赶趟儿。红的像火，粉的像霞，白的像雪。花里带着甜味（香味）儿；闭了眼，树上仿佛已经满是桃儿、杏儿、梨儿。花下成千成百（成千上万）的蜜蜂嗡嗡地闹着（叫着），大小的蝴蝶飞来飞去。野花遍地是：杂样儿，有名字的，没名字的，散在草丛（草地）里，像眼睛，像星星，还眨呀眨的。

“吹面不寒杨柳风”，不错的，像母亲的手抚摸（爱抚）着你。风里带来些新翻（新鲜）的泥土的气息，混着青草味儿，还有各种（多种）花的香，都在微微润湿的空气里酝酿。鸟儿将巢安在繁花嫩叶（繁花嫩月）当中，高兴起来了，呼朋引伴地卖弄清脆（清亮）的喉咙，唱出宛转的曲子，与轻风流水应和着。牛背上牧童的短笛（牧笛），这时候也成天嘹亮地响着。

雨是最寻常（平常）的，一下就是三两天（两三天）。可别恼。看，像牛毛，像花针，像细丝，密密地斜织着，人家屋顶上全笼着一层薄烟（薄雾）。树叶儿却绿得发亮。小草儿也青得逼你的眼。傍晚时候（时分），上灯了，一点点黄晕的光，烘托（衬托）出一片安静而和平（平和）的夜。在乡下，小路上，石桥边，有撑起伞慢慢走着的人，地里还有工作的农民，披着蓑戴着笠（斗笠）。他们的房屋，稀稀疏疏的，在雨里静默（沉默）着。

天上风筝渐渐多了，地上孩子也多了。城里乡下，家家户户，老老小小，也都赶趟儿似的，一个个都（全都）出来了。舒活舒活筋骨，抖擞抖擞精神，各做各的一份事儿去。“一年之计在于春”刚起头儿，有的是工夫，有的是希望。

春天像刚落地的娃娃，从头到脚都是新的，它生长（成长）着。

春天像小（个）姑娘，花枝招展的，笑着，走着。

春天像健壮的青年，有铁一般的胳膊和腰脚（腿脚），他领着我们上前去。

三、蒙学经典——《三字经》（二十二）

sān zhuàn zhě　yǒu gōng yáng
三　传　者，有　公　羊。
yǒu zuǒ shì　yǒu gǔ liáng
有　左　氏，有　谷　梁。
jīng jì míng　fāng dú zǐ
经　既　明，方　读　子。
cuō qí yào　jì qí shì
撮　其　要，记　其　事。

注解：

《春秋》记载了242年的历史，只有一万八千多字，后人很难读懂，所以就必须有对它的注解，被后人称为“传”。传是解释经的书，主要有三家，一家是鲁国公羊高所写的《春秋公羊传》，一家是与孔子同时代的左丘明所写的《左传》，还有一家是汉朝谷梁赤所写的《春秋谷梁传》。其中，《左传》使用编年纪事的体裁为《春秋》作注解，最令人称道，举凡天子诸侯之事，兵革礼乐之文，兴衰存灭之因，都记载得很详尽，是研读《春秋》一书较好的选择。叙述文笔之优美，人物刻画之传神，记事描写之生动，对中国文学后来的发展都产生了深刻的影响。

“四书”和“六经”的要旨都明白之后，才可以读诸子百家的书。比如老子、庄子、荀子等，但是诸子百家的书太多，卷帙浩繁，该如何读呢？就要选取其中的要点，记住书中讲到的事件。

先秦诸子代表了中国传统文化思想，在那个动乱的社会里，在那个多事之秋，他们对社会问题、人生问题提出了各自不同的见解，出现了“百家争鸣”的局面，而其中儒、道、墨、法、名五家的思想对后世的影响最为深远。

四、课后朗读

我的风筝

金　波

把我带去吧，我的风筝，

快快把我带上蓝天！
我要在天上飞行，
我要在天上盘旋，
我要像鸟儿那样飞呀飞，
飞过大海，飞过大洋。

把我带去吧，我的风筝，
快快把我带上蓝天！
在天空看看世界有多棒，
去看全世界的小朋友有多好，
我要同他们手拉手，
我要同他们一起欢笑。

把我带去吧，我的风筝，
快快把我带上蓝天！

五、古诗赏读

泊　秦　淮

［唐］杜　牧

烟笼寒水月笼沙，夜泊秦淮近酒家。
商女不知亡国恨，隔江犹唱后庭花。

第五课
会听之后才会说

一、本课要点

谈话时跑题，这是一个常见问题，也是语言发展过程中的正常现象。如果我们早点关注儿童倾听能力的培养，就能很好地提升儿童的专注力。我们在倾听时需要做到以下几点。

（一）真听真思考

听别人讲话时要用心，要细心。安静地听既是一种礼貌，是对说话者的尊重，也是真听、真思考的前提。因为真听才能听得懂“话中话”，才能明白话语的目的。

（二）边听边理解

理解力是听话能力的核心。听的人能不能判断出说话人的目的和诉求，能不能准确理解话语的含义，都取决于理解力。专心倾听有利于提高理解力。

边听边想是倾听的要求。听的时候，一定要始终跟随说话人的语言，保持思维快速运动，还要注意观察说话人的手势、眼神、表情等肢体语言，这就是倾听理解的过程。

（三）不抢话不独白

不抢话是礼貌，也是尊重，更是聪明的倾听习惯和完美交流的基本条件。两三个人或一群朋友在一起交谈的时候，不能抢话打断别人，不能像独白一样只顾自己讲话，一定要学会倾听，留出时间听别人讲。

这是交流对话中的一个重要原则。从小就要注意有来有往的交谈才叫语言交际。一个好的对话者，肯定是一个善于倾听的人。

二、课堂朗读

请认真听老师朗读《钉子》，注意故事发展的关键环节和细节，然后回答以下问题。

（1）商人的货卖得好不好？

（2）集市结束后，商人想在什么时候赶回家？

（3）商人是骑马回家还是搭车回家？

（4）“老爷，马的左后脚的铁掌上少了一枚钉子”这句话是谁说的？

（5）商人为什么没有在乎马的左后脚的铁掌上少了一枚钉子呢？

（6）下午仆人去找铁匠把铁掌修补好了吗？为什么？

（7）是什么原因造成商人的马腿瘸了？

（8）马腿瘸了后商人怎么办？他什么时候到家的？

钉　子[1]

［德］格林兄弟著　刘冬瑜　徐　珞　余晓丽译

有一个商人在集市上生意做得很好，他带去的所有货物都卖光了，他的皮夹子里塞满了金子和银子。

集市结束后，他准备回家去，而且想在天黑之前赶到家里。他把装有钱币的旅行包拴在马上，然后就骑上马出发了。

中午，他来到一座城里歇脚。当他准备继续赶路时，家仆把马牵到他面前，说：“老爷，马的左后脚的铁掌上少了一枚钉子。”

“少就让它少吧！”商人回答说，“我再走六个小时就到了，这点时间铁掌还是呆得住的。我急着赶路呢。”

到了下午，商人又下马，让家仆给马喂点饲料。仆人来到他休息的小客房里，说：“老爷，马的左后脚上的铁掌掉了。我要不要牵它去找铁匠？”

“掉了就掉了吧！”主人回答说，“还有两个小时就到了，这点时间马一定能坚持的。我急着赶路呢。”

商人又接着赶路。可是，走了不一会儿，马就开始一瘸一拐地走；瘸了没多长时间，它开始趺趺撞撞地走；趺趺撞撞地走了没多长时间，它就完全

[1] 本篇节选自中国少年儿童出版社《格林童话选》。

倒下了，它的腿折了。

商人只好丢下马，解下旅行袋扛到自己肩上，然后步行朝家里走去。结果，他直到深更半夜才到家。

“真是倒霉，”商人自言自语道，“都怪那个该死的钉子。”

三、蒙学经典——《三字经》（二十三）

wǔ zǐ zhě yǒu xún yáng
五 子 者，有 荀 扬。

wén zhōng zǐ jí lǎo zhuāng
文 中 子，及 老 庄。

jīng zǐ tōng dú zhū shǐ
经 子 通，读 诸 史。

kǎo shì xì zhī zhōng shǐ
考 世 系，知 终 始。

注解：

诸子书籍繁多，故有诸子百家之称，《三字经》特别提到了荀子（荀况）、扬子（扬雄）、文中子（王通）、老子（老聃）及庄子（庄周）。荀子名况，字卿，战国末期赵国人，儒家代表人物，著《荀子》一书，主张“性恶”说，认为人性中存有贪婪、好利等弊端，特别注重礼节和教学，希望通过教育的手段来引导改善。扬子即扬雄，西汉后期的著名学者，著有《太玄》《法言》二书。文中子即王通，是隋代山西的私人教育家，著有《元经》《中说》二书。老子和庄子是道家的开创者，其思想影响中国人数千年。老子姓李名耳，楚国苦县人，是我国古代伟大的哲学家、思想家，道家学派创始人。老子的《道德经》仅五千多字，但词约义丰，博大精深，内容崇尚自然，倡导无为而治。庄子名周，字子休，后人称南华真人，战国时期宋国人，道家学派代表人物，老子思想的继承者和发展者，著有《庄子》一书。

经书和子书融会贯通之后，就可以开始研读各种史书了。史书是记载一国兴亡的事，要从中考察历代王朝传承的世系，明白各国政治上的利弊得失和治乱兴亡的原因，给自己一个警惕。唐太宗说：“夫以铜为镜，可以正衣冠；以史为镜，可以知兴替；以人为镜，可以明得失。"

四、课后朗读

就差一点

聪聪

他平时有个口头语：
"就差一点儿，没关系……"
他吃饭，爱剩碗底儿，
奶奶说他，他爱答不理：
"就差一点儿，没关系……"
他上学，经常迟到，
总是追着老师进课堂去：
"就差一点儿，没关系……"
去游园，集合坐汽车，
汽车开动了，他才赶去：
"就差一点儿，没关系……"
啊，一眨眼他就长大了，
总算当了个工程师。
他来到自动化餐厅，
想吃"兔肉"，却写成"免肉"哩，
结果机器人把饭送来，
叫他吃了一顿素的；
就差一点儿，没关系！
他带着图纸来到工地，
把 1.5 米写成 15 米，
嘿！结果大楼门旁的窗户，
从一楼一直盖到六层楼去；
就差一点儿，没关系！
他飞到一个星球去考察，

应准时乘飞船离开那里。
结果他仍然迟到了，
飞船把他一个人留在了那里……
就差一点儿，没关系！
也许，这个故事讲得不够准确，
啊，但愿这并不是真的。

五、古诗赏读

登幽州台歌

［唐］陈子昂

前不见古人，后不见来者。
念天地之悠悠，独怆然而涕下。

第六课
主动掌握话语权

一、本课要点

熟悉的人往往都会自然而然地见面聊天，这是因为相互之间的已知信息是透明的，有谈话的基础，可以轻松地进行交谈。但是对于陌生人来说就比较困难了，我们面对陌生人时应该如何引发话题进行交谈呢？

（一）观察：引发谈话

要和陌生人交谈，首先需要有主动交谈的愿望，当然，愿望要成为现实还必须从观察对方出发，找到可以引发话题的内容。如果他手里拿着一个游戏机或一本书，是不是找到切入点了？如果他是一位老年人，是不是可以从问候开始？如果他是一位先生或女士，为了引发话题你应该观察什么呢？

（二）接话：获得话语权

一旦谈话开始，就要快速进入倾听环节，以求迅速找到对方话题中的可用信息，学会巧妙地接住话茬，让谈话有趣地进行下去。一方面可以紧紧围绕话题继续深入，另一方面可以延展对话内容。所以，接话前必须认真听，接话时要快进入，但不能没礼貌地抢话，通常是在对方话音落定的时候，接话后稳步展开自己的观点和意见。有些善于交谈的人往往能用赞许、否定等表示态度的简短语言巧妙地插入对话，在获得话语权后再展开讲述。

（三）话题：谈话的中心

谈话必须围绕一个话题进行才可以不断深入或逐渐展开，不至于东拉西扯或言之无物。在与儿童交谈中，尤其要注意帮助儿童把交谈集中在一定的话题上，不能以简单的封闭式问题让交谈成为是非问答，也不能跟着儿童的思路漫无目的地随便说。家长和老师要成为谈话的主导者，要引导儿童围绕话题进行谈话。

二、课堂朗读

（一）体验角色扮演对话

请根据《狐假虎威》的描写进行角色扮演。要求只进行角色间的对话表演，不要朗读过程介绍和情景描写。

狐 假 虎 威①

一只老虎饿了，出来找吃的，在树丛里捉到了一只狐狸。狐狸眼看跑不掉了，眼珠一转，高声喊起来："大胆的老虎，你知道我是谁吗？"

"你，你是谁呀？"

"我是百兽之王。"

"什么，百兽之王？"

"对，百兽之王！你要是不信，跟在我后边走一走，看那些野兽见了我，有敢不逃跑的没有！"

"行，我看看，你在前边走！"

狐狸挺着胸走在前面，老虎"扑嗒扑嗒"在后边跟着，森林里那些野兽一看，"呀！老虎来了"，拔腿就跑。

老虎一看，"那些野兽全怕这位百兽之王啊，我也快跑吧"。想到这儿，老虎"噌"的一下，跑得没影啦！

（二）模拟情境对话

选择以下情境中的一种，以第一人称进行模拟交谈：

- 在家里请求爸爸同意自己玩游戏（与爸爸对话）；
- 在街上巧遇同学和他妈妈（与同学和他妈妈对话）；
- 在学校与同学争执后，老师要求说明原因（两个同学与老师对话）。

---

① 本篇根据《战国策》改写。

三、蒙学经典——《三字经》（二十四）

zì	xī	nóng	zhì	huáng	dì
自	羲	农，	至	黄	帝。
hào	sān	huáng	jū	shàng	shì
号	三	皇，	居	上	世。
táng	yǒu	yú	hào	èr	dì
唐	有	虞，	号	二	帝。
xiāng	yī	xùn	chēng	shèng	shì
相	揖	逊，	称	盛	世。

注解：

史前时代，没有文字记录，所以太古老的事情无从考察，只能从神话传说中分析。比较被公认的三皇是伏羲、神农和黄帝。伏羲是中华民族的人文始祖，他创制八卦，成为《易经》的基础。神农是农业和医药的发明者，他标志着中国社会由渔猎、采集向农业社会的转变。黄帝是三皇中对中华民族影响最大的，是五帝之首。黄帝与炎帝并称中华民族的始祖，所以我们叫“炎黄子孙”。黄帝是华夏部落联盟的首领，他以统一中华民族的丰功伟绩而载入史册。

关于“五帝”，比较流行的说法是：黄帝、颛顼、帝喾（kù）、唐尧、虞舜。尧是中国古代的圣君，封于唐，故称唐尧。舜是上古帝王，姓姚，有虞氏史称虞舜。二者合称二帝。他们都把国家当作公器，传贤不传子，把帝位禅让给贤能的人。因为没有一点私心，所以造就了一番太平盛世。

四、课后朗读

感　谢

汪国真

让我怎样感谢你，
当我走向你的时候，
我原想收获一缕春风，
你却给了我整个春天。

让我怎样感谢你，
当我走向你的时候，
我原想捧起一簇浪花，
你却给了我整个海洋。

让我怎样感谢你，
当我走向你的时候，
我原想撷取一枚红叶，
你却给了我整个枫林。

让我怎样感谢你，
当我走向你的时候，
我原想亲吻一朵雪花，
你却给了我银色的世界。

五、古诗赏读

江畔独步寻花（其五）

［唐］杜　甫

黄师塔前江水东，春光懒困倚微风。
桃花一簇开无主，可爱深红爱浅红？

单元拓展

在本单元中，我们通过提高倾听能力的学习，着重于强化学生的模仿能力、讲述能力和交流能力。本单元的拓展朗读作品可以加强这三方面能力的练习，用心体会和感受作品中的细节和表达。

一、古诗朗读

送杜少府之任蜀州

［唐］王　勃

城阙辅三秦，风烟望五津。
与君离别意，同是宦游人。
海内存知己，天涯若比邻。
无为在歧路，儿女共沾巾。

夜雨寄北

［唐］李商隐

君问归期未有期，巴山夜雨涨秋池。
何当共剪西窗烛，却话巴山夜雨时。

二、作品选读

纸　船

［印度］拉宾德拉纳特·泰戈尔著　吴　岩译

一天天的，我把纸船一个个的放在奔流的溪水里。

我用又大又黑的字母，在纸船上写下我的姓名和我居住的乡村。

我希望陌生的土地上有人会发现这些纸船，知道我是谁。

我从我的花园里采集了秀丽花，装在我的小船里，希望这些曙光之花会安全运达夜的国土。

我送我的纸船下水，仰望天空，我看到小小云朵正张着鼓鼓的白帆。

我不知道是天空里我的什么游伴把它们放下来同我的纸船竞赛！

夜来了，我的脸埋在手臂里，我梦见我的纸船在子夜星光下向前飘浮，飘浮。

睡眠的精灵在纸船里扬帆前进，船里载的是装满了梦的篮子。

第一场雪（节选）

峻青

这是入冬以来，胶东半岛上的第一场雪。

雪纷纷扬扬，下得很大。开始还伴着一阵儿小雨，不久就只见大片大片的雪花，从彤云密布的天空中飘落下来。地面上一会儿就白了。冬天的山村，到了夜里就万籁俱寂，只听得雪花簌簌地不断往下落，树木的枯枝被雪压断了，偶尔咯吱一声响。

大雪整整下了一夜。今天早晨，天放晴了，太阳出来了。推开门一看，嗬！好大的雪啊！山川、河流、树木、房屋，全都罩上了一层厚厚的雪，万里江山，变成了粉妆玉砌的世界。落光了叶子的柳树上挂满了毛茸茸亮晶晶的银条儿；而那些冬夏常青的松树和柏树上，则挂满了蓬松松沉甸甸的雪球儿。一阵风吹来，树枝轻轻地摇晃，美丽的银条儿和雪球儿簌簌地落下来，玉屑似的雪末儿随风飘扬，映着清晨的阳光，显出一道道五光十色的彩虹。大街上的积雪足有一尺多深，人踩上去，脚底下发出咯吱咯吱的响声。一群群孩子在雪地里堆雪人，掷雪球。那欢乐的叫喊声，把树枝上的雪都震落下来了。

俗话说，“瑞雪兆丰年”。这句话有充分的科学根据，并不是一句迷信的成语。寒冬大雪，可以冻死一部分越冬的害虫；融化了的水渗进土层深处，又能供应庄稼生长的需要。我相信这一场十分及时的大雪，一定会促进明年春季作物，尤其是小麦的丰收。有经验的老农把雪比作是“麦子的棉被”。冬天“棉被”盖得越厚，明春麦子就长得越好，所以又有这样一句谚语“冬天麦盖三层被，来年枕着馒头睡”。

我想，这就是人们为什么把及时的大雪称为“瑞雪”的道理吧。

附录

容易读错的100个词语

我们在使用汉字时，不仅会写错字，还会读错字音。因为汉字的读音是和意义紧密相关的，所以不同的读音就有明确的表意功能，读错字音就会弄错词语的意义。我们容易读错字音的主要原因有两个：一是多音字造成读音错误。一个字有可能是声母不同，也可能是韵母不同，还可能是声调不同，只能根据词语所在的语境来确定到底读哪个音，也就是要根据词语在句子中的确切意义来判断读音。二是语音规范的调整造成不知所措的错误。比如“呆板”，ái bǎn 公布不久又改成 dāi bǎn 了。

下面是100个容易读错的词语，这只是容易读错的字词中的一小部分，希望从现在开始，当你碰到不认识的和自己读错过的字词就把它记录下来，日子长了就会是学习的一大笔财富。

1. 氛围 fēn（不读 fèn）
2. 一场雨、一场大战 cháng（不读 chǎng）
3. 匀称、称职、称心如意、对称 chèn（不读 chèng）
4. 种（姓氏）chóng（不读 zhǒng、zhòng）
5. 憧憬 chōng（不读 chóng）
6. 驰骋 chěng（不读 chéng）
7. 处暑、处境、处世为人、处于 chǔ（不读 chù）
8. 啜（姓氏）chuài（不读 chuò）
9. 汆丸子 cuān（不读 cuàn）
10. 档案 dàng（不读 dǎng）
11. 安步当车 dàng（不读 dāng）
12. 订正 dìng（不读 dīng）
13. 胴体 dòng（不读 tóng）

14. 掇拾 duō（不读 duò）
15. 菲薄 fěi（不读 fēi）
16. 果脯 fǔ（不读 pǔ）
17. 枸杞 gǒu（不读 gōu）
18. 呱呱坠地 gū（不读 guā）
19. 力能扛鼎 gāng（不读 káng）
20. 契诃夫、堂吉诃德 hē（不读 kē）
21. 道行 héng（不读 háng、xíng）
22. 飞来横祸、蛮横、发横财 hèng（不读 héng）
23. 横加阻拦 héng（不读 hèng）
24. 一哄而散 hòng（不读 hōng、hǒng）
25. 骨骸 hái（不读 hài）
26. 薅草 hāo（不读 háo）
27. 白桦树 huà（不读 huá）
28. 馄饨 tun（不读 dùn）
29. 和泥、和面 huó（不读 huò、hú）
30. 囫囵吞枣 lún（不读 lùn）
31. 溃脓 huì（不读 kuì）
32. 通缉 jī（不读 jí）
33. 窗明几净 jī（不读 jǐ）
34. 嫉妒 jí（不读 jì）
35. 人才济济 jǐ（不读 jì）
36. 里脊 ji（不读 jǐ）
37. 渐染、东渐入海 jiān（不读 jiàn）
38. 眼睑 jiǎn（不读 liǎn）
39. 绢花 juàn（不读 juān）
40. 配角儿、角色 jué（不读 jiǎo）
41. 发酵 jiào（不读 xiào）
42. 解送、押解 jiè（不读 jiě）

43. 浑身解数 xiè（不读 jiě）
44. 粳米 jīng（不读 gēng）
45. 颈部 jǐng（不读 gěng）
46. 靓妆 jìng（不读 liàng）
47. 循规蹈矩、矩形 jǔ（不读 jù）
48. 龟裂 jūn（不读 guī）
49. 以儆效尤 jǐng（不读 jìng）
50. 腈纶 jīng（不读 qíng）
51. 唠叨 láo（不读 lāo）
52. 落不是 lào（不读 luò）
53. 量体裁衣 liàng（不读 liáng）
54. 连累 lěi（不读 lèi）
55. 果实累累 léi léi（不读 lěi lěi）
56. 浙江丽水 lí（不读 lì）
57. 淋病 lìn（不读 lín）
58. 棕榈 lǘ（不读 lǚ）
59. 莽莽群山、草莽 mǎng（不读 máng）
60. 扪心自问 mén（不读 mèn）
61. 腼腆 miǎn（不读 mián）
62. 酩酊 mǐng dǐng（不读 míng dīng）
63. 披靡 mǐ（不读 mí）
64. 抹墙 mò（不读 mǒ）
65. 模样 mú（不读 mó）
66. 泥淖 nào（不读 zhǎo）
67. 喷香、喷喷香 pèn（不读 pēn）
68. 癖好、洁癖 pǐ（不读 pì）
69. 睥睨 pì（不读 bì）
70. 剽窃、剽悍 piāo（不读 piáo）
71. 媲美 pì（不读 bì）

72. 心广体胖 pán（不读 pàng）
73. 大腹便便 pián（不读 piān）
74. 缥缈 piāo（不读 biāo）
75. 娉婷 pīng（不读 pìng）
76. 砒霜 pī（不读 pí）
77. 漂泊 bó（不读 pō）
78. 哨卡 qiǎ（不读 kǎ）
79. 蹊跷 qī（不读 qì）
80. 牵强附会 qiǎng（不读 qiáng）
81. 生肖、肖像 xiào（不读 xiāo）
82. 籼米 xiān（不读 shān）
83. 节骨眼 jiē（不读 jié）
84. 不吱声 zī（不读 zhī）
85. 燕妮、安妮 nī（不读 ní）
86. 禅让 shàn（不读 chán）
87. 镆铘 yé（不读 xié）
88. 剔透、挑剔 tī（不读 tì）
89. 骨髓 suǐ（不读 suí）
90. 浩浩汤汤 shāng（不读 dàng）
91. 结婚、结冰 jié（不读 jiē）
92. 牌坊 fāng（不读 fáng）
93. 荷锄 hè（不读 hé）
94. 藤蔓 wàn（不读 màn）
95. 瑰丽 guī（不读 guì）
96. 滂沱 pāng（不读 páng）
97. 一塌糊涂 tā（不读 tà）
98. 情不自禁 jīn（不读 jìn）
99. 梵语 fàn（不读 fán）
100. 所向披靡 mí（不读 mǐ）

图书在版编目（CIP）数据

道听“图”说：听到看到说到 / 刘剑, 吴晓蕾编著. — 上海:上海教育出版社, 2020.7
（开始朗读吧）
ISBN 978-7-5720-0246-5

Ⅰ. ①道… Ⅱ. ①刘… ②吴… Ⅲ. ①朗诵 - 语言艺术 - 儿童读物
Ⅳ. ①H019-49

中国版本图书馆CIP数据核字(2020)第133736号

开始朗读吧

声情并茂：有态度的声音

刘 剑 吴晓蕾 编著

上海教育出版社
SHANGHAI EDUCATIONAL
PUBLISHING HOUSE

目录

能否把一件事情的来龙去脉讲述清楚，能否将自己对一件事情的看法、观点、态度准确表达出来，其实就是一种不可或缺的能力，即语言表达能力。

第一单元 讲述评论 丝丝八扣

我们的朗读表达会受到不同类型文学作品的限制，所以要想朗读好某类作品，就要了解并掌握这类作品的特点。绘本、寓言和童话故事是儿童喜闻乐见的文学体裁，需要怎么朗读呢？

第二单元 绘本童话 篇篇传情

朗读诗歌和散文应该成为儿童的日常功课。儿童不仅每天都要大声朗读并背诵，而且要情真意切、声情并茂地朗读诗歌和散文。

第三单元
诗歌散文　字字珠玑

仅仅阅读富有神韵的唐诗宋词还不够，必须大声朗读出来。只有这样，诗歌的音韵节奏才能活灵活现，诗歌描绘的画面才能跃然眼前，诗歌的美妙意境才能生动呈现。

第四单元
唐诗宋词　念念不忘

第一单元

讲述评论　丝丝入扣

在传统学习中，一直存在着“重文轻语”的问题，儿童的语言表达能力没有得到应有的重视。

叙事讲述能力是语言表达能力中最基础的能力之一。我们不仅可以运用叙事讲述能力讲述事件的经过或介绍新的朋友，还可以阐述自己的观点，这种讲述评论的能力在人一生的发展中都是非常重要的。在本单元，我们将学习故事复述、推介讲述、事件讲述、连词讲述和即兴评述的表达方法。

第一课
讲述表达的要求

一、本课要点

讲述就是要用尽量清楚、完整的语言表达自己的思想，把具体的感受和要求用最合适的语句表达出来。讲述是语言表达能力发展到一定水平的具体表现。

不能简单地认为，儿童到了一定年龄就自然而然地学会了讲述。相关科学研究表明：成年人有意识地增加与儿童的语言交流和有目的地帮助儿童进行叙事讲述，对儿童语言表达能力的发展具有很大的促进作用。因此，儿童语言表达能力的自然习得和科学培训的教育促进应该是相辅相成的。也就是说，在儿童自然发展的过程中，教育的正确引导不仅可以促进儿童语言表达能力的发展，也可以促进其智力的发展。所以，讲述并不只是学说话的问题，而是关系到儿童认知发展的思维水平和智力发展的深层次问题。教师和家长都要十分重视，及时观察，随时纠正，积极鼓励儿童多说话、多讲述。

（一）目的明确

表达自己的意愿就是讲述的目的。在讲话前，一定要想明白说这句话的目的是什么，这样讲是不是可以达到预期目的。比如请给我一杯水；老师，我需要上厕所等，这就是在用语言明确地表达自己的意愿和要求。

当然，生活中的语言表达会更复杂，讲话时就要更全面地考虑如何才能讲得更清楚、更明白，说话的目的一定要清晰明了，不能含糊。有的人会出现讲了上句忘了下句的情况；有的人会过于啰唆，绕了一大圈，自己想表达的意思和目的都没说清楚。所以，目的明确是讲述表达的基本要求之一。

（二）层次分明

如同吃饭必须一口一口地吃一样，讲话也必须一句一句地讲。我们在叙述一件事、介绍一个人或物的时候，先要组织自己的语言，把要说的话分层次地说清楚。

当然，讲述必须有重点，需要围绕重点用一句句完整的语句进行讲述。比如要告诉大家刚才发生过什么事情，就要注意讲话的层次，可以先讲什么时间、人物、地点、事件，再讲造成了什么结果；或者先讲结果，再倒序讲事情是如何发生的。总之，层次分明就是要学会归类，把相同性质的内容归纳到一起，避免东拉西扯。

（三）语句完整

语句完整，语义才会清楚，这是讲述表达的基本要求之一。平时我们讲话常常会不完整，因为生活中的语言交流都有一定的语境，说话对象对交谈的内容也都有所了解，所以对语句完整性的宽容度就比较高。但是，我们不能因此就不追求语句完整性，这样不利于儿童的语言发展，对儿童今后的语言表达也会产生难以估量的负面影响。

二、课堂朗读

请先朗读《游子吟》，然后根据作品内容讲述故事。

游　子　吟

［唐］孟　郊

慈母手中线，游子身上衣。
临行密密缝，意恐迟迟归。
谁言寸草心，报得三春晖。

三、蒙学经典——《千字文》（一）

根据史书记载，《千字文》是梁武帝在位时期由梁朝散骑侍郎、给事中周兴嗣编纂的。《千字文》虽然在“三、百、千”中排在最后，但成书时间却是最早的，也是“三、百、千”中唯一确切知道成书时间和作者的。全文为四字句，对仗工整，行文流畅，气势磅礴，辞藻华丽，内容丰富，是儿童启蒙教育的必读经典之一。

天地玄黄，宇宙①洪荒。日月盈昃②，辰宿③列张。

注释：

① 宇宙：四方上下谓之宇，古往今来谓之宙。

② 昃（zè）：太阳西斜。

③ 宿（xiù）：我国天文学家将天空中某些星的集合体叫作“宿”。

译文：

天是青黑色的，地是黄色的，宇宙混沌蒙昧而无边无际。太阳正了又斜，月亮圆了又缺，星辰布满在无边的太空中。

寒来暑往，秋收冬藏。闰余成岁，律吕①调阳。

注释：

① 律吕：中国古代将一个八度分为十二个不完全相同的半音，从低到高依次排列，每个半音称为一律，其中奇数各律叫作“律”，偶数各律叫作“吕”，总称“六律”“六吕”，简称“律吕”。

译文：

寒暑循环变换，来了又去，去了又来，秋天收割庄稼，冬天储藏粮食。积累数年的闰余并成一个月，放在闰年里，古人用这样的历法来调整年岁，还用“律吕”来调节阴阳。

云腾致雨，露结为霜。金生丽水①，玉出昆冈②。

注释：

① 丽水：古河流名，即丽江，又名金沙江，出产黄金。

② 昆冈：昆仑山，出产玉石。

译文：

云气上升遇冷就形成了雨，夜里露水遇冷就凝结成霜。黄金产于金沙江，玉石出自昆仑山。

四、课后朗读

蛮不讲理的猫王（节选）

佚　名

这儿的猫特别多，一只身强力壮的老黄猫打败了所有的对手，当上了猫国之王。猫王自以为是，蛮不讲理，大家都得听他的。谁敢违抗他，他就修理谁。

一天，猫王肚子饿了，想找些东西吃，他见花猫拎着一条很肥的鱼从他身边走过，就大喝一声："站住！你竟敢见了本王不拜见，还不快快把鱼献给我！"

花猫指着鱼说："大王，这鱼可不能给你……"

猫王不高兴地说："怎么？你舍不得把鱼给我？"

花猫正要回答，猫王却已经等不及了，他冲上去，从花猫手中夺下了鱼，说："哇！多么肥的新鲜鱼啊，怪不得你不舍得给我。"

猫王正要把鱼往口中送，花猫着急地说："别，别吃……"

猫王拔出一把尖刀，厉声说："我猫王吃东西的时候，谁也不许说话，现在我警告你，你要再说一句话，我就割下你的舌头！"

花猫想说也不敢说，眼睁睁看着猫王将鱼吃了下去。

猫王用手轻轻拍着肚子，对花猫说："现在我已经吃完了，你可以说话了。这鱼挺鲜美的，再给我送两条来。"

花猫说："大王，你刚才吞进肚子里的是一条有剧毒的河豚啊！"

五、古诗赏读

回乡偶书二首（其一）

［唐］贺知章

少小离家老大回，乡音无改鬓毛衰。

儿童相见不相识，笑问客从何处来。

第二课
故事复述的要领

一、本课要点

听完一个故事之后，能不能很好地复述这个故事，是对儿童专注力、理解力、记忆力和表述力的考察。那么，如何才能很好地复述故事呢？需要注意以下几点。

（一）记住情节，把握故事线索

要求儿童不仅要听故事情节的发展，更要听故事的内在逻辑。故事情节的发展就是故事逻辑的联系，有助于对故事的记忆。所以，在听故事的时候，就要专注地听，认真地记。

（二）快速记忆，归纳故事要点

要一边听故事，一边归纳故事要点。尽管这是一件很难的事情，但却非常重要。听一个故事要记住很多细节，比如人名、地名、数据、转变节点等，这些都是不能出错的要点和细节，在复述的时候要把这些要点和细节讲清楚。

（三）分清层次，提炼故事主题

复述不是把整篇文章背出来，而是要把自己对作品的理解和作品的重要信息用自己的话讲述出来。要让自己的复述逻辑清楚，讲述流畅，就一定要对故事主题进行提炼，这样才能围绕主题讲得更有条理。所以，复述时要特别注意讲述的顺序，最好能分清层次，先讲什么、后讲什么都要事先设计好。这既是讲述的技巧，也是逻辑思维能力的具体表现。

二、课堂朗读

请先朗读《小白鼠》，然后根据以下要求复述这个故事。

要求：

（1）语言规范，语句完整；

（2）主题突出，层次分明；

（3）要点准确，细节正确。

小　白　鼠

老　舍

小白鼠有八个兄弟姊妹。他是最小的一个，也是最好看的一个。他的兄弟姊妹都是灰色的，只有他独是雪白的。雪白的毛儿，长长的尾巴，长得非常好看。他自己也晓得他非常好看，所以他很骄傲。

他常常这样说："看我这一身雪白的毛儿，圆圆的眼睛！若是我的尾巴稍微再短一点儿，我简直便和白兔一样的美了！自然，我的聪明是永远比白兔高出很多，不管我的尾巴是长，还是短！"

小白鼠的妈妈，很不放心她这个最小最好看，也最骄傲的儿子。妈妈总是爱小儿子的，因为他最小啊。

鼠妈妈知道附近来了一只大黄猫，就极恳切地嘱咐她的八个儿女说："你们，我的宝贝们！千万要小心哪！那只黄猫能一口咬住你们两个，因为他是一只又大又凶又饿的黄猫呀！"说罢，她特别对小白鼠又说了一遍，恐怕他骄傲不小心，最容易招出祸来。

可是，小白鼠不信妈妈的话。他对自己说："像我这样好看，猫会伤害我吗？不会的！绝不会的！"这样，他便放大了胆，虽然听见猫的声音，他也仍旧东跑西跑，一点不留心。

有一天，小白鼠面对面地碰到大黄猫。一看，黄猫的眼睛是那么大，那么圆，那么亮，那么凶，他有点发慌。可是，他沉了沉气，心想：不管黄猫怎么厉害，他会看得出我是多么好看，也就不会欺侮我的！他这样想完，也就笑了，对黄猫说："猫先生，你看我好看不好看？若是我的尾巴短一点，我岂不和白兔一样美了吗？"

说完，小白鼠以为大黄猫必定很客气地和他谈一谈，从此他们俩变成好朋友。哪知道大黄猫一声没出，忽然把大爪子伸出来，捉住小白鼠的颈项，一口咬住咽喉。可怜的小白鼠，痛得眼睛都努了出来，怎么挣扎也逃不出他的嘴。

大黄猫几口便把小白鼠吃净，连那条美丽的尾巴也没有剩下。吃完，他舔了舔爪子，对自己说："这真是一只好看的小白鼠！可是美丽不但保护不了他自己，也叫我吃得不痛快呀，他是多么小，多么瘦啊！"

三、蒙学经典——《千字文》(二)

剑号巨阙①，珠称夜光②。果珍李柰③，菜重芥姜。

注释：

① 巨阙(què)：越王允常命欧冶子铸造了五把宝剑，第一为巨阙，其余依次为纯钧、湛卢、胜邪、鱼肠，全都锋利无比，以巨阙为最。

② 夜光：《搜神记》中记载：隋侯救了一条受伤的大蛇，后来大蛇衔了一颗巨大的明珠来报答他的恩情。那颗明珠夜间放射出的光辉可以照亮整个殿堂，因此人称夜光珠。

③ 柰(nài)：果木名，落叶小乔木，果实"柰子"，俗名花红，又称沙果。

译文：

最锋利的宝剑叫巨阙，最贵重的明珠叫夜光珠。水果里最珍贵的是李子和柰子，蔬菜中最重要的是芥菜和生姜。

海咸河淡，鳞潜羽翔。龙师①火帝②，鸟官③人皇④。

注释：

① 龙师：伏羲氏用龙给百官命名，因此叫他龙师。

② 火帝：神农氏用火给百官命名，因此叫他火帝。

③ 鸟官：少昊(hào)氏用鸟给百官命名，因此叫他鸟官。

④ 人皇：传说中的三皇之一。《史记·三皇本纪》中记载："人皇九头。乘云车、驾六羽，出谷口。兄弟九人，分掌九州。各立城邑，凡一百五十世。合四万五千六百年。"

译文：

海水是咸的，河水是淡的，鱼儿在水中潜游，鸟儿在空中飞翔。龙师、火帝、鸟官、人皇，都是上古时期有名的帝王。

四、课后朗读

奇妙的打猎

[德]鲁道尔夫·埃里希·拉斯培著　王　汶译

有一次，我去打猎，傍晚走进湖边一座偏僻的树林，树林里到处都是野鸭子。我一辈子也没见过这么多的野鸭子。真可惜，我一颗子弹也没有了。

但是这天晚上，我正好请了一大帮朋友到家里来玩，我想请他们吃点野味。我是一个慷慨好客的人。我家的午饭和晚饭在全彼得堡是很出名的，我怎么能不带野鸭子，空手回家去呢?

我犹豫不决地在那儿站了好半天，后来忽然想起来，在我打猎用的挂包里，还剩有一小块猪油。

好极了！这块猪油是最好的食饵！我把它从挂包里掏出来，很快地系在一根又细又长的绳子上，然后把绳子扔到水里。

野鸭子看见猪油，立刻游过来了。

一只野鸭子贪嘴地把猪油吞了下去。

因为猪油是滑溜溜的，所以它从鸭嘴里进去以后，很快就经过鸭肠子，从野鸭子的“后门”滑了出来。

像这样，野鸭子就穿在我的绳子上了。

那时，第二只野鸭子又向猪油游了过来，它也被穿在绳子上了。

野鸭子一只跟着一只吞这块猪油，它们像用线穿起来似的，都穿在我的绳子上了。不到十分钟，所有的野鸭子都像珠子似的穿了起来。

你们想想看，我瞅着这么丰富的收获，心里有多快活吧！我只要拉着那一串野鸭子，到厨房里交给我的厨师就行了。这回可以给我的朋友们举行一次宴会了！

不过，把这许多野鸭子拖回家去，并不是一件容易事。

我只走了几步路，就累得要命了。忽然——你们可以想象得出，我有多么惊讶！野鸭子飞了起来，把我带上了云霄。

换一个人，一定会吓得手足失措，可是我是一个又勇敢又机智的人。我用外套做了一个舵，指挥着野鸭子很快地向我的家飞去。

但是怎样着陆呢？

非常简单！我的随机应变的脑袋帮助了我。我扭断了几只野鸭子的脖子，于是我们就开始慢慢地降落了。

我正好掉进自己家厨房的烟囱里。当我从炉门里出现在厨师面前的时候，你们知道他有多奇怪呀！

幸亏厨师还没把炉子生着。

五、古诗赏读

望庐山瀑布

［唐］李　白

日照香炉生紫烟，遥看瀑布挂前川。

飞流直下三千尺，疑是银河落九天。

第三课
推介讲述的要领

一、本课要点

推介讲述就是把自己知道的、认识的人或物告诉别人的一种语言表达形式。无论是推介人还是物，都要讲清楚所推介的是什么，有什么特点，有什么价值，这三点是推介讲述的原则。下面，我们就从自我介绍、推介他人和介绍物品三方面来学习如何进行推介讲述。

（一）自我介绍

自我介绍看似很简单，也需要按照推介讲述的三原则来介绍：（1）是什么，是指个人的基本信息，包括姓名、年龄、在哪个学校上学等；（2）有什么特点，是指个人的独特信息，包括爱好、个性、优缺点等；（3）有什么价值，是指为什么需要介绍自己以及介绍自己的目的是什么。

（二）推介他人

推介他人与自我介绍一样，都需要按照推介讲述的三原则讲清楚个人的基本信息和独特信息以及介绍的目的。

大多数情况下，我们会在以下两种情景中推介他人。一种是在正式场合，作为介绍人向大家正式介绍某人。在这种情况下，除了清楚地介绍个人的基本信息外，还需要考虑介绍的方式和措辞，要热情而礼貌。在称谓上也要根据介绍的目的和场景仔细斟酌，比如某某老师、某某同学等，切忌直呼其名。另一种是在日常人际交往中的互相介绍。在这种情况下，要注意人物之间的关系，必须按照尊长关系介绍。通常是先介绍尊者和长者，介绍的时候可以用敬称“您”；也可以按辈分称呼，比如王叔叔、李奶奶等；还可以按职务称呼，比如张院长、李校长、陈主任等；或按职称称呼，比如刘教授、孙老师等。向晚辈介绍尊者时，语气要尊敬、佩服；向尊者介绍晚辈时，语气要谦虚、自信。

自我介绍和推介他人，都需要把握推介讲述的三原则，要目的明确，层次分明，语句完整，言简意赅，热情大方。

（三）介绍物品

介绍物品首先要介绍物品的基本信息，重点介绍物品的特性和功能。在介绍时，需要事先充分熟悉物品，要结合物品的特点加强细节描述，从不同的角度进行介绍。这就更需要组织好语言，层次分明地讲清楚物品的功能和作用。

总之，推介讲述的语言既要准确明了，又要有趣生动；既要把物品的特性讲清楚，又要让介绍具有吸引力。

二、课堂朗读

请先朗读《画鸡蛋》，然后向大家介绍达·芬奇的小趣事。

画　鸡　蛋

佚　名

四百多年以前，有个意大利人叫达·芬奇。他是个著名的画家。

达·芬奇开始学画画的时候，老师先让他画鸡蛋，画了一个又让画一个。他画得不耐烦了，就问老师："老师，您天天让我画鸡蛋，这不是太简单了吗？"老师严肃地说："你以为画鸡蛋很容易，这就错了，在一千个鸡蛋当中，没有形状完全相同的。每个鸡蛋从不同的角度去看，形状也不一样。我让你画鸡蛋，就是要训练你的眼力和绘画技巧，使你能看得准确，画得熟练。"

达·芬奇听从老师的话，用心画鸡蛋，画了一张又一张，每一张都画了许多形状不同的鸡蛋。

后来，达·芬奇无论画什么，都能画得又快又像。

根据以下语境进行推介讲述练习。

（1）在教室里，自我介绍；

（2）在家里，向父母介绍一位你的老师；

（3）在校门口，向父母介绍一位同班同学；

（4）介绍一个新买的学习用品；

（5）介绍一本新买的书。

三、蒙学经典——《千字文》（三）

始制文字，乃服衣裳①。推位让国，有虞②陶唐③。

注释：

① 裳（cháng）：上衣为衣，下裙为裳。

② 有虞：有虞氏，传说中的远古部落名，舜是它的首领。这里指舜，又称虞舜。

③ 陶唐：陶唐氏，传说中的远古部落名，尧是它的首领。这里指尧，又称唐尧。

译文：

仓颉（jié）创制了文字，嫘（léi）祖开始养蚕制作衣裳。英明无私的虞舜、唐尧主动把君位禅让给功臣贤人。

吊民伐罪，周发①殷汤②。坐朝问道，垂拱③平章④。

注释：

① 周发：西周的第一个君主姬（jī）发，他讨伐商朝暴君纣，建立了周朝。

② 殷汤：历史上商朝又称殷，成汤是第一个君主，他讨伐夏朝暴君桀（jié），建立了商朝。

③ 垂拱：是指不做什么而天下太平。《尚书·周书·武成》：“淳信明义，崇德报功，垂拱而天下治。”

④ 平章：辨别彰明，是指辨别功劳，论功行赏。《尚书·虞书·尧典》：“九族既睦，平章百姓。”

译文：

安抚百姓，讨伐暴君，这是周武王姬发和商王成汤的功绩。贤明的君主坐在朝廷上向大臣们询问治国之道，垂衣拱手，毫不费力就能使天下太平，功绩彰明。

爱育黎首，臣伏戎羌。遐迩[①]一体，率宾[②]归王。

注释：

① 遐迩：远近。

② 率宾：等同于“率滨”，是指四海之内。《诗经·小雅·北山》：“普天之下，莫非王土；率土之滨，莫非王臣。”

译文：

他们关心和养育百姓，使四方各族俯首称臣。普天之下都统一成一个整体，所有的臣民都归顺于天子。

鸣凤在竹，白驹食场。化被[①]草木，赖[②]及万方。

注释：

① 被：遍及，覆盖。

② 赖：利，恩泽。

译文：

凤凰在竹林中欢乐地鸣叫，小白马在草场上自由自在地吃草。圣君贤王的仁德教化遍及草木，恩泽遍及天下百姓。

四、课后朗读

高处何所有

张晓风

很久很久以前，在一个很远很远的地方，一位老酋长正病危。

他找来村中最优秀的三个年轻人，对他们说：“这是我要离开你们的时候了，我要你们为我做最后一件事。你们三个都是身强体壮而又智慧过人的好孩子，现在，请你们尽其可能地去攀登那座我们一向奉为神圣的大山。你们要尽其可能爬到最高的、最凌越的地方，然后，折回头来告诉我你们的见闻。”

三天后，第一个年轻人回来了，他笑生双靥，衣履光鲜：“酋长，我到达山顶了，我看到繁花夹道，流泉淙淙，鸟鸣嘤嘤，那地方真不坏啊！”

老酋长笑笑说：“孩子，那条路我当年也走过，你说的鸟语花香的地方不是山顶，而是山麓。你回去吧！”

一周以后，第二个年轻人也回来了，他神情疲倦，满脸风霜："酋长，我到达山顶了。我看到高大肃穆的松树林，我看到秃鹰盘旋，那是一个好地方。"

"可惜啊！孩子，那不是山顶，那是山腰。不过，也难为你了，你回去吧！"

一个月过去了，大家都开始为第三个年轻人的安危担心，他却一步一蹭，衣不蔽体地回来了。他发枯唇燥，只剩下清炯的眼神："酋长，我终于到达山顶。但是，我该怎么说呢？那里只有高风悲旋，蓝天四垂。"

"你难道在那里一无所见吗？难道连蝴蝶也没有一只吗？"

"是的，酋长，高处一无所有。你所能看到的，只有你自己，只有'个人'被放在天地间的渺小感，只有想起千古英雄的悲激心情。"

"孩子，你到的是真的山顶。按照我们的传统，天意要立你做新酋长，祝福你。"

真英雄何所遇？他遇到的是全身的伤痕，是孤单的长途，以及愈来愈真切的渺小感。

五、古诗赏读

观　沧　海

［东汉］曹　操

东临碣石，以观沧海。
水何澹澹，山岛竦峙。
树木丛生，百草丰茂。
秋风萧瑟，洪波涌起。
日月之行，若出其中；
星汉灿烂，若出其里。
幸甚至哉，歌以咏志。

第四课
事件讲述的要领

一、本课要点

我们在前面的学习中多次提到讲述表达一定要注意讲述的结构要素，就是要把“时间、地点、人物、起因、经过、结果”讲清楚。只有要素齐全，才能保证所讲述的事件信息完整，听讲述的人才能知道事件的来龙去脉。所以，事件讲述就要培养儿童按照结构要素构思语言表达的意识。在什么时间、什么地方发生了什么事件，事件中的人是谁，事件的起因是什么，经过如何，结果又怎样，这些都讲清楚了，整个事件也就讲清楚了。

在讲述中，一定要把握语言的起承转合，悉心思考，巧妙构思，按照预设的叙事顺序，生动有趣地讲述。人们感兴趣的是事件本身，但精彩的讲述始终是引人入胜的，语言的魅力就在于给人无限的想象空间。

事件讲述不外乎两种情况：一种是讲述自己经历过的事，另一种是转述别人的事。我们就按照这两种情况来讨论如何进行事件讲述。

（一）讲述自己经历过的事件

1. 梳理过程

事件发生、发展的过程是讲述的基本逻辑。如果是讲述自己经历的事，就更要懂得归纳事件过程所涉及的结构要素。按照结构要素的要求，先梳理事件过程，再构思叙事顺序，最后落实到具体表达。

2. 突出要点

有时候讲述一件事并不需要事无巨细地把事件的前因后果都讲清楚，这样会显得啰唆且重点不突出，所以还要学会讲要点。要把前因后果中不太重要的因素简化掉，择其要点突出地表达。这就涉及如何筛选的问题，评判什么是重要、什么是不重要的标准也很简单，就是能不能影响事件的结果。对事件结果有直接影响的，一定是重要的情节或关系，就必须讲清楚。比如要讲我今天因为某一件事很不开心，就不能东拉西扯，把早上出门的事都讲一遍，而是要直接讲清楚是什么事件的发生才使我不开心的，通过讲述事件的细节而讲明事件的原因。

3．真实的感受

讲述自己的事最重要的就是要真实，所以必须按照结构要素讲述事情的经过，起承转合变化要巧妙应用，但最核心的是要有真实的感受。为什么要讲这件事，是因为你觉得有必要把这件事告诉大家，是一种分享，也是一种宣泄，讲的是过程，抒发的是真实的感受和态度。每一位听众感受到的都是讲述者的情感态度，而没有态度的讲述是没有价值的。

（二）转述别人的事件

转述别人的事，通常是听到的或看到的，对于这两种途径获得的信息，我们都会有分享的愿望，这就需要对事件进行转述表达。

1．主观色彩不能掩盖事实真相

转述带有明显的主观色彩，转述者按照自己的主观理解把听到的或看到的事件告诉其他人。因此，转述的事件就经过了加工，这当中肯定有一定程度的改变，传话为什么会传变样，就是因为传话者说的都是自己对事件的理解。正因为如此，我们在转述别人的事件时，也一定要遵循事件讲述的原则，做到准确真实，不要把主观臆测当成了事件本身，更不能渲染自己的主观想象和情绪。

2．深入理解后的生动讲述

转述别人的事件或者文字上看到的报道，甚至是一本书或一部电影，都不是刻板复述或者背诵，而是要根据阅读后的理解和记忆进行讲述。转述事件需要概括和设计，一定要在深入理解事件之后，选择合适的表达方法进行推介讲述。

二、课堂朗读

请先朗读《狼和小绵羊》，然后根据自己的理解向同学们讲述这个故事。

狼和小绵羊

［希腊］伊　索等著　吴建平　于国畔译

狼看到小绵羊在喝小溪里的水，打算找个得体的借口把小绵羊吃掉。它站在溪水的上游，开始责备小绵羊，说小绵羊把水搅浑了，使它不能喝了。小绵羊回答说："我只用嘴唇轻轻碰了一下水，而且也不可能把你要喝的水搅浑，因为我站的地方是小溪的下游。"狼看责备小绵羊的阴谋不能得逞，便说："不过，去年你用粗话辱骂过我的父亲！"小绵羊回答说："去年我还没有出生呢。"于是，狼说道："不管你怎么狡猾地为自己辩解，反正我要把你吃掉！"

根据以下要求进行推介讲述练习。

（1）讲述一件你今天经历的事情；

（2）叙述一件你觉得有趣的事情；

（3）介绍一部你最近看过的电影；

（4）介绍一本你看过的图书。

三、蒙学经典——《千字文》（四）

盖此身发，四大①五常。恭维鞠养，岂敢毁伤。

注释：

① 四大：指地、水、风、火。

译文：

人的身体、发肤是由地、水、风、火四种物质组成，称为"四大"，人的一言一行都要以仁、义、礼、智、信为准则，称为"五常"。诚敬地想着父母的养育之恩，怎敢轻易毁坏损伤身体呢？

女慕贞洁，男效才良。知过必改，得能①莫忘。

注释：

① 能：恩惠，好处。

译文：

女子要仰慕节操高洁的妇女，男子要效仿才能杰出的贤人。认识到自己有过错，一定要改正，受了别人的恩惠，一定不能忘记。

四、课后朗读

雪　夜

[法]居伊·德·莫泊桑著　斯章梅译

黄昏时分，纷纷扬扬地下了一天的雪，终于渐下渐止。沉沉夜幕下的大千世界，仿佛凝固了，一切生命都悄悄进入了梦乡。或近或远的山谷、平川、树林、村落……在雪光映照下，银装素裹，分外妖娆。这雪后初霁的夜晚，万籁俱寂，了无生气。

突然，从远处传来一阵凄厉的叫声，冲破这寒夜的寂静。那叫声，如泣如诉，若怒若怨，听来令人毛骨悚然！喔，是那条被主人放逐的老狗，在前村的篱畔哀鸣：是在哀叹自己的身世，还是在倾诉人类的寡情？

漫无涯际的旷野平畴，在白雪的覆压下蜷缩起身子，好像连挣扎一下都不情愿的样子。那遍地的萋萋芳草，匆匆来去的游蜂浪蝶，如今都藏匿得无迹可寻。只有那几棵百年老树，依旧伸展着桠杈的秃枝，像是鬼影憧憧，又像那白骨森森，给雪后的夜色平添上几分悲凉、凄清。

茫茫太空，默然无语地注视着下界，越发显出它的莫测高深。雪层背后，月亮露出了灰白色的脸庞，把冷冷的光洒向人间，使人更感到寒气袭人。和月亮做伴的，唯有寥寥的几点寒星，致使她也不免感叹这寒夜的落寞和凄冷。看，她的眼神是那样忧伤，她的步履又是那样迟缓！

渐渐地，月儿终于到达她行程的终点，悄然隐没在旷野的边沿，剩下的只是一片青灰色的回光在天际荡漾。少顷，又见那神秘的鱼白色开始从东方蔓延，像撒开一幅轻柔的纱幕笼罩住整个大地。寒意更浓了。枝头的积雪都已在不知不觉间凝成了水晶般的冰凌。

啊，美景如画的夜晚，却是小鸟们恐怖战栗、备受煎熬的时光！它们的羽毛沾湿了，小脚冻僵了；刺骨的寒风在林间往来驰突，肆虐逞威，把它们可怜的窝巢刮得左摇右晃；困倦的双眼刚刚合上，一阵阵寒冷又把它们惊醒。它们只得瑟瑟缩缩地颤着身子，打着寒噤，忧郁地注视着漫天皆白的原野，期待那漫漫未央的长夜早到尽头，换来一个充满希望之光的黎明。

五、古诗赏读

归园田居（其一）

［魏晋］陶渊明

少无适俗韵，性本爱丘山。
误落尘网中，一去三十年。
羁鸟恋旧林，池鱼思故渊。
开荒南野际，守拙归园田。
方宅十余亩，草屋八九间。
榆柳荫后檐，桃李罗堂前。
暧暧远人村，依依墟里烟。
狗吠深巷中，鸡鸣桑树颠。
户庭无尘杂，虚室有余闲。
久在樊笼里，复得返自然。

第五课
连词讲述的要领

一、本课要点

连词讲述就是用三个指定的词语讲述一个完整的故事。它的要求有三点：第一，故事必须完整，必须是一个逻辑严密、结构完整的故事；第二，词语要全用上，所给的三个词语必须巧妙自然地用在讲述中，不能牵强附会地把词语硬塞进句子中；第三，故事可以虚构，在符合基本认知规律的前提下虚构故事，但不可以脱离和违背常识。

（一）连词讲述的构思方法

1. 围绕一个中心词讲故事

从三个词语中选择一个词语作为讲述的中心词来构思故事，以这个中心词为核心展开构思，另外两个词语可以用来强化故事的细节和丰富故事的层次。这样的构思方法便于提炼主题，使讲述有一个明确的主题。

2. 用三个词语分层次讲述

这是一种比较简单容易的方法，每个词语构成一个小的主题，三个小故事叠加起来形成一个完整的故事，故事的发生、发展就有了内在的联系，讲述的逻辑关系和层次也因词语而突出了。但是，如果故事设计不巧妙，就会很平淡，给人一种为用某个词语而生编硬造的感觉。

3. 故事有内容且生动有趣

讲故事的关键在于是否有事情可讲，可以是一个感人至深的情感故事，也可以是一个情节起伏的惊险故事。无论是什么故事，都要有内容，不能是空发议论，一定要有情节，要努力做到生动有趣。

（二）连词讲述的表达技巧

1. 建议用第一人称讲述

用第一人称讲述，可以比较好地结合自身经历，讲述的真实感强，很容易让人亲近。用第一人称讲述时，要注意故事的真实合理性，可以合理想象，也可以借鉴他人经验。

2. 尽量多用短句子讲述

即兴口语讲述是随思维反应及时表达的，没有时间反复锤炼语句。所以，口语讲述最好不要用长句子，尤其是修饰词过多的句子。不要为了讲得漂亮，就想多用形容词，这样的结果往往会把自己绕进语句不通顺的死胡同。因此，精练完整的语言才是最高级的。

3. 故事讲述要有情感态度

讲述故事是为了传递情感，因此在讲述中不仅要学会表达真情实感，也要学会用语言渲染情感，但切忌说空话、假话，更不要说套话。努力做到语句完整，语义清晰，层次分明，尽量减少口语中的碎片词语，努力说完整规范的语句。

二、课堂朗读

请先朗读《小河》，提取关键词语，再简要讲述作品描述的故事。

小　　河

马如琴

离开家乡已经六年了，在梦里也想念那条小河。我在那里长大，在那里经历风雨，小河知道童年的我所经历的一切。

小时候，我喜欢站在小河边看哥哥姐姐在河里游泳，他们一会儿游入水底，在水中捉迷藏；一会儿浮出水面，泼水打仗。我好羡慕他们啊！一次，我见他们向远处游去，幼小的我带着好奇走入水中，恍惚在梦境中一般。幸好母亲发觉我不在岸上，又见水中直泛水泡，不会游泳的母亲费了许多力气将我从死神手中拉了回来。

当时，母亲怀着我的小弟弟，由于救我时，费力紧张，喝了不少水，一下子就病倒了，经医生治疗也不见好转。躺在床上的母亲，怕我再走到河里去，就让哥哥姐姐看着我，还吩咐他们一有空就教我学游泳。我一有进步，母亲就显得很高兴，可她的病一点也没好。

就在那年秋天，母亲离我们去了。小弟弟一生下来，不哭也不动，也追随母亲去了。为了我的生存，母亲去了，弟弟也去了。母亲生育了我，又从死神手中救了我，她给了我两次生命。临终前，她拉着我们兄妹四人的手，眼里流露出的尽是爱。她为了我们，没有怨言，倾泻给我们的是全部的爱！

母亲去世后，我便常站在河边，幻想能从小河里看到母亲。她是从小河走向那个世界的，那轻轻的流水声，多像母亲温柔的语声；那缓缓拍打堤岸的河水，多像母亲温柔的手。

长大了，我也常去河边。高兴时去，烦恼时也去。清静柔顺的河水，就像母亲充满爱的目光，我带去的欢乐便愈加热烈，我带去的烦恼也烟消云散。

如今，我离去了，小河被我远远地抛在故乡，可我永远思念着你，小河！

每一个讲述题都由三个词语构成，请选择一题讲一个故事，所选题中的三个词语必须巧妙地运用到故事讲述里。

（1）樱花、公园、美丽；

（2）爷爷、铅笔、感动；

（3）学习、痛苦、孩子；

（4）认真、椅子、电脑；

（5）早上、一起、好朋友；

（6）前面、草地、我家；

（7）彩云、青草、小白兔；

（8）英勇、大门、祖国；

（9）冬天、绿树、冰封；

（10）院子、夜晚、讲故事。

三、蒙学经典——《千字文》（五）

罔[①]谈彼短，靡[②]恃[③]己长。信使可覆[④]，器欲难量。

注释：

① 罔（wǎng）：不要，没有。

② 靡（mǐ）：不要，没有。

③ 恃（shì）：卖弄，依仗。

④ 覆：履行，实践。

译文：

不要谈论别人的缺点，也不要卖弄自己的优点。诚实守信，诺言一定要兑现，心胸气度要大，最好是大到让人难以测量。

墨①悲丝染，诗赞羔羊②。景行③维贤，克④念作圣。

注释：

① 墨：墨子，名翟，战国初期思想家，墨家学派创始人。他看见匠人把白丝放进染缸里染色，悲叹道："染于苍则苍，染于黄则黄。"强调人要注意抵御不良环境的影响，保持天生的善性。

② 羔羊：《国风·召南·羔羊》："羔羊之皮，素丝五紽。"通过咏羔羊毛色洁白如一来赞颂君子节俭正直，德如羔羊。

③ 景行：《诗经·小雅·车辖》："高山仰止，景行行止。"对高山要抬头瞻仰，对贤人的品德要看齐。

④ 克：克制。

译文：

墨子悲叹白丝被染成了杂色，《诗经》赞颂羔羊能始终保持洁白如一，用来比喻有德的君子。仰慕圣贤的德行，克制私念以成圣贤。

四、课后朗读

童　年

唐　弢

夜应该是黑暗的吧，然而我却经历了一个并不黑暗的夜，你也许以为那晚上有月亮，有星星，再不然便是有灯光或者火炬，但都不是。只因为在我的寂寞的记忆里悬挂着一个笑脸，它照亮了我的童年。

笑脸照亮了我的童年。

朝阳爬上海面，雾气散了，一万颗金星在波涛上跳动，第一线春光印进了小小的心，我在紫云英的绿茵上打滚，在暖洋洋的潮水里濯脚，听鹧鸪在嫩绿丛中试着它的新声，杨柳枝头盘绕着青油油的潮气，不知道这是云，是雾，抑或是昨夜农家遗留下的炊烟？

白鸟在波涛上缓缓地翱翔，蓦地，像中了弹一样直落到水面，又霍地飞了上去，它已经找到了它的丰盛的早餐。

雄健的翼子在蓝天里划开一线笑痕。我的心里也漾起了一线笑痕。

心化开了，我笑着跳着，珍视我自己的童年。

我笑着跳着，珍视我自己的童年。

在石榴花开得火一般红的时候，我骑上牛背，缓缓地踱过了绿的原野。

我唱着情歌，虽然并没有情人；我觉得自己是凯旋归来的英雄，虽然并没有打过仗。

看，这世界是多么幽秀，多么美丽。

这世界是多么幽秀，多么美丽。

夜，她在我回忆里留下难忘的倩影。

月是她的脸，一抹轻云是她的笑靥，几颗星星是她的眼睛，晚风吹过垂柳，这上面散布着她的风韵。

我在她的膝上跳舞。

我在她的怀里熟睡。

我笑着跳着，我的青春是一盆火，融融的是热烈，旺旺的是光明。

在童年的宝座上我跨着长虹，遨游于大漠似的天空，我撷着轻云，摘着星星。

童年，梦一般的童年。

童年，梦一般的童年。

我用着和山等量的悔恨，和海等量的懊恼，送青春逝去。

在山的尽头，海的边涯，不，在寂寞者的心底，我埋葬了我的童年。

五、古诗赏读

短　歌　行（其一）

［东汉］曹　操

对酒当歌，人生几何！
譬如朝露，去日苦多。
慨当以慷，忧思难忘。
何以解忧？唯有杜康。
青青子衿，悠悠我心。
但为君故，沉吟至今。
呦呦鹿鸣，食野之苹。
我有嘉宾，鼓瑟吹笙。
明明如月，何时可掇？
忧从中来，不可断绝。
越陌度阡，枉用相存。
契阔谈讌，心念旧恩。
月明星稀，乌鹊南飞。
绕树三匝，何枝可依？
山不厌高，海不厌深。
周公吐哺，天下归心。

第六课
即兴评述的要领

一、本课要点

即兴评述是指对某一事件或人物进行简要叙述和及时评论。这些引人关注的事件通常见于新闻报道的图片、文字或视频。我们将即兴评述作为讲述训练的内容之一，目的是要培养儿童的图文理解能力、抽象概括能力、讲述叙事能力和说理评论能力。

（一）即兴评述的特点

1. 叙述评论结合

即兴评述一定有叙述、有评论，叙述是评论的材料，评论是叙述的升华。评和述没有先后之分，可以先述后评，也可以先评后述，还可以边评边述，重点在于评论的价值，这也是即兴评述的难点所在。

2. 即兴口语表达

所谓即兴就是没有充裕时间书写评论文稿，必须立即进行口语讲述，是有声语言中一种不可或缺的重要表达形式。

（二）即兴评述的要求

1. 观点鲜明

即兴评述必须对所评论的事件或人物有鲜明的观点，也就是你的论点要突出明确，你的态度必须明确地表达出来，不能含含糊糊，模棱两可。

2. 分层论述

如何围绕明确的主题进行论述是即兴评述的要点之一。不仅要有观点，还要能把观点讲清楚。必须围绕主题分层次论述，学会一层一层分开讲，更加充分地展示论据。

3. 活用材料

语言表达的生动来源于鲜活的事例，所以要尽量用足所评述的事件或人物材料。如果可能，最好能引用一些类似的事例来说明论证。

4. 联系自己

叙述和评论都应紧扣现实，如果能联系自己就能让评述更具亲和力和感染力，可以结合自己的经历多谈谈切身的感受和认识。

（三）即兴评述的表达技巧

根据即兴评述的要求，我们概括出“四题”法来帮助儿童掌握即兴评述的表达技巧。

1. 找准话题

就是先确定所评述的事件或人物在什么话题范围内，这样有助于明确评论的方向。

2. 提炼主题

论述的主题就是鲜明的论点，观点越鲜明生动，论述就越清晰合理，主题论点一定要突出。

3. 看清问题

主题鲜明才能看清问题，而且还要从不同角度看问题，再围绕主题分层次讲述。

4. 总结扣题

整个评述过程必须紧扣主题，围绕主题讲述，结合实际、联系自己进行概括总结，进一步强化评述的观点，尤其是在总结陈词时，再次表明论点，就能让讲述更紧扣主题。

二、课堂朗读

请先朗读《论读书》，然后讲述自己的读后感。

论　读　书

［英］弗朗西斯·培根著　何　新译

求知可以作为消遣，可以作为装饰，也可以增长才干。

当你孤独寂寞时，阅读可以消遣。当你高谈阔论时，知识可供装饰。当你处世行事时，正确运用知识意味着力量。懂得事务因果的人是幸福的。有实际经验的人虽能够处理个别性的事务，但若要综观整体，运筹全局，却唯有掌握知识方能办到。

求知太慢会弛惰，为装潢而求知是自欺欺人，完全照书本条条办事会变成偏执的书呆子。

求知可以改进人的天性，而实验又可以改进知识本身。人的天性犹如野生的花草，求知学习好比修剪移栽。实习尝试则可检验知识本身的真伪。

狡诈者轻鄙学问，愚鲁者羡慕学问，唯聪明者善于运用学问。知识本身并没有告诉人怎样运用它，运用的方法乃在于书本之外。这是一门技艺，不经实验就不能学到。不可专为挑剔辩驳去读书，但也不可轻易相信书本。求知的目的不是为了吹嘘炫耀，而应该是为了寻找真理，启迪智慧。

有的知识只需浅尝，有的知识只需粗知。只有少数专门知识需要深入钻研，仔细揣摩。所以，有的书只需读其中一部分，有的书只需知其中梗概，而对于少数好书，则应当精读，细读，反复地读。

有的书可以请人代读，然后看他的笔记摘要就行了，但这只限于质量粗劣的书。否则一本好书将像已被蒸馏过的水，变得淡而无味了。

读书使人充实，讨论使人明辨是非，做笔记则能使知识精确。

因此，如果一个人还要做笔记，他的记忆力就必须强而可靠。如果一个人只愿孤独探索，他的头脑就必须格外锐利。如果有人不读书又想冒充博学多知，他就必定很狡黠，才能掩饰他的无知。

读史使人明智，读诗使人聪慧，演算使人精密，哲理学使人深刻，伦理学使人有修养，逻辑修辞使人善辩。总之，“知识能塑造人的性格”。

不仅如此，精神上的各种缺陷，都可以通过求知来弥补。正如身体上的缺陷，可以通过运动来弥补一样。例如打球有利于腰肾，射箭可扩胸利肺，散步则有助于消化，骑术使人反应敏捷，等等。同样，一个思维不集中的人，可以研习数学，因为数学稍不仔细就会出错。缺乏分析判断力的人，可以研习经院哲学，因为这门学问最讲究烦琐辩证。不善于推理的人，可以研习法律学。这种种头脑上的缺陷，都可以通过求知来疗治。

对话和新闻，根据不同材料进行即兴讲述练习。

（1）对话

有人问农夫："种麦子了吗？"

农夫说："没，我担心天不下雨。"

那人又问："那你种棉花没？"

农夫说："没，我担心虫子吃了棉花。"

那人再问："那你种了什么？"

农夫说："什么也没种，我要确保安全。"

（2）新闻

新华社消息：2008年11月14日早晨6时10分许，上海商学院徐汇校区学生宿舍楼发生火灾，4名女生从6楼宿舍阳台跳下逃生，当场死亡。目前，大火已被扑灭。

14日早晨6时12分，上海市公安局110指挥中心接报：位于上海市中山西路2271号的上海商学院徐汇校区学生宿舍楼着火，警方迅速派员前往处置。经警方初步调查，当日早晨6时10分许，上海商学院徐汇校区女生宿舍楼602宿舍失火，过火面积达20平方米左右。因室内火势过大，4名女大学生从6楼宿舍阳台跳楼逃生，不幸当场死亡。

三、蒙学经典——《千字文》（六）

德建名立，形端表正。空谷传声，虚堂习[①]听。

注释：

① 习：重复。

译文：

德行建立起来了，就会树立好名声，就如同形体端庄了，仪表就端正了。空旷的山谷中声音能传得很远，宽敞的厅堂里说话能有回音。

祸因恶积，福缘善庆[①]。尺璧非宝，寸阴是竞[②]。

注释：

① 祸因恶积，福缘善庆：《易经·坤卦·文言》："积善之家，必有余庆；

积不善之家，必有余殃。”

② 竞：争，引申为珍惜。

译文：

灾祸是作恶多端的结果，福禄是乐善好施的回报。不要以直径一尺长的美玉为宝贝，而要珍惜片刻的时光。

四、课后朗读

笑　声

［尼加拉瓜］鲁文·达里奥著　方　瑛译

笑声是生活的点缀。笑容可掬的人一般都是身心健康的人。一个孩子的笑声好比一支歌唱童年的乐曲。天真的欢快像一道清澈的瀑布从嗓子里喷腾而出。

冥思苦索的思想家们不笑，因为他们整天和宇宙万物打交道，埋头在一片宁静之中。强盗和罪犯也不笑，因为在他们那担惊受怕的灰色生活中，充满着凄楚和阴影，内心的恐惧和仇恨像一个黑色的紧箍咒，始终伴随着他们。

骄傲、自负可以微笑；纵欲、暴食、偷盗也可以微笑；妒忌者却不会微笑，他苍白，病态，往往自食其果。他愁眉紧锁，就像拉丁诗人所描绘的一样，他终究要被别人的幸福大山所压倒。

“我们赞美笑声。”

“我们为笑声祝福，因为她使世界摆脱了黑夜。”

“我们赞美笑声，因为她是晨曦，是太阳的光环，是小鸟的啭鸣。”

“我们为笑声祝福，因为她是上帝的宠儿，可爱的玫瑰色娃娃，是她给人间带来了和平和幸福。”

“我们赞美笑声，因为她总爱逗留在蝴蝶的翅膀上，在洒满露珠的麝香石竹的花萼上，在石榴美丽的红色宝石上。”

“我们为笑声祝福，因为她是救世主，是长矛，是盾牌。”

五、古诗赏读

相　见　欢（其二）

［唐］李　煜

无言独上西楼，月如钩。寂寞梧桐深院锁清秋。

剪不断，理还乱，是离愁。别是一般滋味在心头。

单元拓展

本单元几乎涵盖了即兴口语讲述的全部形式，目的是帮助儿童掌握口语讲述的概念，从小就明确知道自己为什么讲以及讲的是什么，能准确地表达自己的思想感情和观点态度，为不断提高口语表达能力打下基础。

一、古诗朗读

蒹　葭

［先秦］佚　名

蒹葭苍苍，白露为霜。所谓伊人，在水一方。
溯洄从之，道阻且长。溯游从之，宛在水中央。
蒹葭萋萋，白露未晞。所谓伊人，在水之湄。
溯洄从之，道阻且跻。溯游从之，宛在水中坻。
蒹葭采采，白露未已。所谓伊人，在水之涘。
溯洄从之，道阻且右。溯游从之，宛在水中沚。

关　雎

［先秦］佚　名

关关雎鸠，在河之洲。窈窕淑女，君子好逑。
参差荇菜，左右流之。窈窕淑女，寤寐求之。
求之不得，寤寐思服。悠哉悠哉，辗转反侧。
参差荇菜，左右采之。窈窕淑女，琴瑟友之。
参差荇菜，左右芼之。窈窕淑女，钟鼓乐之。

二、作品选读

水滴和石头

［苏联］米哈依尔·米哈依洛维奇·普里什文著　潘安荣译

窗下地面的冰还很硬，但和煦的阳光照一会儿，挂在屋檐的冰锥便滴下水来。每一滴水在临死时发出“我！我！我！”的声音，它的生命只有一刹那的工夫。“我！”这是痛感无能为力而发出的悲声。

但是眼看地面上的冰已被水滴出了一个小坑；冰在融化，一直到化净了，屋檐上亮晶晶的水滴还在一声声叫着。

水滴落在石头上，清楚地发出“我！”的声音。石头又大又坚硬，也许还要在这儿卧上一千年，水滴却仅仅活一瞬间，不过是痛感无能为力而已。然而，“水滴石穿”的道理却是千古不变。那许多的“我”汇合成了“我们”，力量之强，不仅能滴穿石头，有时还形成滚滚急流，竟把石头冲走了。

第二单元
绘本童话 篇篇传情

不同的文学体裁对朗读有一定的制约作用，如何朗读好某一类体裁的作品，需要我们了解这一类作品的特点，掌握朗读这些作品的要求和规律。在本单元中，我们将学习绘本、寓言和童话故事的朗读要求和技巧。

第一课
观察理解读绘本

一、本课要点

读绘本不是只读绘本上的文字。儿童与成年人读绘本的区别在于儿童是以读图为主，总是先看图再读文字。所以，需要强化儿童的图文理解训练，不仅要提高儿童的图画观察能力，还要发展儿童的阅读理解能力。

（一）全面观察是理解的基础

观察要全面深入是指观察时必须有明确的指向，不能只停留在表面，也不能忽视外在的现象，要既见“树木”又见“森林”。只有全面而深入地观察，才能更准确地理解。比如观察一个人，就要既关注他的外貌、服装、表情、动作，也要注意他的眼神，眼睛往往能显示他的内心世界，这样才能对这个观察对象有比较客观的认识。读绘本的时候，也要结合图文来观察理解图画和文字。

（二）精细观察帮助准确理解

观察要准确细致，这是对观察的具体要求。读图的时候一定要仔细，不要让任何细节逃过你的眼睛，不要让任何微小的变化蒙蔽你的眼睛，或许这就是观察是否精细、观察力是否敏锐的标准。正是因为有了精细准确的观察，我们才能更准确地理解以及把握图画以及文字的内容。看不到一定想不到，当然也就说不出了。

二、课堂朗读

朗读绘本《生气汤》。

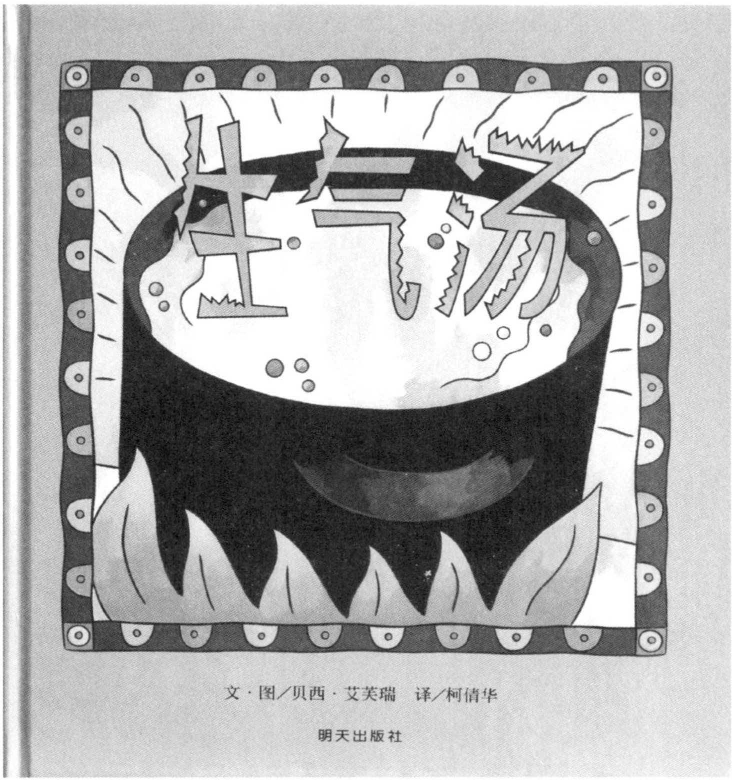

——选自绘本《生气汤》（明天出版社）

三、蒙学经典——《千字文》（七）

资父事①君，曰严与敬。孝当竭力，忠则尽命。

注释：

① 事：侍奉。

译文：

奉养父亲，侍奉君主，都要一丝不苟，虔诚恭敬。孝顺父母应竭尽全力，效忠君主要舍生忘死。

临深履薄，夙兴①温凊②。似兰斯馨，如松之盛。

注释：

① 夙兴："夙兴夜寐"的省略。

② 温凊（qìng）："冬温夏凊"的省略。

译文：

做事情要有"如临深渊，如履薄冰"那样小心谨慎的态度，要早起晚睡，伺候父母，让他们感到冬暖夏凉。自己的德行要像兰草那样馨香，像松柏那样四季常青。

四、课后朗读

朗读绘本《生气的亚瑟》。

五、古诗赏读

宿建德江

［唐］孟浩然

移舟泊烟渚，日暮客愁新。
野旷天低树，江清月近人。

村　居

［清］高　鼎

草长莺飞二月天，拂堤杨柳醉春烟。
儿童散学归来早，忙趁东风放纸鸢。

第二课
图文并重读绘本

一、本课要点

当儿童要把绘本读出声来的时候，一定要结合图画，一边看图，一边读文字，不能只读文字不兼顾图画。或许有人会说这样一心二用怎么能读得好呢？其实，你只要认识到这就是看着图画说故事，文字只是提醒和解释图画没有表现出来的内容。

（一）读得慢一点，要边看边读

读绘本之前的准备就是要熟悉图画和文字，做好理解工作，对绘本有既全面又准确的理解，这样就不会因为不熟悉文字而只能盯着文字读，无暇顾及图画了。当然，一边看图，一边读文字，一定要慢一些，要找到看着图画跟大家讲故事的感觉，娓娓道来。

（二）读得像一点，用声音描绘

要注意，我们可以依据对图画的理解唤起一种具体的想象，然后用声音进行描绘。我们还必须抓住关键词语，用已有的经验来表达自己的感受。另外，声音要随场景的变化而变化，要注意远虚近实的表达共识，灵活运用声音。

（三）读得巧一点，语言须变化

绘本是以图画为主的故事书，讲故事就必然要叙述故事的来龙去脉，所以讲述语言的特点在读绘本中是非常突出的。讲述语言的特点是叙述语言、角色语言、抒情语言的共同作用。

叙述语言是讲故事的骨架，一定要注重语言表述的平实无华，千万不要望文生义，见字生情，更不能把讲述变成“有感情的大声朗读”。

角色语言就是对话。角色之间的对话要有准确的态度和语境关系，要分清对象的尊卑、长幼等角色关系，还要明确说话时站或立的位置和距离关系。如果是角色的独白，我们也可以看成是一种对话，是角色对自己说的话，是心里话，它的对象也就清楚了。

抒情语言是讲述者态度的直接表达，这类语言往往是作者的议论和态度，必须有明确而具体的语气。

二、课堂朗读

朗读绘本《根本就不脏嘛》。

——选自绘本《根本就不脏嘛》(湖北美术出版社)

三、蒙学经典——《千字文》(八)

川流不息，渊澄[①]取映。容止若思，言辞安定。

注释：

① 澄：清澈。

译文：

自己建立起来的德行应该像江河的水一样永不停息，像潭水一样清澈照人。仪容举止要沉静安详，言语措辞要从容稳重。

笃[①]初诚美，慎终宜令。荣业所基，籍甚[②]无竟。

注释：

① 笃（dǔ）：忠实，诚信。

② 籍（jí）甚：盛大。

译文：

无论修身或求学，重视开头固然很好，但始终如一，慎重地坚持到底更加令人赞赏。这是一生盛大功业的根基，借着这样坚实的根基，今后的发展将不可限量。

四、课后朗读

朗读绘本《活了 100 万次的猫》。

五、古诗赏读

从军行七首（其四）

［唐］王昌龄

青海长云暗雪山，孤城遥望玉门关。
黄沙百战穿金甲，不破楼兰终不还。

己亥杂诗（其一百二十五）

［清］龚自珍

九州生气恃风雷，万马齐喑究可哀。
我劝天公重抖擞，不拘一格降人才。

第三课
模仿绘本编故事

一、本课要点

儿童在熟读绘本之后就要发挥想象力，模仿绘本编讲一个新故事。

（一）编讲故事的内容要相似

参照绘本编讲一个故事，第一要点就是要像原来的绘本，要有一定的相似度。可以是原故事的人物，但情节变了；可以是原故事的人物关系，但结局变了；可以是原故事的基本情节，但故事的发展使得人物关系发生了变化。

（二）编讲故事的态度要鲜明

讲述的态度一定要鲜明。我们可以从比较直接的感受出发，逐渐过渡到态度的表达上，做到感情充沛，积极自信。讲述的语句要完整，同时讲述的逻辑要清楚。

（三）编讲故事的要素要齐全

要讲出故事发生的时间、地点，故事的主要人物是谁，故事是怎么发生、发展的，过程怎样，是什么原因导致的。

二、课堂朗读

朗读绘本《彩虹色的花》。

——选自绘本《彩虹色的花》(二十一世纪出版社)

三、蒙学经典——《千字文》(九)

学优登仕①,摄②职从政。存以甘棠③,去而益咏。

注释:

① 学优登仕:即学而优则仕。

② 摄(shè):代理。

③ 甘棠:甘棠树,后人以“甘棠”称颂周召公的美政和遗爱。

译文:

书读好了就能做官,就有机会行使职权处理政务。人们留下甘棠树来表达对周召公的爱戴,还创作了诗歌来赞美他。

乐殊贵贱,礼别尊卑。上和下睦,夫唱妇随。

译文:

乐器的使用因为人们身份的贵贱而有所不同,礼节的确定也因为人们地位的高低而有所区别。地位尊贵的人和身份卑贱的人要和睦相处,丈夫倡导的,妻子要附和顺从,夫妇一唱一随,才能协调和谐。

外受傅训，入奉母仪。诸姑伯叔，犹子比儿。

译文：

在外接受师傅的教诲，在家遵从母亲的训导。对待姑姑、伯伯、叔叔等长辈，要像他们的亲生子女一样。

四、课后朗读

朗读绘本《爷爷一定有办法》。

五、古诗赏读

山居秋暝

［唐］王　维

空山新雨后，天气晚来秋。
明月松间照，清泉石上流。
竹喧归浣女，莲动下渔舟。
随意春芳歇，王孙自可留。

从军行

［唐］杨　炯

烽火照西京，心中自不平。
牙璋辞凤阙，铁骑绕龙城。
雪暗凋旗画，风多杂鼓声。
宁为百夫长，胜作一书生。

第四课
寓言童话有区别

一、本课要点

寓言一般比较短小，故事的主人公可以是人，也可以是拟人化的动物、植物或其他事物。童话和寓言有几分相似，我们怎么来区分呢?

（一）从概念上看

童话是带有浓厚幻想色彩的虚构故事，幻想是童话的基本特征。寓言则是带有劝诫或讽刺意味的故事，是借助故事形式来表达创作的真实意图。

（二）从篇幅上看

童话的篇幅较长，情节神奇曲折。寓言的结构简单，篇幅短小，情节单纯有趣。

（三）从题材上看

童话充满幻想色彩，对大自然的一切事物都可加以人格化，以物拟人，妙趣横生。寓言多来自现实生活，如反映人们对生活的看法、批评社会现象、讽刺某类人等。

（四）从体裁上看

童话表现形式多样，可以是散文体、童话诗、童话剧等，想象丰富，幻想奇特。寓言多为叙述议论体，托古讽今，突出讽刺性，讲究哲理性。

二、课堂朗读

朗读寓言故事《爱唱歌的小青蛙》。

爱唱歌的小青蛙

钱欣葆

绿油油的稻田里有许多青蛙，他们在那里忙碌地捕捉害虫。傍晚，青蛙们常聚在一起，进行大合唱，“呱呱呱”的声音在稻田上空回荡。

有一只小青蛙的叫声特别清脆响亮，大家称赞他唱得好。小青蛙听到夸奖，“呱呱呱”唱得更加响亮了。他还暗下决心，要做一名歌唱家，并刻苦练习，白天黑夜不停地唱。

小青蛙以为自己的歌唱得越来越好，大家一定会更加喜欢。没想到，青蛙们不愿和他在一起，总是避得远远的。小青蛙自言自语地说：“他们肯定见我的歌越唱越出色，嫉妒了。”

大青蛙走过去对小青蛙说：“唱歌只是我们的业余爱好，消灭害虫才是我们的职责。你不努力多捕捉害虫，却整天唱个不停，伙伴们怎么会不反感呢？”

三、蒙学经典——《千字文》（十）

孔怀①兄弟，同气连枝。交友投分，切磨②箴③规。

注释：

① 孔怀：《诗经·小雅·常棣》：“死丧之威，兄弟孔怀。”

② 切磨：本指加工玉石等器物，此处引申为学问上的探讨研究。

③ 箴（zhēn）：劝诫，劝勉。

译文：

兄弟之间要相互关心，因为是一母所生的同胞，如同枝丫相连。结交朋友要志趣相投，才能相互切磋，探讨研究，共同进步。

仁慈隐恻①，造次②弗离。节义廉退，颠沛③匪④亏。

注释：

① 隐恻（yǐn cè）：恻隐，怜悯，同情。

② 造次：仓促，匆忙。

③ 颠沛（diān pèi）：跌倒，比喻处境窘迫困顿。

④ 匪（fěi）：本意是土筐，引申为不同，不是。古汉语非、匪二字常常通用。

译文：

仁义、慈爱的品德以及对他人的恻隐之心，在任何时候、任何地方都不能抛弃。气节、正义、廉洁、谦让这些品德，在最穷困潦倒的时候也不可亏缺。

性静情逸，心动神疲。守真志满，逐物意移。

译文：

性情清静平定，情绪就安乐舒适，内心为外物所动，精神就会疲惫困倦。保持善良的天性，愿望就可以得到满足，一心追求物欲的享受，意志就会动摇。

坚持雅操，好爵自縻[①]。

注释：

① 縻（mí）：牵系，拴住，引申为属于。

译文：

坚定地保持着高雅情操，好的职位自然就会属于你。

四、课后朗读

狮子、狗鱼和老人

［俄］列夫·托尔斯泰著　吴兴勇译

有一次，在一条河边，狮子与狗鱼在一起谈心，有一个人站在附近某处，听他们谈话。

狗鱼一看见有人，马上钻入水中，不见了。后来，这只狮子又遇见了这条狗鱼，狮子问狗鱼道："上次我们正在谈话，你忽然钻入水中不见了，为什么啊？"

"我看见人啦。"

"看见人又怎么啦，值得这样大惊小怪吗？难道人会一口把你吃了？只有我狮子才是百兽之王，人的力量远远不如我。"

“大王，论体力人的确不如你，但人是很狡猾的，是极难对付的动物。”

“人算什么东西？”狮子问道，“叫他来与我比试比试，我要吃了他。”

于是，狮子就主动找人比试。一个男孩子迎面走来。

“你是人吗？”

“不，我现在是个小孩，尚未取得成年人的资格。再过些时候，我才是成人呐！”狮子碰也没有碰他，就走开了，因为狮子大王犯不着与一个尚未取得人的资格的小不点儿较量。一个老头儿迎面走来。

“你是人吗？”

“不，狮子大王！我现在还能算什么人呐？从前有个时候，我的确是个人。”狮子碰也没碰他。狮子大王用不着与一个失去了人的资格的家伙比武，这会辱没了它大王的威风。

“多奇怪呀，天底下找不到一个真正的人！”

狮子走了又走，碰到了一个全副武装、持刀佩枪的大兵。

“你是人吗？”

“我是人。”

“好，我要吃掉你！”

“你等一等，”大兵对它说，“你退后两步，我自己跳到你嘴里去。你把嘴张大点儿吧。”

狮子退后一些，张大嘴巴，等待人自动跳入它的嘴巴。没料到这个狡猾的人“砰”地朝它开了一枪，接着又跑上前，挥刀砍掉了它的一只耳朵。狮子负痛仓促逃跑了。它跑到河边。狗鱼从水中探出头来，问道：“喂，怎么啦，狮子大王，看见人没有？”

“你说得对，”狮子说，“人是狡猾的动物！开头我没有找到人：一个说，他从前是人；一个说，他将来是人，等到我把人找到了——我可倒霉啦。他让我退后两步，把嘴张大，他说自己会跳进我嘴里，让我吃个饱。我信以为真，没想到这是他的缓兵之计。接着他朝我嘴里吐了一口唾沫，他的一口唾沫也真厉害，我的嘴到现在还热辣辣的发烫呢，然后他又吐出舌头，朝我脸上一舔，就舔去了我的耳朵。”

“的确是这样，我早就对你说过，人是很狡猾的……”

五、古诗赏读

终南望余雪

[唐]祖　咏

终南阴岭秀，积雪浮云端。
林表明霁色，城中增暮寒。

登岳阳楼

[唐]杜　甫

昔闻洞庭水，今上岳阳楼。
吴楚东南坼，乾坤日夜浮。
亲朋无一字，老病有孤舟。
戎马关山北，凭轩涕泗流。

第五课
寓言童话的特点

一、本课要点

（一）故事为本，寓意深刻

不论篇幅长短，还是叙事结构如何变化，寓言和童话都是将道理蕴含在故事之中，总是含而不露。寓言故事更是如此，因为寓言故事的灵魂就是故事的“寓意”。在寓言中，“寓意”是一根看不见的线，大多数时候不会直接表现在文字中，优秀的寓言会随着故事的推进逐渐显露出、揭示出真实的“寓意”。借一个浅显的故事，蕴含一个深刻的道理，这是寓言的魅力所在。

（二）情节虚构，想象丰富

寓言故事往往都通俗简单，而且情节大多是虚构的，语言也很凝练，多数情况下都是直接讲述故事，情节线索也不是很复杂。因为故事情节是虚构的，所以读者的想象空间很大且自由。童话故事的情节比较曲折，所以读者的想象空间更为丰富多样，幻想的色彩为故事增添了无限遐想的空间。

（三）语言精练，故事精彩

古希腊《伊索寓言》中的名篇《农夫和蛇》在世界范围内享有很高的知名度，它的成功之处在于故事的可读性很强，语言精练，故事精彩，人人都能在短小精悍的故事中悟出道理。《自相矛盾》《掩耳盗铃》《画蛇添足》等寓言故事也是如此。童话故事的经典作品也不胜枚举，比如《安徒生童话》《格林童话》《快乐王子》《一千零一夜》等，都令儿童爱不释手，其中像安徒生的《卖火柴的小女孩》《丑小鸭》《拇指姑娘》更是儿童终生的记忆。

(四)比喻夸张,形象鲜明

寓言和童话都在故事中蕴含一定的道理,具有一定的现实意义和教育性,写作手法也多为借喻,使富有教育意义的主题或深刻的道理在一个个夸张的故事中得到揭示,在一个个鲜活生动的形象上得到体现。每一个优秀的故事都在讲述着一个令人警醒的人生哲理,我们在朗读之前必须认真理解,好好体会,感悟其中的道理,才能很好地用语言进行朗读表达。

二、课堂朗读

朗读寓言故事《狐狸和猴子》。

狐狸和猴子

金　江

河中间有个小土墩,墩子上长了一棵桃树,上面结了好多好多的大桃子。狐狸想吃桃了,可是过不了河。猴子也想吃桃子,可是也过不了河。

狐狸就和猴子商量:"哎,咱们一块儿架一座桥,过去摘了桃子,一人分一半,好吗?"

猴子说:"好啊!"就和狐狸一起去扛了一根大木头,搭了一座独木桥。这座桥太窄了,只能走过去一个人。

狐狸说:"让我先过去,你再过去吧。"狡猾的狐狸想自己吃桃子,一走过去就把木头推到河里了。他哈哈大笑起来,说:"猴子,请你回去吧,你吃不到桃子啦!"

猴子非常生气。可是,他马上也笑起来,说:"哈哈!你能吃到桃子,可是你永远也回不来啦!"

是啊,过河拆桥,是不会有好结果的。

三、蒙学经典——《千字文》(十一)

都邑华夏,东西二京。背邙面洛,浮渭据泾。

译文:

中国古代的都城华美壮观,有东京洛阳和西京长安。洛阳北靠邙山,南临洛水。长安北横渭水,远据泾河。

宫殿盘郁，楼观飞惊。图写禽兽，画彩仙灵。

译文：

京都的宫殿回环曲折，楼台宫阙凌空欲飞，令人惊叹。宫殿里画着珍禽异兽，还有彩绘的天仙神灵。

丙舍[①]旁启，甲帐[②]对楹。肆[③]筵设席，鼓瑟吹笙[④]。

注释：

① 丙舍：宫中正室两旁的房屋。

② 甲帐：汉武帝时所造的帐幕。

③ 肆：摆设。

④ 笙（shēng）：簧管乐器。《诗经·小雅·鹿鸣》："我有嘉宾，鼓瑟吹笙。"

译文：

正殿两边的配殿从侧面开启，豪华的帐幕对着高高的楹柱。宫殿里摆设丰盛的酒席，弹琴吹笙，一片欢腾。

升阶纳陛[①]，弁[②]转疑星。右通广内[③]，左达承明[④]。

注释：

① 陛（bì）：帝王宫殿的台阶。

② 弁（biàn）：古时的一种官帽，后泛指帽子。

③ 广内：汉宫廷藏书之所，指帝王书库。

④ 承明：古代天子左右路寝称承明。

译文：

官员们上下台阶互相祝酒，缀满珠玉的礼帽不停转动，就像满天的星斗闪烁。右面可以通向用来藏书的广内殿，左面可以通向朝臣休息的承明殿。

四、课后朗读

卖火柴的小女孩

［丹麦］汉斯·克里斯汀·安徒生著　叶君健译

天气冷得可怕。正在下雪，黑暗的夜幕开始垂下来了。这是这年最后的一夜——新年的前夕。在这样的寒冷和黑暗中，有一个光头赤脚的小女孩正在街上走着。是的，她离开家的时候还穿着一双拖鞋，但那又有什么用呢？那是一双非常大的拖鞋——那么大，最近她妈妈一直在穿着。当她匆忙地越过街道的时候，两辆马车飞奔过来，弄得小姑娘把鞋跑落了。有一只她怎样也寻不到，另一只又被一个男孩子捡起来，拿着逃走了。男孩子还说，等他将来有孩子的时候，可以把它当作一个摇篮来使用。

现在小姑娘只好赤着一双小脚走，小脚已经冻得发红发青了。她有许多火柴包在一个旧围裙里，她手中还拿着一扎。这一整天谁也没有向她买过一根，谁也没有给她一个铜板。

可怜的小姑娘！她又饿又冻地向前走，简直是一幅愁苦的画面。雪花落到她金黄的长头发上——它卷曲地散落在她的肩上，看上去非常美丽。不过她并没有想到自己漂亮。所有的窗子都射出光来，街上飘着一股烤鹅肉的香味。的确，这是除夕。她在想这件事情。

那儿有两座房子，其中一座房子比另一座更向街心伸出一点，她便在这个墙角里坐下来，缩作一团。她把一双小脚也缩进来，不过她感到更冷。她不敢回家里去，因为她没有卖掉一根火柴，没有赚到一个铜板。她的父亲一定会打她，而且家里也是很冷的，因为他们头上只有一个可以灌进风来的屋顶，虽然最大的裂口已经用草和破布堵住了。

她的一双小手几乎冻僵了。唉！哪怕一根小火柴对她也是有好处的。只要她敢抽出一根来，在墙上擦着了，就可以暖暖手！最后她抽出一根来了。哧！它燃起来了，冒出火光来了！当她把手覆在上面的时候，它便变成了一朵温暖、光明的火焰，像是一根小小的蜡烛。这是一道美丽的火光！小姑娘觉得真像坐在一个铁火炉旁边一样：它有光亮的黄铜圆捏手和黄铜炉身，火烧得那么欢，那么暖，那么美！唉，这是怎么一回事儿？当小姑娘刚刚伸出一双脚，打算暖一暖脚的时候，火焰就忽然熄灭了！火炉也不见了。她坐在那儿，手中只有烧过了的火柴。

她又擦了一根。它燃起来了，发出光来了。墙上有亮光照着的那块地方，现在变得透明，像一片薄纱。她可以看到房间里的东西：桌上铺着雪白的台布，上面有精致的碗盘，填满了梅子、苹果和冒着香气的烤鹅。更美妙的事情是：这只鹅从盘子里跳出来了，背上插着刀叉，蹒跚地在地上走着，一直向这个穷苦的小姑娘面前走来。这时火柴就熄灭了，她面前只有一堵又厚又冷的墙。

她点了另一根火柴。现在她是坐在美丽的圣诞树下面。上次圣诞节时，她透过玻璃门，看到一个富有商人家里的一株圣诞树；可是现在这一株比那株还要大，还要美。它的绿枝上燃着几千支蜡烛，彩色的图画，跟橱窗里挂着的那些一样美丽，在向她眨眼。这个小姑娘把两只手伸过去，于是火柴就熄灭了。圣诞节的烛光越升越高。她看到它们现在变成了明亮的星星。这些星星有一颗落下来了，在天上划出一条长长的光线。

“现在又有一个什么人死去了。”小姑娘说。因为她的老祖母曾经说过：“天上落下一颗星，地上就有一个灵魂升到上帝那儿去了。”老祖母是唯一对她好的人，但是现在已经死了。

她在墙上又擦了一根火柴。它把四周都照亮了，在这光亮中老祖母出现了。她显得那么光明，那么温柔，那么和蔼。

“祖母！”小姑娘叫起来。“啊！请把我带走吧！我知道，这火柴一灭掉，你就会不见了，你就会像那个温暖的火炉、那只美丽的烤鹅、那棵幸福的圣诞树一样地不见了！”

于是她急忙把整束火柴中剩下的火柴都擦亮了，因为她非常想把祖母留住。这些火柴发出强烈的光芒，照得比大白天还要明朗。祖母从来没有像现在这样显得美丽和高大。她把小姑娘抱起来，搂到怀里。她们两人在光明和快乐中飞走了，越飞越高，飞到既没有寒冷，也没有饥饿，也没有忧愁的那块地方——她们是跟上帝在一起。

不过在一个寒冷的早晨，这个小姑娘却坐在一个墙角里，她的双颊通红，嘴唇发出微笑，她已经死了——在旧年的除夕冻死了。新年的太阳升起来了，照着她小小的尸体！她坐在那儿，手中还捏着火柴——其中有一扎差不多都烧光了。

“她想把自己暖和一下。”人们说。谁也不知道：她曾经看到过多么美丽的东西，她曾经是多么光荣地跟祖母一起，走到新年的幸福中去。

五、古诗赏读

饮 酒（其五）

［东晋］陶渊明

结庐在人境，而无车马喧。
问君何能尔？心远地自偏。
采菊东篱下，悠然见南山。
山气日夕佳，飞鸟相与还。
此中有真意，欲辨已忘言。

汉江临泛

［唐］王 维

楚塞三湘接，荆门九派通。
江流天地外，山色有无中。
郡邑浮前浦，波澜动远空。
襄阳好风日，留醉与山翁。

第六课
寓言童话的朗读

一、本课要点

（一）寓意明了清晰

在朗读之前，必须分析、理解寓言和童话中要讲的道理，明确寓意所指，确定准确的表达基调，要把通过人、动物、植物及各种事物构成的有趣故事与其中包含的道理有机地结合起来，使故事的寓意能清晰地显现出来。

（二）语气适当夸张

寓言和童话都是在讲故事，但这些故事中的人或事都有很强的虚构性，并不存在于现实生活中，作者又多用比喻、夸张、象征等修辞手法，这就要求朗读者的言语形式要与这些特点相符合。朗读者可以用适当夸张的语气来突出故事本身蕴含的讽刺性、哲理性，有效地增强故事的表现力。

（三）表达趣味盎然

寓言故事一般都短小精悍，故事情节虽为虚构，但趣味性很强。童话故事的情节尽管要复杂一些，但也都是非常有趣的故事。所以，在朗读的时候，朗读者需要根据内容和语义适当增加表达技巧的变化，适当增加“表演”成分，使表达更加生动有趣。

（四）语言鲜活生动

故事中的角色包含了人、动物、事物等，那些非人的“物”在故事中往往又被赋予了人的思维和语言，这给朗读者提供了更广阔的想象空间。人与物的结合使角色的色彩更为丰富，因此朗读者要突出语势、音色、音调的变化，大胆地通过语言的变化来塑造角色形象，使故事真正鲜活起来。

（五）讲述自然大方

朗读童话故事时，要注重故事的铺陈叙述，要以讲述的语气引人入胜地进入故事情节中，不要拿腔拿调。寓言故事也要以朴实大方的讲述为主，不赞成过于夸张的虚假表演，语言平实自然一些为好。

二、课堂朗读

朗读童话故事《穿长靴的猫》。

穿长靴的猫

［法］夏尔·佩罗著　戴望舒译

很久很久以前，一个贫穷的磨面匠死后留下了三个儿子。大儿子得到了爸爸留下的磨坊，二儿子得到了一头磨面的驴，但小儿子却只得到了一只猫。

“我们一定会好起来的。”猫对沮丧的小儿子说，“请给我一只大袋子和一双结实的长靴子。”于是，小儿子给猫准备了这些东西。

猫用那个大袋子在田野里捉了好多野兔，并且送去给国王，说：“这是卡拉巴公爵献给您的礼物。”其实“卡拉巴”是猫给小儿子随便取的名字。就这样，猫给国王送了很多次礼物。

有一天，国王和公主乘坐马车从河边经过。这时，猫便慌张地大叫道：“不好了！卡拉巴先生洗澡的时候，小偷偷走了他的衣服。”国王很同情卡拉巴，于是送给本就很英俊的小儿子一套很华丽的衣服。小儿子穿上显得更加英俊了。

公主都看呆了。国王邀请小儿子一起坐上了马车。猫跑在马车前边。看到前方割草的人，便威胁他们说：“国王来的时候就说这是卡拉巴先生的土地，否则的话我就把你们撕碎。”人们很害怕，国王来的时候，马上按照猫说的做了。国王非常吃惊，忍不住赞美道：“真是一片广阔的土地！”

猫又加快脚步往前跑，这次看到了一群收麦子的人，猫又同样威胁让他们说“这些都是卡拉巴先生的麦子”。国王来的时候，大家都按照猫说的告诉国王，因为他们都怕被猫杀了。国王感叹道：“真是厉害的人物。”

不久，猫到了吃人魔的城堡。这是一座很大很大的城堡。猫对魔鬼说：“听说你能变成狮子，真的吗？”“当然！”魔鬼说完马上变成了狮子。

“阿——欧”狮子大吼一声，猫马上抖成一团，说：“但是你变不成老鼠吧？”听猫这么一说，魔鬼马上变成了老鼠。猫扑过去，一口吞下了老鼠。

当国王的马车到达时，猫已在城堡外等着迎接他们：“欢迎来到卡拉巴公爵的城堡！”国王非常高兴地进入城堡，赞美道：“好一座壮观的城堡！”

客厅的桌上已经摆好了各种各样的美食，那是吃人魔为自己的客人准备的。吃完饭，国王说：“卡拉巴公爵，你愿意娶公主吗？公主好像也很喜欢你。”小儿子很高兴地接受了国王的提议。两人当天举行了婚礼。

据说后来猫也被封为了贵族！

三、蒙学经典——《千字文》（十二）

既集坟[①]典[②]，亦聚群英。杜稿钟隶，漆书壁经。

注释：

① 坟：《三坟》，记载三皇事迹的书稿。

② 典：《五典》，记载五帝事迹的书稿。

译文：

在广内殿、承明殿里，收藏了很多的典籍与名著，也汇聚着众多的文武英才。这里有杜度的草书手稿和钟繇（yóu）的隶书手稿，还有从汲县魏安厘王坟墓中发掘的用漆写的古书，以及汉代鲁恭王在曲阜孔庙墙壁内发现的古文经书。

府罗将相，路侠[①]槐卿。户封八县，家给千兵。

注释：

① 侠：同“夹”，指两侧站立。

译文：

宫廷内，将相依次排列；宫廷外，大夫公卿夹道站立。他们每户都有八县之广的封地，还配有众多的卫士。

四、课后朗读

海水的颜色（节选）

佚 名

很久很久以前，大地上树木成荫，动物们也很和谐，并且，海水是浅绿色的，甘甜可口，所有动物都喜欢来海边喝水。

有一天，上帝在天堂里觉得很无聊，便来到了凡间，他喝了口海水，心情大悦，便随手捏了一个人形泥巴，一不小心，海水洒到了泥巴上，那个泥巴小人居然活了！上帝很欣喜，便捏了成千上万个泥巴小人，洒上甘甜的海水，不一会儿，许多个泥巴小人就开始活蹦乱跳了。上帝为了不劳累，就赐予小人们繁殖的能力，并赐予他们美与丑的外表，还给他们取名为：金人。

做好所有事后，上帝就回到了天堂。

可他万万没想到，金人们很喜欢浪费资源，捕杀动物，就连最珍贵的凤凰都被他们捕杀完了，海水也因此变成了黄色，而且味道开始变咸了。当上帝知道这个消息时，他火冒三丈，把所有的金人都消灭了。

五、古诗赏读

少年行四首（其一）

［唐］王 维

新丰美酒斗十千，咸阳游侠多少年。
相逢意气为君饮，系马高楼垂柳边。

蜀 相

［唐］杜 甫

丞相祠堂何处寻？锦官城外柏森森。
映阶碧草自春色，隔叶黄鹂空好音。
三顾频烦天下计，两朝开济老臣心。
出师未捷身先死，长使英雄泪满襟。

单元拓展

绘本、寓言和童话看似浅显幼稚，但其中的童趣快乐和丰富的想象却可以给我们非常难得的感受。朗读这些作品就要激发自己的童心和灵感，大胆地享受童话世界的美好和无邪。

一、古诗朗读

泊船瓜洲

［宋］王安石

京口瓜洲一水间，钟山只隔数重山。
春风又绿江南岸，明月何时照我还？

饮湖上初晴后雨二首（其二）

［宋］苏　轼

水光潋滟晴方好，山色空蒙雨亦奇。
欲把西湖比西子，淡妆浓抹总相宜。

二、作品选读

萝卜回来了

方轶群

雪这么大，天气这么冷，地里、山上都盖满了雪。小白兔没有东西吃了，饿得很，他跑出门去找。

小白兔一面找一面想：雪这么大，天气这么冷，小猴在家里，一定也很饿。我找到了东西，去和他一起吃。

小白兔扒开雪，嘿，雪底下有两个萝卜。他多高兴呀！

小白兔抱着萝卜，跑到小猴家，敲敲门，没人答应。小白兔把门推开，屋里一个人没有。原来小猴不在家，也去找东西吃了。

小白兔就吃掉了小萝卜，把大萝卜放在桌子上。

这时候，小猴在雪地里找呀找，他一面找一面想：雪这么大，天气这么冷，小鹿在家里，一定也很饿。我找到了东西，去和他一起吃。

小猴扒开雪，嘿，雪底下有几颗花生。他多高兴呀！

小猴带着花生，向小鹿家跑去。跑过自己的家，看见门开着，他想：谁来过啦？

他走进屋子，看见萝卜，很奇怪，说："这是哪儿来的？"他想了想，知道是好朋友送来的，就说："把萝卜也带去，和小鹿一起吃！"

小猴跑到小鹿家，门关得紧紧的。他跳上窗台一看，屋子里一个人也没有。原来小鹿不在家，也去找东西吃了。

小猴就把萝卜放在窗台上。

这时候，小鹿在雪地里找呀找，他一面找一面想：雪这么大，天气这么冷，小熊在家里，一定也很饿。我找到了东西，去和他一起吃。

小鹿扒开雪，嘿，雪底下有一棵青菜。他多高兴呀！

小鹿提着青菜，向小熊家跑去。跑过自己的家，看见雪地上有许多脚印，他想：谁来过啦？

他走近屋子，看见窗台上有个萝卜，很奇怪，说："这是从哪儿来的？"他想了想，知道是好朋友送来给他吃的，就说："把萝卜也带去，和小熊一起吃！"

小鹿跑到小熊家，在门外叫："开门！开门！"屋子里没有人答应。原来小熊不在家，也去找东西吃了。

小鹿就把萝卜放在门口。

这时候，小熊在雪地里找呀找，他一面找一面想：雪这么大，天气这么冷，小白兔在家里，一定也很饿。我找到了东西，去和他一起吃。

小熊扒开雪，嘿，雪底下有一只白薯。他多高兴呀！

小熊拿着白薯，向小白兔家跑去。跑过自己的家，看见门口有个萝卜，他很奇怪，说："这是从哪儿来的？"他想了想，知道是好朋友送来给他吃的，就说："把萝卜也带去，和小白兔一起吃！"

小熊跑到小白兔家，轻轻推开门。这时候，小白兔吃饱了，睡得正甜哩。小熊不愿吵醒他，把萝卜轻轻放在小白兔的床边。

小白兔醒来，睁开眼睛一看：咦！萝卜回来了！他想了想，说："我知道了，是好朋友送来给我吃的。"

三、绘本选读

1. 绘本《第一次上街买东西》
2. 绘本《安的种子》

第三单元
诗歌散文　字字珠玑

朗读诗歌和散文是儿童的日常功课。记得有一位中学老师说过，学生是不是真的理解课文，只要听他读出来就知道了，朗读是检验语文教学成果最直接的手段。的确如此，只有多读、会读，才能体会这些文学作品的音韵美和意境美。在本单元中，我们将学习如何更好地朗读诗歌和散文，做到声情并茂，朗朗动听。

第一课
诗歌朗诵的特点

一、本课要点

诗歌是全部文学创作的源头，是世界上最古老、最基本的文学形式。诗歌是一种有节奏、有韵律并富有感情色彩的语言艺术，它的内容以抒情为主，语言高度凝练，描写想象丰富，韵律优美动听，句式富有节奏，往往以分行的句式呈现。朗诵者在对诗歌仔细分析和深刻感受后，通过有声语言把自己的思想情感表达出来。

（一）突出重点是为了落实诗歌的目的

因为诗歌用字精练，重点更要少而精，不宜散乱，不宜杂多，所以找准诗歌的重点和突出表达的目的非常关键。同时，重点的表达还要与非重点的表达形成相辅相成的主次对比关系，使重点更为突出醒目。

（二）确定基调是为了表明朗诵者的态度

基调是朗诵者表达全篇思想感情的总体色彩和分量，是朗诵者基本的情感态度。总体色彩和分量，就是朗诵者态度的轻重程度和情感的浓淡程度。基调不准确，就不知所感，就缺少了合理的变化。

（三）明确语气是为了彰显朗诵者的个性

语气是朗诵者思想和情感的具体表现。朗诵者语气中所透出的独特感受是鲜明的个性表达。语气不准确，就不知所言，就缺少了态度。

（四）注重韵律是为了展现诗歌的美感

韵律是诗歌的形态和味道，是诗歌内容与形式的融合。我们往往都是从平仄的起伏变化、对仗的匠心独运和韵脚的精巧严格中感受诗歌的层次感、感染力。有韵律的声音与诗意、诗情融合在一起，诗歌便有了诗味。如果失去了韵律，诗歌就很难被称为诗歌，诗歌中所蕴含的文字的音韵之美也就不复存在了。

二、课堂朗读

朗诵并分析诗歌《我是一条小河》。

我是一条小河

冯 至

我是一条小河，
我无心由你的身边绕过——
你无心把你彩霞般的影儿
投入了我软软的柔波。

我流过一座森林，
柔波便荡荡地
把那些碧翠的叶影儿
裁剪成你的裙裳。

我流过一座花丛，
柔波便粼粼地
把那些凄艳的花影儿
编织成你的花冠。

无奈呀，我终于流入了，
流入那无情的大海——
海上的风又厉，浪又狂，
吹折了花冠，击碎了裙裳！

我也随了海潮漂漾，

漂漾到无边的地方——
你那彩霞般的影儿
也和幻散了的彩霞一样！

冯至，原名冯承植，生于 1905 年，河北涿州人。主要作品有诗集《昨日之歌》《北游及其他》《十四行诗》等。

《我是一条小河》写于 1925 年，是一首格调幽婉、韵味浓烈的抒情诗。诗歌把“我”比作柔波荡漾的“小河”，流过森林、流过花丛、流入大海，这是小河的流程，也是抒情的线索，委婉地表达出对恋人的一往情深。“小河”“影儿”之间自然的联系，构思新颖。此外，诗人在语言艺术上也颇有功力，“荡荡地”“粼粼地”的“柔波”与后面“风又厉，浪又狂”的“大海”相映照。岸上景物在水中幻化为恋人的“裙裳”和“花冠”，与被“吹折”“击碎”“幻散”等词构成了诗情画意的意境美，增添了令人遐想的诗情。

《我是一条小河》是一首爱情诗。朗诵这样一首诗，就必须深深地沉浸在“小河”里，细细地感受内心的律动和对爱情的渴望。“我是一条小河，我无心由你的身边流过”，隐喻了“一见钟情”，只有含蓄深情的声音，才能表达出这样一份在热烈追求的爱情中隐含的无法成功的酸楚，这或许就是这首诗优美动人的内在核心。整首诗的基调没有大起大伏的情感宣泄，总有一点点忧伤和眷恋。“小河”最后流向大海，实际上写出了诗人内心的动荡感，即使流过“森林”，流过“花丛”，最终必然归于“大海”，这是自我无法控制的必然，是诗人无力抗争的必然。在无望的爱情体验中，一种热烈而又虚幻的感情表达，寄托了诗人对爱情的渴望和包容。

三、蒙学经典——《千字文》（十三）

高冠陪辇①，驱毂②振缨。世禄侈富，车驾肥轻。

注释：

① 辇（niǎn）：古时用人拉或推的车，这里专指帝王的车驾。

② 毂（gǔ）：泛指车。

译文：

大臣们戴着高高的礼帽陪着皇帝出行，驾着车马，缨带飘扬。他们的子孙承袭俸禄，家境豪富，出门时轻车肥马，春风得意。

策功茂实，勒碑刻铭。磻溪[1]伊尹，佐时阿衡[2]。

注释：

① 磻（pán）溪：指姜太公吕尚。

② 阿（ē）衡：商朝官名，相当于宰相。

译文：

朝廷记载了他们的功德，并刻在石碑上流传后世。周武王磻溪遇吕尚，尊他为“太公望”，伊尹辅佐时政，商汤王封他为“阿衡”。

四、课后朗读

送　别

李叔同

长亭外，古道边，芳草碧连天。
晚风拂柳笛声残，夕阳山外山。
天之涯，地之角，知交半零落。
一壶浊酒尽余欢，今宵别梦寒。
长亭外，古道边，芳草碧连天。
问君此去几时来，来时莫徘徊。
天之涯，地之角，知交半零落。
人生难得是欢聚，惟有别离多。

五、古诗赏读

画

［唐］王　维

远看山有色，近听水无声。
春去花还在，人来鸟不惊。

第二课
诗歌朗诵的要求

一、本课要点

诗歌的节奏、韵律和富有浓郁感情色彩的语言形式都存在于一行行诗句之中，是作者表达情感的一种艺术形式。所以，朗诵诗歌就是将心声外化，用艺术化的有声语言表情达意。

（一）理解感受要独特

诗歌多为高度凝练、个性鲜明的作品，必须逐字逐句反复斟酌，不仅要知道文字的表面意义，更要把握作品的内涵，挖掘出作品的真实语义，形成独特的个人感受。独特的感受至关重要，如果没有准确而独特的感受，就不可能表现出准确的语气，也很难形成鲜明的节奏。

（二）情声自如要贯通

诗歌就是诗人的呐喊，是诗人发自心底的声音。要把诗人激动的内心洋溢在朗读的声音中、体现在肢体上以及流露在表情里，要让身体的每一个细胞都随着朗读而热情跃动，切不可冷漠或平淡，也不能过于突出自我，表现自我。

诗歌本身就是情感的直接表达，所以在朗诵时，声音要随着朗诵者的内在思绪与情感而流动，声音与情感要和谐统一，给人以情声和谐、情意相连的感觉。所以，积极、主动、热情是朗诵诗歌的必然要求。

（三）音韵节奏要鲜明

一篇好的诗歌朗诵作品往往体现在朗诵者对整体节奏的把握和控制上，包括和谐的音韵、鲜明的节奏和优美的乐感。不论是严格的韵律或自由的抒发，诗歌总是力求诗句间的音韵和谐。在处理这些问题时，应特别关注影响诗歌节奏与乐感的关键部分，加以设计和放大，突出朗诵的节奏感与韵律美。

（四）音义形象要生动

我们听到的词语就是一个个具有独立意义和思想的音义形象，可以通过朗诵者传递出来的声音和朗诵者的感情态度来感知诗歌的意义。如果音义形象不生动，就会直接影响收听的效果，而音义形象是否生动，源于朗诵者对作品的理解是否深刻、感受是否独到和表达是否精准。

二、课堂朗读

朗诵并分析诗歌《相信未来》。

相信未来

食　指

当蜘蛛网无情地查封了我的炉台，
当灰烬的余烟叹息着贫困的悲哀，
我依然固执地铺平失望的灰烬，
用美丽的雪花写下：相信未来。

当我的紫葡萄化为深秋的露水，
当我的鲜花依偎在别人的情怀，
我依然固执地用凝霜的枯藤，
在凄凉的大地上写下：相信未来。

我要用手指那涌向天边的排浪，
我要用手掌那托起太阳的大海，
摇曳着曙光那枝温暖漂亮的笔杆，
用孩子的笔体写下：相信未来。

我之所以坚定地相信未来，

是我相信未来人们的眼睛——
她有拨开历史风尘的睫毛，
她有看透岁月篇章的瞳孔。

不管人们对于我们腐烂的皮肉，
那些迷途的惆怅、失败的苦痛，
是寄予感动的热泪、深切的同情，
还是给以轻蔑的微笑、辛辣的嘲讽。

我坚信人们对于我们的脊骨，
那无数次的探索、迷途、失败和成功，
一定会给予热情、客观、公正的评定，
是的，我焦急地等待着他们的评定。

朋友，坚定地相信未来吧，
相信不屈不挠的努力，
相信战胜死亡的年轻，
相信未来，热爱生命。

食指，原名郭路生，生于 1948 年，山东鱼台人。因母亲在行军途中分娩，所以起名路生。20 岁时，他写的《相信未来》《海洋三部曲》《这是四点零八分的北京》等以手抄本的形式在社会上广为流传。

《相信未来》写于 1968 年，正值“文革”狂热的巅峰时期，诗人在经历了“文革”初期的盲动之后，对这场政治运动已经有了一些较为清醒的看法，内心充满了失落、迷茫和悲哀，但他又不甘于轻易地放弃理想和希望。于是，希望与绝望的剧烈冲突在他的笔端流淌而出。

“蜘蛛网”“炉台”“余烟”“灰烬”等几个意象描绘了那个荒芜、穷困、艰难的时代，但是诗人坚持“用美丽的雪花写下：相信未来”，表达了不屈于现实的坚定信念。“紫葡萄”“深秋的露水”“鲜花”“别人的情怀”“凝霜的枯藤”写出了生命由鲜亮到黯淡、由饱满到枯竭的经历，而诗人“在凄凉的大地上写下：相信未来”的人格力量，强烈地震撼了读者的心灵。“我要用手指那涌向天边的排浪，我要用手掌那托起太阳的大海”，表现了诗人的满腔豪情。“摇曳着曙光那枝温暖漂亮的笔杆”极富想象力，“用孩子的笔体写下：相信未来”，表达了诗人的真挚和坦诚。全诗一咏三叹，“相信未来”的主旋律奏出了诗人心底的最强音，在读者心灵上投下一道希望的曙光。

接下来的三节，诗人将自己对“未来”的“相信”和对人类的清醒认识结合起来。诗人相信“未来人们的眼睛”能“拨开历史风尘”和“看透岁月篇章”。“腐烂的皮肉”“迷途的惆怅”“失败的苦痛”三个具体的形象和神情，传递着现实人们的种种苦态。“感动的热泪”“深切的同情”“轻蔑的微笑”“辛辣的嘲讽”四个细节，呈现出人们对过去历史的种种评价，形象传神。诗人坚信未来“人们对于我们的脊骨”“一定会给予热情、客观、公正的评定”，“脊骨”就是不屈的信念和探索的精神。也正是基于这种认识，诗人才毫不怀疑地“相信未来”，并且“焦急地等待着他们的评定”。最后一节，诗人满怀激情地鼓舞人们“相信不屈不挠的努力”“相信战胜死亡的年轻”“相信未来，热爱生命”。

全诗四行一节，在轻重音之间变化，朗诵时要注意这一特点。这首诗构思巧妙，语言质朴，朗诵的语言也要朴实大方，那种压抑和痛苦的吟咏不是虚情假意的哀叹，要真切地感受诗人坚定的信念。要以坚定为基调，以无时不在渴望和憧憬光明的未来为内在动力，以富有力量的声音表达出诗人的力量和信心。

三、蒙学经典——《千字文》（十四）

奄①宅曲阜，微②旦③孰营。桓公匡④合，济弱扶倾。

注释：

① 奄：古奄国。

② 微：没有，在这里表示假设，即如果没有。

③ 旦：周公姬旦。

④ 匡（kuāng）：救，匡正。

译文：

周成王占领了古奄国曲阜一带居住下来，如果没有周公姬旦辅政哪里能成？齐桓公为了匡正天下之乱，汇集各路诸侯，打着“帮助弱小”“拯救危亡”的旗号，出兵援助势单力薄的诸侯国。

绮①回汉惠，说②感武丁。俊乂③密勿④，多士寔⑤宁。

注释：

① 绮（qǐ）：绮里季。

② 说（yuè）：傅说。

③ 乂（yì）：贤才。

④ 密勿：勤勉，努力。

⑤ 寔：同“实”。

译文：

绮里季等商山四皓帮助汉惠帝夺回了太子之位，商君武丁在梦中见到了傅说，果然就找到了他，并任命其为宰相，辅佐国政。正是由于以上这些能人贤才的勤勉努力，国家才能富强安宁。

晋楚更霸，赵魏困横①。假途灭虢，践土会盟。

注释：

① 横：连横。

译文：

春秋时期，晋文公和楚庄王相继称霸，战国时期，赵国和魏国受困于秦国的连横之术。晋国向虞国借路而消灭虢国，晋文公在践土召集诸侯歃血会盟。

四、课后朗读

老树与烛光

金　波

一棵老树被伐倒了，

它实在太老了，
老得连呼吸都困难了，
它想：我完了。

一天清晨，
它听到汽车喇叭响，
睁眼一看，
它被运进了一家工厂。

它又听到机器的声音，
这声音把它切成许多小木条，
木条头上都戴上小红帽，
它成了无数的火柴。

此后，它就到了各地，
走进每个家庭，
关在小小的火柴盒里，
不知以后会怎样。

终于在一天夜里，
所有的火柴一齐划着了，
每根火柴点燃一支蜡烛，
哦，这是新年之夜。
烛火照着人们的脸，
每张脸都闪着光彩，
它们互相祝福，
祝福新的一岁。

老树发现自己并没有死，

它还活得十分年轻，
那千千万万的烛光，
就是它不息的生命之火。

五、古诗赏读

和张仆射塞下曲（其三）

［唐］卢　纶

月黑雁飞高，单于夜遁逃。
欲将轻骑逐，大雪满弓刀。

第三课 诗歌朗诵的技巧

一、本课要点

（一）状态要积极热情

朗诵状态就是心态。朗诵时的状态一定是不同于平时的生活交流或其他语言活动，这是一种艺术创作，是表演的心态，是要创造出具有审美价值的艺术作品的心态。所以，必须有强烈的愿望、真挚的情感和积极的表达。

（二）口腔要喷弹有力

朗诵不同于交际语言，需要朗诵者的语言更清晰、更有感染力，每一个音节都要适当展开一些，所以唇舌的控制力要得当。舌头是发音最活跃的器官，音节的衔接变化又要求舌头弹动有力、吐字如珠。因此，适当增加口腔的控制力是在正确用气发声的基础上对声音表现力的一种要求。

（三）语流要快慢有致

所谓语流，是把声音比喻成像流水一样有起伏波动，有快有慢。如果声音没有流动感和高低起伏，语言就没有了活力，就像一潭死水。朗诵的语流要做到快而不乱，慢而不断。在朗诵时，要拉开词语的距离，加大停顿和快速连接的对比变化。

（四）语势要起伏变化

语句行进的趋势和态势就叫作语势，是我们把握语气的总体表现形式。在朗诵时，抑扬顿挫是语势的起伏变化。语言的表现力只有在对比当中才能显现，所以语势的变化是为了体现和突出语言的意义，而不是为了哗众取宠。只有那些故弄玄虚或虚情假意的表达，才是卖弄技巧，装腔作势。

（五）声音要刚柔相济

声音的刚柔相济是朗诵艺术的美感要求，是不可轻视的语言艺术审美特征。声音的刚柔，不是指声音的大小、高低，而是指声音的强度。

二、课堂朗读

朗诵并分析诗歌《我爱这土地》。

我爱这土地

艾　青

假如我是一只鸟，
我也应该用嘶哑的喉咙歌唱：
这被暴风雨所打击着的土地，
这永远汹涌着我们的悲愤的河流，
这无止息地吹刮着的激怒的风，
和那来自林间的无比温柔的黎明……
——然后我死了，
连羽毛也腐烂在土地里面。
为什么我的眼里常含泪水？
因为我对这土地爱得深沉……

艾青，原名蒋正涵，出生于1910年，浙江金华人。主要作品有《大堰河——我的保姆》《黎明的通知》《太阳的话》等。

《我爱这土地》写于1938年，是一首慷慨激昂的爱国诗。朗诵这首诗时，一定要有激情，要像诗人一样充满对故土的深爱之情。这首诗的开篇是诗人的想象，是一种艺术化的表现手法，揭示了诗人内心的坚决——无论我是什么，我都要爱着我的土地！所以，吐字要音节明了，语言要铿锵有力，语速要快慢有致，形成鲜明的节奏变化。随着语势的起伏变化，声音的虚实结合更能增强诗歌的感染力。朗诵后面三句时，声音就要逐渐扬起，力度逐步增强，“激怒的风”扬收后，语势转为柔和缓慢，“黎明”在延长声中渐收，下一句坚定地另起一句，把那种满足的情愫表达出来。最后一句，是诗人对土地深切的表白，一定要深情，要发自肺腑，尤其是最后四个字“爱得深沉”，要尽量用低音区共鸣，送气量可大一些。

三、蒙学经典——《千字文》（十五）

何①遵约法，韩②弊③烦刑④。起翦颇牧，用军最精。

注释：

① 何：萧何。

② 韩：韩非。

③ 弊：困，作法自毙。

④ 烦刑：严酷的刑法。

译文：

萧何在汉高祖刘邦约法三章的基础上重新修订了汉朝的律法，韩非惨死在他自己所主张的严酷刑法下。秦国大将白起、王翦以及赵国良将廉颇、李牧，都是最精通兵法、善于用兵作战的人。

宣威沙漠，驰誉丹青。九州禹迹，百郡秦并。

译文：

两汉时，汉军曾多次与匈奴交战，他们的名声和威望传到北方的沙漠，他们的美名画像永远流传在千古史册之中。大禹为了治水，足迹遍布华夏九州，秦国兼并百郡而统一天下。

岳宗泰岱①，禅主云亭。雁门紫塞②，鸡田③赤城。

注释：

① 泰岱（dài）：泰山的别称，也叫“岱宗”“岱岳”。

② 紫塞（sài）：长城。

③ 鸡田：西北塞外地名，古代的驿站。

译文：

五岳以泰山为尊，历代帝王都在云山和亭山主持禅礼。雁门关山势险要，长城遥遥万里，鸡田是古代的驿站，天台赤城山是奇山。

四、课后朗读

寻找中国

时东兵

我——
在地图上寻找中国，
看到的是昂首高歌的雄鸡。
我在课本上寻找中国，
看到的是富饶美丽的大地。
我在古书上寻找中国，
看到的是一串串长长的年历。

我——
决定远航，
去寻找我心目中的中国。
跃过汹涌澎湃的黄河，
看到流淌千年的血液。
穿越一泻千里的长江，
亲吻滋润儿女的乳汁。
登上雄奇秀丽的五岳，
领略一览众山的神奇。
踏上蜿蜒曲折的长城，
感受壁垒浮云的巍峨。

我——
拾到片片甲骨，
读到尘封千年的历史。
打开卷卷竹简，
拭去跨越千年的尘埃。
奏响古老的琴弦，

聆听传播海内外的回声。
翻开酣畅淋漓的书法，
触摸入木三分的功力。

我——
看到的中国，
还有很多很多。
你若是问我的祖国，
我会自豪地告诉你，
她的名字叫——
中国。

五、古诗赏读

江　雪

［唐］柳宗元

千山鸟飞绝，万径人踪灭。
孤舟蓑笠翁，独钓寒江雪。

第四课
散文朗诵的特点

一、本课要点

散文是指不讲究韵律的散体文章，是一种文学体裁，包括杂文、随笔、游记等。现代散文是一种与小说、诗歌、戏剧并列的文学体裁。广义的散文是指除小说、诗歌、戏剧以外的所有具有文学性的散体文章，除了以议论抒情为主的散文，还包括通讯、报告文学、随笔杂文、回忆录、传记等。狭义的散文是指文艺性散文，它以记叙或抒情为主，是一种取材广泛、笔法灵活、篇幅短小、情文并茂的文学体裁。

（一）形散而神不散

“形散”是指散文取材广泛，不受时间和空间的限制，表现手法不拘一格，可以叙述事件的发展，可以描写人物形象，可以托物抒情，可以发表议论，而且作者可以根据内容自由调整，随意变化。“神不散”是指散文所要表达的主题必须明确而集中，无论散文的内容多么广泛，表现手法多么灵活，都是为了更好地表达主题。

（二）情感真挚

作者借助想象与联想，由此及彼、由浅入深、由实而虚的依次写来，可以融情于景，寄情于事，寓情于物，托物言志，表达真情实感，实现物与我的统一。

（三）语言优美凝练

优美是指散文的语言清新明丽，生动活泼，富于音乐感，行文如涓涓流水，叮咚有声，如娓娓而谈，情真意切。凝练是指散文的语言简洁质朴，自然流畅，寥寥数语就可以描绘出生动的形象，勾勒出动人的场景，显示出深远的意境。

二、课堂朗读

朗诵并分析散文《繁星》。

繁　星

巴　金

我爱月夜，但我也爱星天。从前在家乡，七八月的夜晚，在庭院里纳凉的时候，我最爱看天上密密麻麻的繁星。望着星天，我就会忘记一切，仿佛回到了母亲的怀里似的。

三年前在南京，我住的地方有一道后门，每晚我打开后门，便看见一个静寂的夜。下面是一片菜园，上面是星群密布的蓝天。星光在我们的肉眼里虽然微小，然而它使我们觉得光明无处不在。那时候我正在读一些关于天文学的书，也认得一些星星，好像它们就是我的朋友，它们常常在和我谈话一样。

如今在海上，每晚和繁星相对，我把它们认得很熟了。我躺在舱面上，仰望天空。深蓝色的天空里悬着无数半明半昧的星。船在动，星也在动，它们是这样低，真是摇摇欲坠呢！渐渐地我的眼睛模糊了，我好像看见无数萤火虫在我的周围飞舞。海上的夜是柔和的，是静寂的，是梦幻的。我望着那许多认识的星，我仿佛看见它们在对我霎眼，我仿佛听见它们在小声说话。这时我忘记了一切。在星的怀抱中我微笑着，我沉睡着，我觉得自己是一个小孩子，现在睡在母亲的怀里了。

有一夜，那个在哥伦波上船的英国人指给我看天上的巨人。他用手指着：那四颗明亮的星是头，下面的几颗是身子，这几颗是手，那几颗是腿和脚，还有三颗星算是腰带。经他这一番指点，我果然看清楚了那个天上的巨人。看，那个巨人还在跑呢！

巴金，原名李尧棠，生于 1904 年，四川成都人。主要作品有《激流三部曲》《爱情三部曲》《抗战三部曲》等。

《繁星》写于 1927 年 1 月，是作者赴法留学途中所作。1927 年 1 月 15

日，巴金乘坐法国轮船“昂热号”，从上海出发到法国巴黎。他去法国是为了学习经济学，向西方国家寻找真理，进一步研究无政府主义理论，考察欧洲的社会活动。

这篇散文语言朴实，亲切自然，缓缓道来的讲述感特别强，所以朗诵的语调应该是舒缓的，思念母亲和怀念祖国的情感基调也是明确的。朗诵时，要注意运用情景再现的手法描绘作品中的情景，由视向的变化引发情感的变化。作品静中有动、动中有静的行文表达，也需要朗诵者借助语势的多样性让有声语言更加生动。

三、蒙学经典——《千字文》（十六）

昆池①碣石②，巨野③洞庭。旷远绵邈④，岩岫杳冥⑤。

注释：

① 昆池：昆明滇池。

② 碣（jié）石：碣石山，位于河北乐亭县。

③ 巨野：古湖泽名，位于山东省巨野县。

④ 绵邈（miǎo）：连绵遥远的样子。

⑤ 杳冥（yǎo míng）：深远昏暗。

译文：

赏池赴昆明滇池，观海到河北碣石山，看泽去山东巨野，望湖上湖南洞庭。中国的土地辽阔遥远，江河源远流长，湖海无边无际，名山奇谷幽深秀丽，变化莫测，气象万千。

治本于农，务兹稼穑①。俶②载③南亩④，我艺黍稷⑤。

注释：

① 稼穑（jià sè）：种植，收割，泛指农业劳动。

② 俶（chù）：开始。

③ 载（zài）：从事。

④ 南亩：向阳的土地。

⑤ 黍稷（shǔ jì）：黄米（黏米）和小米。

译文：

农业是治国的根本，一定要做好播种与收获。一年的农活该开始干起来了，种植着黄米和小米等农作物。

税熟贡新，劝赏黜①陟②。孟轲敦素，史鱼③秉直。

注释：

① 黜（chù）：贬职，罢免。

② 陟（zhì）：晋升，奖励。

③ 史鱼：史官子鱼。

译文：

刚成熟的粮食就要交税进贡给朝廷，庄稼种得好的受到表彰和赏赐，种得不好的就要受到处罚。孟子禀性敦厚朴素，史官子鱼生性刚正不阿。

四、课后朗读

谈 生 命（节选）

冰 心

我不敢说生命是什么，我只能说生命像什么。

生命像向东流的一江春水，他从生命最高处发源，冰雪是他的前身。他聚集起许多细流，合成一股有力的洪涛，向下奔注，他曲折地穿过了悬崖峭壁，冲倒了层沙积土，挟卷着滚滚的沙石，快乐勇敢地流走，一路上他享受着他所遭遇的一切。有时候他遇到巉岩前阻，他愤激地奔腾了起来，怒吼着，回旋着，前波后浪地起伏催逼，直到他冲倒了这危崖，他才心平气和地一泻千里。有时候他经过了细细的平沙，斜阳芳草里，看见了夹岸红艳的桃花，他快乐而又羞怯，静静地流着，低低地吟唱着，轻轻地度过这一段浪漫的行程。有时候他遇到暴风雨，这激电，这迅雷，使他的心魂惊骇，疾风吹卷起他，大雨击打着他，他暂时浑浊了，扰乱了，而雨过天晴，只加给他许多新生的力量。有时候他遇到了晚霞和新月，向他照耀，向他投影，清冷中带些幽幽的温暖：这时他只想憩息，只想睡眠，而那股前进的力量，仍催逼着他向前走……

终于有一天，他远远地望见了大海，啊！他已到了行程的终结，这大海，使他屏息，使他低头，她多么辽阔，多么伟大！多么光明，又多么黑暗！大海庄严地伸出臂儿来接引他，他一声不响地流入她的怀里。他消融了，归化了，说不上快乐，也没有悲哀！也许有一天，他再从海上蓬蓬的雨点中升起，飞向西来，再形成一道江流，再冲倒两旁的石壁，再来寻夹岸的桃花。

五、古诗赏读

望 洞 庭

［唐］刘禹锡

湖光秋月两相和，潭面无风镜未磨。
遥望洞庭山水翠，白银盘里一青螺。

第五课
散文朗诵的要求

一、本课要点

（一）识得“文眼”

凡是构思精巧、富有意境或写得含蓄的散文，往往都有“文眼”。分析散文时，要全力找出能揭示全篇旨趣、有画龙点睛作用的“文眼”，以便领会作者写作的缘由与目的。“文眼”的设置因文而异，可以是一个字、一句话、一个细节、一缕情丝，乃至一景一物。

（二）抓住线索

结构是文章的骨架，线索是文章的脉络，二者是紧密联系的。抓住散文中的线索，便可对作者的思路了然于胸，不仅有助于理解作者的写作意图，也是对作者谋篇布局本领的鉴赏，从而透过散文“形散”的表象抓住其传神的精髓，遵循作者的思路，分析作品的立意。

（三）体会内容

散文常常托物寄意，为了使读者具体感受到作品的丰富内涵，作者常常对所写的事物进行细致的描绘和精心的刻画，就是所谓的“形得而神自来焉”。朗诵散文时，要抓住“形”的特点，由“形”见“神”，深入体会作品的内容。

（四）展开联想

丰富的联想，由此及彼，由浅入深，由实到虚，这样才能体会作品的神韵，领会作品的深刻道理。

（五）品味语言

散文的一大特色就是语言美。一篇好的散文，语言既凝练优美，又自由灵活。优美的散文，更是富于哲理、诗情、画意。品味散文的语言风格，就可以对散文的内容有更加深刻的理解。

二、课堂朗读

朗诵并分析散文《桂林山水》。

桂 林 山 水

陈　淼

人们都说："桂林山水甲天下。"我们乘着木船荡漾在漓江上，来观赏桂林的山水。

我看见过波澜壮阔的大海，观赏过水平如镜的西湖，却从没看见过漓江这样的水。漓江的水真静啊，静得让你感觉不到它在流动；漓江的水真清啊，清得可以看见江底的沙石；漓江的水真绿啊，绿得仿佛那是一块无瑕的翡翠。船桨激起微波，扩散出一道道水纹，才让你感觉到船在前进，岸在后移。

我攀登过峰峦雄伟的泰山，游览过红叶似火的香山，却从没看见过桂林这一带的山。桂林的山真奇啊，一座座拔地而起，各不相连，像老人，像巨象，像骆驼，奇峰罗列，形态万千；桂林的山真秀啊，像翠绿的屏障，像新生的竹笋，色彩明丽，倒映水中；桂林的山真险啊，危峰兀立，怪石嶙峋，好像一不小心就会栽倒下来。

这样的山围绕着这样的水，这样的水倒映着这样的山，再加上空中云雾迷蒙，山间绿树红花，江上竹筏小舟，让你感到像是走进了连绵不断的画卷，真是"舟行碧波上，人在画中游"。

陈淼，生于1927年，辽宁大连人。主要作品有《早晨集》《春雨集》《劳动姻缘》《炼钢工人》《红榜的故事》等。

《桂林山水》这篇散文从桂林的水静、水清、水绿、山奇、山秀、山险等特点进行描写，优美简练的语言，生动形象地展示了桂林山水的美景，作者对桂林山水的喜爱之情溢于言表。诗一般的语言，更增强了读者对桂林山水的想象。

朗诵这篇作品要注意三点：第一，进入情境的体验感，朗诵者的声音和情绪都要有身临其境的感觉；第二，对比性的语言变化，体现在朗诵者语势的起伏曲折上，其中“我看见过——”“我攀登过——”这两句后面的转折，不仅是语言句式的转换，更是情感表达的转折，在对比中表达出对桂林山水的赞美和喜爱；第三，抒情性的表达要真诚，对桂林山水的赞美是由衷的，不能因为诗化的语言很美就虚情假意地故作有感情，要讲究音韵的美，要讲究气息的变化，但更要注意情感的真诚，声音要注意虚实结合，情、声、气要统一。

三、蒙学经典——《千字文》（十七）

庶几①中庸，劳谦谨敕②。聆音察理，鉴貌辨色。

注释：

① 庶几：接近，差不多。

② 谨敕（chì）：谨慎。

译文：

做人要不偏不倚，持之以恒，尽可能合乎中庸之道，还要勤劳谦逊，谨慎小心。听人说话要审察其中的道理，与人交往要注意察言观色。

贻①厥②嘉猷③，勉其祗④植⑤。省躬讥诫，宠增抗⑥极。

注释：

① 贻（yí）：赠给，遗留。

② 厥（jué）：语气助词，其。

③ 猷（yóu）：计划，谋划。

④ 祗（zhī）：恭敬。

⑤ 植：志向，态度。

⑥ 抗：达到。

译文：

要给人家留下正确高明的忠告或建议，要勉励他人以恭敬谨慎的态度对待人生。听到别人的劝诫，一定要反省自身，备受恩宠也不要得意忘形，荣宠太过，就会达到极端，反而成了耻辱。

殆辱近耻，林皋幸即。两疏见机，解组[1]谁逼。

注释：

① 组：官印的绶带，代指官位。

译文：

如果面临危险和耻辱，就应及时退隐山林，或许可以幸免于祸。汉代疏广、疏受叔侄见机归隐，他们辞去官职是自己的选择，没有人逼迫。

四、课后朗读

孟加拉风光·西来达（节选）

［印度］拉宾德拉纳特·泰戈尔著　冰　心译

这几天，天气总在冬春之间摇摆。在早晨，也许，在北风扫掠之下，山和海都会发抖；在夜晚，又会和从月光里吹来的南风一同喜颤。

无疑地春天已经来临了。在长久中断之后，唤春从对岸的树林里又发出鸣声，人们的心也被唤醒了；夜色来临以后，可以听到村里的歌声；表示他们不再连忙地关起门窗，紧严地盖起被窝睡觉了。

今晚月亮正圆，她的圆大的脸从我左边的洞开的窗外向我凝视，仿佛在窥伺我的信中有没有批评她的话——她也许疑惑我们世人对于她的黑迹比她的光线更为关心。

一只鸟在河岸上“啼啼”地哀唤。河水似乎不再流动。河上没有一只船。岸上凝立的树林把不动的影子投在水面。天上的薄雾使得月亮看去像一只勉强睁开的倦眼。

从今起，夜晚会越来越黑暗了；而且当明天我从办公室回来的时候，这个月亮，我客中的良伴，将离我更远一些，她疑惑她昨夜是否聪明，这样地对我完全袒露出她的心，因此她又逐渐地把它掩盖起来。

在陌生和孤寂的地方，自然真正地变得亲切了。我确实忧虑了好几天，一想起月亮的圆时过去了，我将会每天更觉得寂寞了，觉得离家更远了。当我回到河边的时候，美和宁静将不再在那里等着我了，我必须在黑暗中回去。

无论如何，我要记载下来，今夜是个满月——是今年春天的第一次月圆。在此后的岁月里，我也许会回忆到这一晚上，回忆到河岸上“啼啼”的鸟叫，对岸船上闪烁的灯光，发亮的远伸的河水，河边树林的边缘所投下的模糊的阴影，和灿白的天空在我头上冷冷地发光。

五、古诗赏读

赋得古原草送别

［唐］白居易

离离原上草，一岁一枯荣。
野火烧不尽，春风吹又生。
远芳侵古道，晴翠接荒城。
又送王孙去，萋萋满别情。

第六课
散文朗诵的技巧

一、本课要点

（一）节奏舒缓，语势变化

朗诵散文之前，要阅读并分析作品，要逐句逐段分析作品的结构特点和立意，仔细体味作者的创作意图以及所要表达的心境。通过对作品细致的分析，明确创作意图、写作特点和主题立意之后，朗诵者要确定有声语言的情感基调，把握准确的语气和态度。同时，仔细揣摩作者的思路，把握行文的精髓。

（二）情声和谐，自然畅通

朗诵散文时，必须先使自己的心境融入作者所创造的意境之中，然后抒发对作品的内在感受，要让思绪、情感、语言自然融通，感觉声音是随气息自然地从心底流出，有一种畅达通透之感。

（三）言语贴切，富有乐感

散文的语言凝练优美、自由灵活且接近口语，因此朗诵时，声调的高低、强弱都要贴合文意，同时要兼顾听者的感受。节奏与速度的掌控和谐适度，可以突出语言的美感。

二、课堂朗读

朗诵并分析散文《山雨》。

山　雨

赵丽宏

来得突然——跟着那一阵阵湿润的山风，跟着那一缕缕轻盈的云雾，雨悄悄地来了。

先是听见它的声音，从很远的山林里传来，从很高的山坡上传来——

沙啦啦，沙啦啦……

像一曲无字的歌谣，神奇地从四面八方飘然而起，逐渐清晰起来，响亮起来，由远而近，由远而近……

雨声里，山中的每一块岩石、每一片树叶、每一丛绿草，都变成了奇妙无比的琴键。飘飘洒洒的雨丝是无数轻捷柔软的手指，弹奏出一首又一首优雅的小曲，每一个音符都带着幻想的色彩。

雨改变了山林颜色。阳光下，山林的色彩层次多得几乎难以辨认，有墨绿、翠绿，有淡青、金黄，也有火一般的红色。在雨中，所有色彩都融化在水淋淋的嫩绿之中，绿得耀眼，绿得透明。这清新的绿色仿佛在雨雾中流动，流进我的眼睛，流进我的心胸。

这雨中的绿色，在画家的调色板上是很难调出来的，然而只要见过这水淋淋的绿，便很难忘却。

不知在什么时候，雨，悄悄地停了。风也屏住了呼吸。山中一下变得非常幽静。远处，一只不知名的鸟儿开始啼啭起来，仿佛在倾吐着浴后的欢悦。近处，凝聚在树叶上的雨珠还往下滴着，滴落在路旁的小水洼中，发出异常清脆的音响——

丁——咚——丁——咚……

仿佛，是一场山雨的余韵。

赵丽宏，生于1952年，上海人。主要作品有《学步》《与象共舞》《山雨》《望月》等。

朗诵这篇散文，要抓住散文的行文顺序，分清层次。作者先从山雨的声音写起，把雨声描写得灵动而有个性，活泼而有韵律，在一种平时见怪不怪的习惯中，突然感受到作者发现的那种细节的美和声音的律动。接着，作者将文笔转到了山雨改变山林颜色的图画上，色彩斑斓的雨后山林跃然眼前。

然后，再写山雨的行动，来得突然，去得也突然，把我们常说的“山里的天气就像小孩子的脸”这样的俗语，用更直接、更明确的语言表达出来了。视线一转，抬眼远望，一只活灵活现的鸟儿跳进视线，侧耳倾听，雨珠滴落的声音是清脆的，让作品有了余音绕梁之感。

三、蒙学经典——《千字文》（十八）

索居闲处，沉默寂寥。求古寻论，散虑逍遥。

译文：

离群独居，悠闲度日，不谈是非，清静无为。探求古人古事，阅读至理名言，可以消除顾虑和杂念，活得逍遥自在。

欣奏①累遣，戚谢②欢招。渠荷的历③，园莽④抽条。

注释：

① 欣奏：就是奏欣，增加欢悦。

② 戚谢：就是谢戚，减少烦恼。

③ 的（dì）历：光彩鲜艳的样子。

④ 莽：茂盛的草，泛指草木。

译文：

喜悦欣喜增加了，劳累牵挂就排除了，烦恼减少了，开心快乐就来了。池塘中的荷花开得多么鲜艳，园里的草木抽出了嫩绿的枝条。

枇杷晚翠，梧桐蚤①凋。陈根委翳②，落叶飘摇。

注释：

① 蚤（zǎo）：同“早”。

② 委翳（yì）：萎缩枯死。

今译：

枇杷树的叶子到了冬天还是绿的，而梧桐树的叶子一到秋天就早早凋落了。老树根萎缩枯死，落叶在秋风里飘荡飞舞。

四、课后朗读

儿时的季节

白　桦

昨儿还热得像初夏，今儿就入冬了。我突然想到今年好像缺了点什么，可到底缺了点什么呢？闭上眼睛想想，啊！对了，是蟋蟀。为什么没有听见蟋蟀的歌吟天就冷了呢？再想想，不觉哑然失笑，我怎么会想到蟋蟀呢？真是返老还童！这是儿时的感觉呀！

我记得，儿时的季节不是按春夏秋冬的顺序排定的。春天是燕子季，夏天是蝈蝈季，秋天是蟋蟀季，冬天是乌鸦季。我的童年都是在故乡小城里度过的，从家里走出来几分钟就是城门，出了城门就是田野。即使是日本侵略军占领时期，季节也还是分明的。

燕子吱吱叫着飞来了，落在门楣上，偏着头揣摸着主人们的态度：今年还会让我们夫妻俩在这儿生儿育女吗？主人们善意的笑容使得它们欣喜若狂，立即千百次地飞来飞去，衔泥筑巢，忙碌不已——这就是我的燕子季。

孩子们成群结队地奔向刚刚返青的草地、树林和山溪，追逐蝴蝶，捕捞蝌蚪。当小燕子能够飞出巢，和老燕子一起捕捉小飞虫的时候，田垄的蝈蝈叫了。蝈蝈季宣告开始，孩子们更加放任和自由了。除了在水里打扑通的时间，就是编蝈蝈笼，捉蝈蝈，喂蝈蝈，赛蝈蝈。蝈蝈的热闹伴随着我所有的欢乐与痛苦。

当蝈蝈不再振翅欢唱的时候，墙缝里出现了新的、彻夜不倦的歌手，那就是蟋蟀。蟋蟀季更加热闹，它能够让孩子们忽略了桂花的清香，无视枫叶的艳丽。

白天，孩子们集中在街角里，竞相展示各自拥有的五虎上将，蟋蟀的战斗打得难舍难分。一天下来，有人欢喜有人愁。残兵败将虽然缺了胳膊断了腿，却因祸得福，有了自由，爬到某一块瓦片下寂寞地舔着自己的伤，连呻吟都没有，所以再也不会被征召入伍了。

夜间，我和孩子们不约而同地走进坟地。因为大家都认为坟地里的蟋蟀，十有八九都是猛将。那时我是个最怕鬼的人，但一听见蟋蟀的歌唱，就把鬼给忘掉了。我弯着腰，专心致志在侧耳倾听。从它们的音色和音量去发现赵子龙式的英雄。有时是为了复仇，像燕太子丹一样，苦苦地寻找着“荆轲”。有时是为了保持霸主地位，招募战略后备队。第二天又是一场场血腥的格斗。

夜晚越来越寂静了，一出门就冻得打哆嗦。在撒尿都尿不出一条直线来的时候，我——不但是我，所有的孩子对蟋蟀的热情都骤然冷却。田野渐渐空旷了，不知道哪儿来这么多的乌鸦，哇哇叫着在光秃秃的、收割完了的田地里迈着方步。大人们最反感这些黑色的鸟，听不得它们的喊叫。孩子们才不在乎呢！从家里偷点粮食装在衣袋里，在野外喂乌鸦，喂得很吝啬。与其说是喂，不如说是为了引诱它们越来越多地尾随在自己的身后，过过大军统帅的瘾。特别是落雪天，一个孩子率领一支黑色的大军，浩浩荡荡地在洁白的雪原上挺进。请想一想，那黑白分明的画面，多么威武！多么雄壮！又是多么美啊！

孩子们的季节不是按春夏秋冬的顺序排定的……看来今年（应该是许多年）缺少的不只是蟋蟀，还缺少燕子、蝈蝈、乌鸦以及曾经在童心中留下过无穷乐趣的一切……

五、古诗赏读

客　至

［唐］杜　甫

舍南舍北皆春水，但见群鸥日日来。
花径不曾缘客扫，蓬门今始为君开。
盘餐市远无兼味，樽酒家贫只旧醅。
肯与邻翁相对饮，隔篱呼取尽馀杯。

单元拓展

诗歌和散文是中华文化宝库中的精华，朗读这些作品是我们学习文化知识、接受美感教育必不可少的过程，也是朗读学习的重点内容。在本单元的拓展学习中，我们要运用所学的朗读技巧，认真朗读，细心体会，从中感受这些作品带给我们的滋养和美感。

一、古文朗读

答谢中书书

［南北朝］陶弘景

山川之美，古来共谈。高峰入云，清流见底。两岸石壁，五色交辉。青林翠竹，四时俱备。晓雾将歇，猿鸟乱鸣；夕日欲颓，沉鳞竞跃，实是欲界之仙都，自康乐以来，未复有能与其奇者。

陋室铭

［唐］刘禹锡

山不在高，有仙则名。水不在深，有龙则灵。斯是陋室，惟吾德馨。苔痕上阶绿，草色入帘青。谈笑有鸿儒，往来无白丁。可以调素琴，阅金经。无丝竹之乱耳，无案牍之劳形。南阳诸葛庐，西蜀子云亭。孔子云：何陋之有？

爱莲说

［宋］周敦颐

水陆草木之花，可爱者甚蕃。晋陶渊明独爱菊。自李唐来，世人甚爱牡丹。予独爱莲之出淤泥而不染，濯清涟而不妖，中通外直，不蔓不枝，香远益清，亭亭净植，可远观而不可亵玩焉。

予谓菊，花之隐逸者也；牡丹，花之富贵者也；莲，花之君子者也。噫！菊之爱，陶后鲜有闻。莲之爱，同予者何人？牡丹之爱，宜乎众矣！

二、作品选读

西溪的晴雨

郁达夫

西北风未起，蟹也不曾肥，我原晓得芦花总还没有白，前两星期，源宁来看了西湖，说他倒觉得有点失望，因为湖光山色，太整齐，太小巧，不够味儿。他开来的一张节目上，原有西溪的一项；恰巧第二天又下了微雨，秋原和我就主张微雨里下西溪，好叫源宁去尝一尝这西湖近旁的野趣。

天色是阴阴漠漠的一层，湿风吹来，有点儿冷，也有点儿香，香的是野草花的气息。车过方井旁边，自然又下车来，去看了一下那座天主圣教修士们的古墓。从墓门望进去，只是黑沉沉、冷冰冰的一个大洞，什么也看不见，鼻子里却闻吸到了一种霉灰的阴气。

把鼻子掀了两掀，耸了一耸肩膀，大家都说，可惜忘记带了电筒，但在下意识里，自然也有一种恐怖、不安和畏缩的心意，在那里作恶，直到了花坞的溪旁，走进窗明几净的静莲庵堂去坐下，喝了两碗清茶，这一些鬼胎，方才洗涤了个空空脱脱。

游西溪，本来是以松木场下船，带了酒盒行厨，慢慢儿地向西摇去为正宗。像我们那么高坐了汽车，飞鸣而过古荡、东岳，一个钟头要走百来里路的旅客，终于是难度的俗物，但是俗物也有俗益，你若坐在汽车里，引颈而向西向北一望。

直到湖州，只见一派空明，遥盖在淡绿成阴的斜平海上；这中间不见水，不见山，当然也不见人，只是渺渺茫茫，青青绿绿，远无岸，近亦无田园村落的一个大斜坡，过秦亭山后，一直到留下为止的那一条沿山大道上的景色，好处就在这里，尤其是当微雨朦胧，江南草长的春或秋的半中间。

从留下下船，回环曲折，一路向西向北，只在芦花浅水里打圈圈；圆桥茅舍，桑树蓼花，是本地的风光，还不足道；最古怪的，是剩在背后的一带湖上的青山，不知不觉，忽而又会得移上你的面前来，和你点一点头，又匆匆的别了。

摇船的少女，也总好算是西溪的一景；一个站在船尾把摇橹，一个坐在船头上使桨，身体一伸一俯，一往一来，和橹声的咿呀，水波的起落，凑合成一大又圆又曲的进行软调；游人到此，自然会想起瘦西湖边，竹西歌吹的闲情，而源宁昨天在漪园月下老人祠里求得的那枝灵签，仿佛是完全的应了，签诗的语文，是《风桑中》章末后的三句，叫作“期我乎桑中，要我乎上宫，送我乎淇之上矣”。

此后便到了交芦庵，上了弹指楼，因为是在雨里，带水拖泥，终于也感不到什么的大趣，但这一天向晚回来，在湖滨酒楼上放谈之下，源宁却一本正经地说：“今天的西溪，却比昨日的西湖，要好三倍。”

前天星期假日，日暖风和，并且在报上也曾看到了芦花怒放的消息；午后日斜，老龙夫妇，又来约去西溪，去的时候，太晚了一点，所以只在秋雪庵的弹指楼上，消磨了半日之半。

一片斜阳，反照在芦花浅渚的高头，花也并未怒放，树叶也不曾凋落，原不见秋，更不见雪，只是一味的晴明浩荡，飘飘然，浑浑然，洞贯了我们的肠腑。老僧无相，烧了面，泡了茶，更送来了酒，末后还拿出了纸和墨，我们看看日影下的北高峰，看看庵旁边的芦花荡，就问无相，花要几时才能全白？老僧操着缓慢的楚国口音，微笑着说：“总要到阴历十月的中间；若有月亮，更为出色。”说后，还提出了一个交换的条件，要我们到那时候，再去一玩，他当预备些精馔相待，聊当作润笔，可是今天的字，却非写不可，老龙写了“一剑横飞破六合，万家憔悴哭三吴”的十四个字，我也附和着抄了一副不知在哪里见过的联语“春梦有时来枕畔，夕阳依旧上帘钩”。

喝得酒醉醺醺，走下楼来，小河里起了晚烟，船中间满载了黑暗，龙妇又逸兴遄飞，不知上哪里去摸出了一枝洞箫来吹着。“其声呜呜然，如怨如慕，如泣如诉，余音袅袅，不绝如缕”，倒真有点像是七月既望，和东坡在赤壁的夜游。

第四单元
唐诗宋词　念念不忘

宋朝大诗人苏轼曾说："味摩诘之诗，诗中有画；观摩诘之画，画中有诗。"摩诘就是唐朝著名诗人、画家王维，他字摩诘，号摩诘居士。苏轼的评论反映了后人对唐诗宋词的品味和感受，诗人把他们对自然美的独特感受诉诸笔端，取景状物，意境深远的诗情画意就跃然纸上。但是，仅仅阅读这些富有神韵的文字还不够，必须大声朗读出来。只有这样，诗歌的音韵节奏才能活灵活现，诗歌的画面才能跃然眼前，诗歌的美妙意境才能生动呈现。在本单元的学习中，我们将学习唐诗宋词的基本常识和朗诵要求。

第一课
律诗的基本常识

一、本课要点

（一）什么是律诗

在中国古典文学形式中，有一种规矩严格的诗歌，被称为“律诗”。由于它完成在唐朝，所以唐朝人又称它为近体诗。那么，在这种诗体出现之前就有的诗歌体裁是古体诗。从格律要求来讲，凡是不受近体诗格律束缚的都是古体诗。所以，我们通常说的唐诗大体上分为古体诗和近体诗两大类。

古体诗分五古和七古：五古每句五字，句数不限；七古每句七字，句数不限，七古可以包含杂言诗。律诗分为五律和七律：五律每句五字，每首八句；七律每句七字，每首八句。

（二）律诗的条件

律诗的创作是有条件的，必须符合以下条件才能称为律诗。

1. 讲究平仄

一句中平仄相交错：每一句的第二、四、（六）个字的平仄要相交错。

句与句平仄相交错：单句平，双句仄；单句仄，双句平。

律诗的平仄，主要看偶数字，所以有“一三五不论，二四六分明”之说。尽管不全面，但对于现代人掌握古诗来说，还是很有概括性的。

2. 讲究押韵

律诗押韵必须是平声韵，而且必须押在偶数句，必须一韵到底，不能换韵。

3. 句式有规定

每首八句为基本形式，八句以上称为长律或排律，四句称为绝句。“绝”就是诗歌最起码的句数，是数量概念。八句律诗的声律，实际上是由两个四句律调重叠组成。

4. 必须有对仗

首尾两联不一定要对仗，但颔联和颈联必须对仗，即第三、第四句与第五、第六句必须对仗。

二、课堂朗读

朗诵并分析唐诗《春晓》。

春　晓

［唐］孟浩然

春眠不觉晓，处处闻啼鸟。
夜来风雨声，花落知多少。

这四句一定不是简单地描写春风、春雨，更多的是揭示诗人的心境，暗示着诗人从春天的喜悦中生发出的一丝担忧，给读者以无限的遐想。朱光潜先生在《诗论》中谈道：“诗的特殊功能就在以部分暗示全体，以片段情境唤起整个情境的意象和情趣。诗的好坏也就看它能否实现这个特殊功能。以极经济的语言唤起极丰富的意象和情趣就是‘含蓄’‘意在言外’‘情溢乎词’。”诗歌就是这样的艺术创作典范。

朗诵时，要认真体会诗人是如何将日常细节写入诗歌，要完全以自己的感受来吟诵春天的鸟啼带给人的喜悦以及一夜风雨带来的感伤。

三、蒙学经典——《千字文》（十九）

游鹍独运①，凌摩②绛霄③。耽读玩市，寓目囊④箱。

注释：

① 独运：独行。

② 凌摩：接近。

③ 绛霄：即赤霄，九霄之一，是天空的最高处。

④ 囊（náng）：口袋，书袋。

译文：

只有鲲鹏独自翱翔于蓝天之上，直冲高空，接近红霞赤霄。东汉的王充在街市的书店里沉迷于读书，眼睛注视的全是装书的书袋和书箱。

易輶①攸②畏，属耳③垣④墙。具膳餐饭，适口充肠。

注释：

① 輶（yóu）：一种轻便的车子。

② 攸（yōu）：所。

③ 属（zhǔ）耳：隔墙有耳。

④ 垣（yuán）：矮墙，也泛指围墙。

译文：

换了轻便的车子要注意危险，说话要防止隔墙有耳。日常的饭菜要口味适合，让人吃得饱。

饱饫①烹宰，饥厌②糟糠。亲戚故旧，老少异粮。

注释：

① 饫（yù）：饱足。

② 厌：满足。

译文：

吃饱的时候，再美味的鸡鸭鱼肉也没有胃口，饿的时候，只要有粗菜淡饭就很满足了。亲属、朋友来做客时，要盛情款待，老人、小孩的食物应该有所不同。

四、课后朗读

蜂

［唐］罗　隐

不论平地与山尖，无限风光尽被占。

采得百花成蜜后，为谁辛苦为谁甜。

五、古诗赏读

无 题

[唐]李商隐

相见时难别亦难，东风无力百花残。
春蚕到死丝方尽，蜡炬成灰泪始干。
晓镜但愁云鬓改，夜吟应觉月光寒。
蓬山此去无多路，青鸟殷勤为探看。

第二课
唐诗朗诵的特点

一、本课要点

（一）文字精练，语义精准

唐诗的文字都很精练，五言绝句只有20个字，但是这些诗歌的语义都很精深，词语的含义都很丰富。朗诵时，要充分理解、准确把握每一个词语在诗句中的具体含义。

（二）诗情画意，情景交融

"诗是有声的画，画是无声的诗。"唐诗非常讲究情景的描绘，往往是先写景后抒情，景物的描绘是为情感的抒发作铺垫，由此引发读者的共鸣。比如李白的《静夜思》，先描绘了夜晚的景物，由月夜引发了对故乡的思念之情。

（三）结构工整，韵律优美

诗歌的音乐性是通过语言本身的韵律呈现出来的，语言的停顿形成诗歌的节奏。朗诵时，要在诗歌工整对仗的结构中寻求变化，要在诗歌韵律中读出意味，否则就很容易在雷同的句式中形成相同的音韵格式。所以，我们主张一句之中必须有变化，两句之间不许有雷同。

（四）抑扬顿挫，韵味十足

在朗诵唐诗的时候，一定要严格按照韵律规范，句尾的韵脚要读得稳一些，音节要读得饱满一些。注意二五或四三格式的停顿位置，形成语义准确的抑扬顿挫。

二、课堂朗读

朗诵并分析唐诗《寻隐者不遇》。

寻隐者不遇

[唐]贾　岛

松下问童子，言师采药去。

只在此山中，云深不知处。

这首诗的特点是寓问于答。首句写寻者问童子，后三句都是童子的答话。诗人采用寓问于答的手法，写出了“我”“童子”“隐者”三个人物以及相互之间的关系，把寻访不遇的焦急心情描绘得淋漓尽致，有一种言外见意的艺术效果。朗诵时，要发挥想象力，设想诗人在问，童子在答，童子的语气要体现在诗句中。

三、蒙学经典——《千字文》（二十）

妾御①绩纺②，侍巾帷房③。纨④扇圆絜⑤，银烛炜煌。

注释：

① 御：从事。

② 绩纺：泛指纺纱。

③ 帷房：内室。

④ 纨（wán）：很细的丝织品。

⑤ 絜（jié）：同“洁”，干净。

译文：

妻妾婢女在家从事纺纱织麻的工作，还要整理好内室的布帛，照顾好主人。圆圆的绢扇洁白素雅，精美的白色蜡烛明亮辉煌。

昼眠夕寐，蓝笋①象床。弦歌酒宴，接杯举觞②。

注释：

① 笋（sǔn）：嫩竹皮，这里指席子。

② 觞（shāng）：酒杯。

译文：

白天小憩，晚上就寝，用的是青篾编成的席子和象牙雕屏的床榻。奏着乐，唱着歌，摆酒开宴，举杯敬酒，开怀畅饮。

矫手顿足，悦豫且康。嫡[1]后[2]嗣续，祭祀烝尝[3]。

注释：

① 嫡（dí）：古代正妻所生的儿子。

② 后：有继承权的嫡长子。

③ 烝（zhēng）尝：祭祀祖先的仪式有烝祭和尝祭等，泛指一年四季的祭祀活动。

译文：

情不自禁地手舞足蹈，真是又快乐又安康。子孙继承了祖先的基业，一年四季的祭祀活动不能懈怠。

四、课后朗读

夜宿山寺

［唐］李　白

危楼高百尺，手可摘星辰。
不敢高声语，恐惊天上人。

五、古诗赏读

酬乐天扬州初逢席上见赠

［唐］刘禹锡

巴山楚水凄凉地，二十三年弃置身。
怀旧空吟闻笛赋，到乡翻似烂柯人。
沉舟侧畔千帆过，病树前头万木春。
今日听君歌一曲，暂凭杯酒长精神。

第三课
唐诗朗诵的要求

一、本课要点

朗诵唐诗是要用声音表达诗歌的意境和美感，所以如何将诗歌的文字之美用声音之美表达出来就是唐诗朗诵的要求。

（一）状态积极，情感真挚

朗诵是当众进行表达的艺术形式，不同于我们日常生活中的交流对话，因此要有一种积极的状态，将作品朗诵出来，将自己的真情实感通过有声语言表达出来。

（二）口齿清楚，声音洪亮

朗诵唐诗时，要口齿清楚，声音响亮，诗歌的音韵旋律也要吐字归音圆润饱满。所以，一定要适当张大口腔，确保每个音节完整饱满。

（三）语势起伏，语气变化

由于唐诗格律的规定性，所以要在工整中寻求变化，不要因为都是二五或四三格式就把所有的诗歌读成一个模式，语势一定要根据诗歌的语义和意境的变化而变化。但要记住，语势的变化是为了表达诗歌的意境而形成的自然变化，而不是为了哗众取宠的表演，更不是为了卖弄技巧而装腔作势。

二、课堂朗读

朗诵并分析唐诗《闻官军收河南河北》。

闻官军收河南河北

［唐］杜　甫

剑外忽传收蓟北，初闻涕泪满衣裳。
却看妻子愁何在，漫卷诗书喜欲狂。
白日放歌须纵酒，青春作伴好还乡。
即从巴峡穿巫峡，便下襄阳向洛阳。

朗诵这首充满激情的诗歌，吐字归音的力度必须自然而然地加强，但是语速不能千篇一律，一味地快速就会大大削弱诗情诗意。那么如何控制速度呢？就要掌握整首诗的节奏。

开头听闻喜讯的情绪饱满激动，但语速不宜快，要稍慢一点；第二、三句写喜悦的心情和表现，更显激动，声音上扬，但语速不能加快，音节还要拓开扬起；从“白日放歌须纵酒”这一句开始，语速才逐渐加快。语势的起伏变化体现在这快慢变化的节奏之中，声音的刚柔变化也随情绪的变化而变化。

三、蒙学经典——《千字文》（二十一）

稽颡①再拜，悚惧恐惶。笺②牒③简要，顾答审详。

注释：

① 稽颡（qǐ sǎng）：一种以额触地的跪拜礼，表示非常虔诚和感谢。

② 笺（jiān）：文书，书信。

③ 牒：用以书写的简札。

译文：

行跪拜大礼时，态度要惶恐而虔诚，礼仪要周全而恭敬。给人写的书信要简明扼要，回答别人的问题要审慎而周详。

骸①垢想浴，执热②愿凉。驴骡犊③特④，骇跃超⑤骧⑥。

注释：

① 骸（hái）：身体。

② 执热：拿着烫手的东西。

③ 犊（dú）：小牛，泛指牛。

④ 特：公牛。

⑤ 超：腾跃。

⑥ 骧（xiāng）：奔跑。

译文：

身上脏了就想洗个澡，拿着烫手的东西就希望它赶快冷却。驴子、骡子、小牛和公牛等大小牲口受到惊吓就会狂蹦乱跳，东奔西跑。

四、课后朗读

江南春绝句

［唐］杜　牧

千里莺啼绿映红，水村山郭酒旗风。

南朝四百八十寺，多少楼台烟雨中。

五、古诗赏读

独坐敬亭山

［唐］李　白

众鸟高飞尽，孤云独去闲。

相看两不厌，只有敬亭山。

第四课
宋词的基本常识

一、本课要点

（一）词调

词调是指词的腔调，就是歌谱，有一定音律，节奏属于某种宫调的乐谱。宫调就是律调，限定乐器声调的高下，包括七音和十二律。

（二）词牌

词牌是指词调的名称。每一首词都有一个词牌，词人按照词牌对词调的规定填写文字，所以写词也叫填词。比如“水调歌头”“蝶恋花”“清平乐”等都是词牌。

（三）词的种类

词的种类大致分为小令（字数小于等于 58 的词）、中调（字数大于等于 59 且小于 90 的词）、长调（字数大于等于 91 的词）。

（四）词的句式

绝大部分的词调是一首分为数段，其中分为两段的最多。一段就叫一“片”，也叫一“遍”，是音乐已经演奏了一遍，所以也叫一“阕”；分为两段的就称为上片和下片或上阕和下阕。

二、课堂朗读

朗诵并分析宋词《水调歌头·明月几时有》。

水调歌头·明月几时有

［宋］苏　轼

丙辰[①]中秋，欢饮达旦[②]，大醉，作此篇，兼怀子由[③]。

明月几时有？把酒[④]问青天。不知天上宫阙[⑤]，今夕是何年。我欲乘风归去[⑥]，又恐琼楼玉宇[⑦]，高处不胜[⑧]寒。起舞弄清影[⑨]，何似[⑩]在人间。

转朱阁，低绮户，照无眠[⑪]。不应有恨，何事长向别时圆[⑫]？人有悲欢离合，月有阴晴圆缺，此事[⑬]古难全。但愿人长久，千里共婵娟[⑭]。

注释：

① 丙辰：指公元 1076 年，这一年苏轼在密州任太守。 ② 达旦：到天亮。 ③ 子由：苏轼的弟弟苏辙。 ④ 把酒：端起酒杯。 ⑤ 天上宫阙（què）：指月中宫殿。 ⑥ 归去：回去，这里指回到月宫。 ⑦ 琼（qióng）楼玉宇：美玉砌成的楼宇，指想象中的仙宫。 ⑧ 不胜（shèng）：经受不住。 ⑨ 弄清影：月光下的身影也跟着摆出各种舞姿。 ⑩ 何似：哪里比得上。 ⑪ 转朱阁，低绮（qǐ）户，照无眠：月儿移动，转过了朱红色的楼阁，低低地挂在雕花的窗户上，照着没有睡意的人（指诗人自己）。 ⑫ 不应有恨，何事长（cháng）向别时圆：（月儿）不该（对人们）有什么怨恨吧，为什么偏在人们离别时才圆呢？ ⑬ 此事：指人的“欢”“合”和月的“晴”“圆”。 ⑭ 但愿人长久，千里共婵（chán）娟（juān）：只希望两人年年平安，虽然相隔千里，也能一起欣赏这美好的月光。

赏析：

这首词的小序不可少，交代了写作时间和写作缘由，叙述朴实自然。开篇的问句直至青天，声音的运用要有一定的距离感。“乘风归去”，惊为天人之语，要有充分的想象。诗人担心高处不胜寒，愿意在人间起舞弄清影，语气和节奏也要随着人的思绪的变化而变化。下阕从叙述转为说理，语重心长，发自肺腑的感慨归结为“但愿人长久，千里共婵娟”的千古绝唱。

三、蒙学经典——《千字文》（二十二）

诛斩贼盗，捕获叛亡。布[①]射僚[②]丸，嵇[③]琴阮[④]啸。

注释：

① 布：吕布。

② 僚：熊宜僚。

③ 嵇（jī）：嵇康。

④ 阮（ruǎn）：阮籍。

译文：

官府诛杀盗贼，捕获背叛和逃亡的人。吕布善于射箭，熊宜僚善于抛丸，嵇康善于弹琴，阮籍善于长啸。

恬[①]笔伦[②]纸，钧[③]巧任[④]钓。释纷利俗，并皆佳妙。

注释：

① 恬（tián）：蒙恬。

② 伦：蔡伦。

③ 钧：马钧。

④ 任：任公子。

译文：

蒙恬制造了毛笔，蔡伦改进了造纸术，马钧制造了龙骨水车，任公子善于钓鱼。他们有的人善于为人解决纠纷，有的人善于发明创造，这些都是值得称赞的行为。

四、课后朗读

雨霖铃·寒蝉凄切

［宋］柳　永

寒蝉凄切[①]，对长亭[②]晚，骤雨初歇。都门[③]帐饮[④]无绪，留恋处，兰舟[⑤]催发。执手相看泪眼，竟无语凝噎[⑥]。念去去[⑦]，千里烟波，暮霭沉沉楚天阔[⑧]。

多情自古伤离别，更那堪，冷落清秋节！今宵酒醒何处？杨柳岸，晓风残月。此去经年，应是良辰好景虚设。便纵有千种风情[⑨]，更与何人说？

注释：

① 凄切：凄凉而悲哀。 ② 长亭：古代交通要道边供行人休息的亭子。 ③ 都门：国都之门，这里指北宋的国都汴京（今河南开封）。 ④ 帐饮：在郊外设置帷帐，设宴送别。 ⑤ 兰舟：指对船的美称。 ⑥ 凝噎：喉咙哽塞，欲语不出的样子。 ⑦ 去去：重复“去”字，表示行程遥远。 ⑧ 暮霭沉沉楚天阔：那夜雾沉沉的楚地天空竟是一望无边。 ⑨ 风情：指男女相爱之情，深情蜜意。

五、古诗赏读

蝶恋花·庭院深深深几许

［宋］欧阳修

庭院深深深几许[①]，杨柳堆烟[②]，帘幕无重数。玉勒雕鞍[③]游冶处[④]，楼高不见章台[⑤]路。

雨横[⑥]风狂三月暮，门掩黄昏，无计留春住。泪眼问花花不语，乱红[⑦]飞过秋千去。

注释：

① 几许：多少。 ② 堆烟：形容杨柳浓密。 ③ 玉勒雕鞍：形容车马豪华。 ④ 游冶处：歌楼妓院。 ⑤ 章台：西汉长安城街名。 ⑥ 雨横：急雨，骤雨。 ⑦ 乱红：形容各种花朵纷纷飘落的样子。

第五课
宋词朗诵的特点

一、本课要点

（一）突出的音乐性

“词”作为一种文学体裁，它的表达形式对朗读有制约作用。词本来就是歌词，必须按谱填写。作词要以文字的声调配合乐曲的声调，以文字本身的音乐性加强乐曲的音乐性。可见，音乐性是词与诗最大的区别。古人在字音上很讲究，按照“唇、牙、舌、齿、喉”五类发音部位，把字音分为五个部分，目的就是要加强词语的音乐性和情感的结合度。所以朗诵宋词时，必须注意音义和谐，讲究作品的音乐节奏。

（二）只抒情不叙事

诗与词还有一个明显的区别，那就是诗抒情也叙事，词只抒情不叙事。所以朗诵宋词时，必须把握好词的情感态度，尤其是词的上下阕通常是不同的情绪，要懂得如何转换。词的这一特点与其音乐性正好吻合，情感的抒发可以通过音乐的高低强弱得以充分展现，使文字的含义和整篇作品的情感达到高度和谐。

二、课堂朗读

朗诵并分析宋词《浣溪沙·一曲新词酒一杯》。

浣溪沙①·一曲新词酒一杯

［宋］晏　殊

一曲新词②酒一杯，去年天气旧③亭台。夕阳西下几时回④？

无可奈何[5]花落去，似曾相识[6]燕归来。小园香径独[7]徘徊[8]。

注释：

① 浣溪沙：原为唐玄宗时教坊曲名，后用为词牌名。 ② 新词：刚填好的词，指新歌。 ③ 旧：旧时。 ④ 夕阳西下几时回：西落的夕阳什么时候再回来？ ⑤ 无可奈何：不得已，没有办法。 ⑥ 似曾相识：形容见过的事物再度出现。 ⑦ 独：副词，用于谓语前，表示“独自”的意思。 ⑧ 徘徊：来回走。

赏析：

这首小令脍炙人口，一方面是因为语言流畅，明白如话，另一方面是因为这首词所蕴含的深广意境给人带来了哲理性启迪。

上阕是词人从对酒听歌的场景中引发感想而作，轻松流利的语言表现出词人由现实生活所触发的追忆，所以读“旧亭台”时，语气要适当加重，音节要适当延长，留出思索的空间。“夕阳西下几时回”是词人由衷的感叹，包含的情绪很复杂，既有对往昔时光的留恋，也有对美好事物重现的希望，朗读表达要深情。

下阕开头两句“无可奈何花落去，似曾相识燕归来”是这首词传唱于世的名句。花谢春去、时光流逝都是无法抗拒的自然规律，再怎么惋惜也没有用，所以说“无可奈何”，但是“似曾相识”带来的却是些许安慰、欣喜和希望。这两句将惋惜和欣慰交织在一起，让读者读出了生活哲理，也引发了词人“独徘徊”的深思和反省。朗读表达的核心是要用声音表现出自己对作品的内涵理解和具体感受。

三、蒙学经典——《千字文》（二十三）

毛施[1]淑姿，工[2]颦[3]妍[4]笑。年矢[5]每催，曦晖朗曜[6]。

注释：

① 毛施：指毛嫱（qiáng）和西施。

② 工：善。

③ 颦（pín）：皱眉。

④ 妍（yán）：美丽。

⑤ 矢（shǐ）：箭。

⑥ 曜（yào）：日光，照耀。

译文：

毛嫱和西施容貌美丽，皱着眉头都俏丽无比，一露笑容就更加动人。光阴如箭飞逝，频频催人珍惜时光，而太阳的光辉却永远照耀大地。

璇玑[①]悬斡[②]，晦魄[③]环照。指薪修祜[④]，永绥[⑤]吉劭[⑥]。

注释：

① 璇玑（xuán jī）：北斗七星的两颗星——天璇星和天玑星，此处用璇玑代表北斗七星。

② 斡（wò）：旋转。

③ 晦魄：农历每月初始的月光。

④ 修祜（hù）：造福，积德。

⑤ 绥（suí）：平安，安抚。

⑥ 劭（shào）：美好。

译文：

高悬的北斗七星随着四季变换而转动，微弱的月光却能照耀四海，洒遍人间每个角落。人的一生只有修福积德，才能像薪尽火传那样长存于永久，子孙后代才能永远安定、和平、吉祥、幸福。

四、课后朗读

醉花阴·薄雾浓云愁永昼

［宋］李清照

薄雾浓云愁永昼，瑞脑[①]消金兽。佳节又重阳[②]，玉枕纱厨[③]，半夜凉初透。

东篱[④]把酒黄昏后，有暗香盈袖。莫道不消魂，帘卷西风，人比黄花[⑤]瘦。

注释：

① 瑞脑：一种薰香名，俗称龙脑，即冰片。 ② 重阳：农历九月九日为重阳节。 ③ 纱厨：防蚊蝇的纱帐。 ④ 东篱：泛指采菊之地。 ⑤ 黄花：指菊花。

五、古诗赏读

卜算子[①]·咏梅

[宋]陆 游

驿外[②]断桥[③]边，寂寞[④]开无主[⑤]。已是黄昏独自愁，更著[⑥]风和雨。

无意[⑦]苦[⑧]争春[⑨]，一任[⑩]群芳[⑪]妒[⑫]。零落[⑬]成泥碾[⑭]作尘[⑮]，只有香如故。

注释：

① 卜（bǔ）算子：词牌名。 ② 驿（yì）外：荒僻、冷清之地。 ③ 断桥：残破的桥。 ④ 寂寞：孤单冷清。 ⑤ 无主：自生自灭，无人照管和玩赏。 ⑥ 更著（zhuó）：又遭到。 ⑦ 无意：不想，没有心思。 ⑧ 苦：尽力，竭力。 ⑨ 争春：与百花争奇斗艳，此指争权。 ⑩ 一任：全任，完全听凭。 ⑪ 群芳：群花，百花。 ⑫ 妒（dù）：嫉妒。 ⑬ 零落：凋谢，陨落。 ⑭ 碾（niǎn）：轧烂，压碎。 ⑮ 作尘：化作灰土。

第六课
宋词朗诵的要求

一、本课要点

（一）把握开头，稳进慢起

朗诵宋词时，开头要慢一些，既要尽量交代清楚为何而起，又要努力做到一鸣惊人，力争一下子就能抓住听众的耳朵和注意力；接着，语速要适当放缓，稳定地推进作品的发展。

（二）情发声动，语气贴切

声音是诗词等艺术语言表达的主要形式之一，是直接可感的，但是声音的变化一定要依托情感的变化。朗诵者的状态发生变化，才能形成准确的语气变化，这样的语气变化才会是贴切的。

（三）把控全篇，主次分明

朗诵宋词是在声音传播的过程中完成的，线性传播的特点使得听众不可能反复比较和思考，所以把控全篇和突出重点十分重要。主次分明既是作品内容的要求，也是表达技巧的要求。

（四）注重设计，激发灵感

我们承认朗诵是艺术创作，就必须尊重任何艺术创作都需要灵感的规律。朗诵时，一定要注重对作品的设计，这些设计就是要保证尽可能多地将自己对作品的独特感受表达出来，同时更好地激发自己的艺术灵感。

二、课堂朗读

朗诵并分析宋词《江城子·密州出猎》。

江城子[①]·密州出猎

[宋]苏 轼

老夫[②]聊[③]发少年狂[④]，左牵黄，右擎苍[⑤]，锦帽貂裘[⑥]，千骑卷平冈[⑦]。为报倾城随太守[⑧]，亲射虎，看孙郎[⑨]。

酒酣胸胆尚开张[⑩]，鬓[⑪]微霜，又何妨！持节云中，何日遣冯唐[⑫]？会[⑬]挽雕弓如满月，西北望，射天狼[⑭]。

注释：

① 江城子：词牌名。② 老夫：作者自称，时年三十八岁。③ 聊：姑且，暂且。④ 狂：狂妄。⑤ 左牵黄，右擎苍：左手牵着黄狗，右臂托起苍鹰，形容围猎时用以追捕猎物的架势。⑥ 锦帽貂裘：名词作动词，头戴着华美鲜艳的帽子。⑦ 千骑卷平冈：形容马多尘土飞扬，把山冈像卷席子一般掠过。⑧ 太守：古代州府的行政长官，指作者自己。⑨ 孙郎：孙权，这里借以自喻。⑩ 酒酣胸胆尚开张：尽情畅饮，胸怀开阔，胆气豪壮。⑪ 鬓：额角边的头发。⑫ 持节云中，何日遣冯唐：朝廷何日派遣冯唐去云中郡赦免魏尚的罪？ ⑬ 会：应当。⑭ 天狼：星名，这里引指侵犯北宋边境的辽国与西夏。

赏析：

这首词是苏轼豪放派的经典之作，整体的朗读基调要体现词人铿锵豪迈的爱国热情。

上阕描写出猎，通过体态、服饰的描写，塑造了一个年轻气盛、气宇轩昂的人物形象。在朗诵时，要注意形象刻画的生动传神，如“左牵黄”“右擎苍”，朗读时就要表现围猎时潇洒豪迈的雄姿。视线转到一个个随行的武士身上，他们打猎的服饰是“锦帽貂裘”，打猎的场面是“千骑卷平冈”，非常壮观。所以，朗读的声音就要大一些，气息要把声音多送出去一些，体现出“少年狂”的壮志豪情。

下阕写的是请战。起句“酒酣胸胆尚开张”要读出豪情满怀，“何日遣冯唐”表明词人希望到边疆抗敌的决心和勇气，最后一句勾画出一个挽弓劲射的英雄形象，朗读的语气一定要体现出英武豪迈、气概非凡的慷慨豪情。

三、蒙学经典——《千字文》（二十四）

矩步引领，俯仰廊庙。束带矜[1]庄，徘徊瞻眺。

注释：

① 矜（jīn）：自夸，自恃，指严肃庄重。

译文：

如此心地坦然，方可昂头迈步，一举一动都像在神圣的庙宇中一样仪表庄重。穿着要整齐端庄，举止从容，才能高瞻远瞩。

孤陋寡闻，愚蒙等诮[1]。谓语助者，焉哉乎也。

注释：

① 诮（qiào）：讥讽，嘲讽。

译文：

如果你学识浅薄，见闻不广，就不会明白这些道理，只能和愚昧无知的人一样让人耻笑。编完《千字文》乌发皆白，最后剩下“焉”“哉”“乎”“也”几个语气助词。

四、课后朗读

永遇乐·京口[1]北固亭怀古

［宋］辛弃疾

千古江山，英雄无觅孙仲谋[2]处。舞榭歌台[3]，风流总被雨打风吹去。斜阳草树，寻常巷陌[4]，人道寄奴[5]曾住。想当年，金戈铁马，气吞万里如虎[6]。

元嘉草草[7]，封狼居胥[8]，赢得[9]仓皇北顾。四十三年，望中犹记，烽火扬州路[10]。可堪[11]回首，佛狸[12]祠下，一片神鸦社鼓[13]。凭谁问，廉颇老矣，尚能饭否？

注释：

① 京口：古城名，今江苏镇江，因临京岘山、长江口而得名。 ② 孙仲谋：三国时的吴王孙权，字仲谋。 ③ 舞榭歌台：演出歌舞的台榭，这里代指孙权故宫。 ④ 寻常巷陌：普通的街道。 ⑤ 寄奴：南朝宋武帝刘裕小名。 ⑥ 想当年，金戈铁马，气吞万里如虎：回想当年，刘裕两次领兵北

伐，收复洛阳、长安等地的时候是何等威猛。⑦ 元嘉草草：刘裕的儿子刘义隆好大喜功，仓促北伐。⑧ 狼居胥：狼居胥山，在内蒙古自治区西北部。⑨ 赢得：剩得。⑩ 烽火扬州路：当年扬州地区到处都是抗击金兵南侵的战火烽烟。⑪ 可堪：表面意为可以忍受得了，实则怎能忍受得了。⑫ 佛（bì）狸：北魏太武帝拓跋焘小名佛狸。⑬ 一片神鸦社鼓：到了南宋时期，当地老百姓只把佛狸祠当作供奉神祇的地方，而不知道它过去曾是拓跋焘的行宫。

五、古诗赏读

满江红·怒发冲冠

［宋］岳　飞

怒发冲冠[①]，凭栏处、潇潇[②]雨歇。抬望眼，仰天长啸[③]，壮怀激烈。三十功名尘与土[④]，八千里路云和月[⑤]。莫等闲[⑥]，白了少年头，空悲切。

靖康耻[⑦]，犹未雪。臣子恨，何时灭。驾长车，踏破贺兰山缺。壮志饥餐胡虏肉，笑谈渴饮匈奴血。待从头，收拾旧山河，朝天阙[⑧]。

注释：

① 怒发冲冠：气得头发竖起，以至于将帽子顶起，形容愤怒至极。② 潇潇：形容雨势急骤。③ 长啸：大声呼叫。④ 三十功名尘与土：三十年来，虽已建立了一些功名，但如同尘土微不足道。⑤ 八千里路云和月：形容南征北战，路途遥远，披星戴月。⑥ 等闲：轻易，随便。⑦ 靖康耻：靖康二年（1127 年），金兵攻陷汴京，虏走徽、钦二帝。⑧ 朝天阙：朝见皇帝。

单元拓展

现在学读唐诗宋词不能只停留在记忆背诵，而是要更多地理解感受诗词的音韵美、节奏美、意境美，用诗化的语言浸润和滋养儿童的心灵。本单元的拓展学习中，为儿童提供了更多的学习机会和练习材料。

一、古诗朗读

白雪歌送武判官归京

［唐］岑　参

北风卷地白草折，胡天八月即飞雪。
忽如一夜春风来，千树万树梨花开。
散入珠帘湿罗幕，狐裘不暖锦衾薄。
将军角弓不得控，都护铁衣冷难着。
瀚海阑干百丈冰，愁云惨淡万里凝。
中军置酒饮归客，胡琴琵琶与羌笛。
纷纷暮雪下辕门，风掣红旗冻不翻。
轮台东门送君去，去时雪满天山路。
山回路转不见君，雪上空留马行处。

卖　炭　翁

［唐］白居易

卖炭翁，伐薪烧炭南山中。
满面尘灰烟火色，两鬓苍苍十指黑。

卖炭得钱何所营？身上衣裳口中食。
可怜身上衣正单，心忧炭贱愿天寒。
夜来城外一尺雪，晓驾炭车辗冰辙。
牛困人饥日已高，市南门外泥中歇。
翩翩两骑来是谁？黄衣使者白衫儿。
手把文书口称敕，回车叱牛牵向北。
一车炭，千余斤，宫使驱将惜不得。
半匹红纱一丈绫，系向牛头充炭直。

二、作品选读

渔家傲[①]·秋思

［宋］范仲淹

塞下秋来风景异[②]，衡阳雁去[③]无留意。四面边声[④]连角起，千嶂[⑤]里，长烟落日孤城闭。

浊酒一杯家万里，燕然未勒[⑥]归无计。羌管[⑦]悠悠霜满地，人不寐，将军白发征夫泪。

注释：

① 渔家傲：词牌名。 ② 塞下秋来风景异：秋天一来，西北边疆的景物与江南一带大有不同。 ③ 衡阳雁去："雁去衡阳"的倒语，指大雁离开这里飞往衡阳。 ④ 边声：指各种带有边境特色的声响，如号角、羌笛、马啸等。 ⑤ 千嶂：像屏障一般的群山。 ⑥ 燕然未勒：边患未平，功业未成。⑦ 羌（qiāng）管：羌笛，出自古代西部羌族的一种乐器。

声声慢·寻寻觅觅

［宋］李清照

寻寻觅觅[①]，冷冷清清，凄凄惨惨戚戚[②]。乍暖还寒[③]时候，最难将息[④]。三杯两盏淡酒，怎敌他[⑤]、晚来风急！雁过也，正伤心，却是旧时相识。

满地黄花堆积，憔悴损[⑥]，如今有谁堪摘？守着窗儿，独自怎生[⑦]得黑！梧桐更兼细雨，到黄昏、点点滴滴。这次第[⑧]，怎一个愁字了得[⑨]！

注释：

① 寻寻觅觅：指想把失去的一切都找回来，表现出非常空虚怅惘、迷茫失落的心态。② 凄凄惨惨戚戚：忧愁苦闷的样子。③ 乍暖还（huán）寒：指秋天的天气，忽然变暖，又转寒冷。④ 将息：旧时方言，指休养调理。⑤ 怎敌他：对付，抵挡。⑥ 损：表示程度极高。⑦ 怎生：怎样的。⑧ 这次第：这光景，这情形。⑨ 怎一个愁字了得：一个“愁”字怎么能概括得尽呢？

鹊桥仙[①]·纤云弄巧

［宋］秦　观

纤云[②]弄巧[③]，飞星传恨，银汉迢迢暗度[④]。金风玉露[⑤]一相逢，便胜却人间无数。

柔情似水，佳期如梦，忍顾[⑥]鹊桥归路。两情若是久长时，又岂在朝朝暮暮[⑦]。

注释：

① 鹊桥仙：词牌名。② 纤云：轻盈的云彩。③ 弄巧：指云彩在空中幻化成各种巧妙的花样。④ 暗度：悄悄渡过。⑤ 金风玉露：秋风白露。⑥ 忍顾：怎忍回头看。⑦ 朝朝暮暮：朝夕相聚。

附录

容易读错的200个字

1. 艾：① ài 方兴未艾　② yì 自怨自艾
2. 拗：① ào 拗口　② niù 执拗　③ ǎo 拗断
3. 泊：① bó 淡泊名利　② pō 湖泊
4. 匕：bǐ 匕首
5. 辟：① bì 复辟、辟邪　② pì 另辟蹊径、辟谣
6. 裨：① bì 大有裨益　② pí 偏裨
7. 泌：① bì 泌阳　② mì 分泌
8. 秘：① bì 秘鲁　② mì 秘密
9. 臂：① bì 臂膀　② bei 胳臂
10. 背：① bèi 背水一战、背道而驰　② bēi 背负、背黑锅
11. 剥：① bāo 剥皮　② bō 剥削
12. 砭：biān 针砭
13. 扁：① biǎn 扁桃体　② piān 扁舟
14. 畚：běn 畚箕
15. 便：① biàn 方便、便利　② pián 大腹便便、便宜
16. 屏：① bǐng 屏除、屏气凝神　② píng 屏障、屏风
17. 笞：chī 鞭笞
18. 处：① chǔ 处境、处理　② chù 处所、人事处
19. 禅：① chán 参禅、禅宗　② shàn 禅让、封禅
20. 谄：chǎn 谄媚
21. 颤：① chàn 颤动　② zhàn 颤栗（同“战栗”）
22. 孱：① chán 孱弱　② càn 孱头
23. 裳：① cháng 霓裳羽衣　② shang 衣裳

24. 场：① cháng 一场雨　② chǎng 三场比赛
25. 称：① chèn 称职、匀称　② chēng 称兄道弟、拍手称快
26. 骋：chěng 驰骋
27. 憧：chōng 憧憬
28. 揣：① chuāi 揣着书　② chuǎi 揣测　③ chuài 挣揣
29. 啜：① chuài 姓氏　② chuò 啜茶
30. 参：① cān 参加　② shēn 人参　③ cēn 参差不齐
31. 汆：cuān 汆丸子
32. 答：① dá 答非所问　② dā 答应
33. 度：① dù 置之度外　② duó 审时度势
34. 叨：① dāo 唠叨　② dáo 叨咕　③ tāo 叨扰
35. 踮：diǎn 踮脚
36. 档：dàng 档案
37. 订：dìng 订正
38. 胴：dòng 胴体
39. 读：① dòu 句读　② dú 读书
40. 掇：duō 掇拾
41. 父：① fù 江东父老　② fǔ 渔父
42. 脯：① fǔ 肉脯　② pú 胸脯
43. 菲：① fēi 芳菲　② fěi 菲薄
44. 氛：fēn 氛围
45. 分：① fēn 分开、分辨　② fèn 分内、恰如其分
46. 否：① fǒu 否定　② pǐ 否极泰来
47. 噶：gá 准噶尔
48. 呱：① gū 呱呱坠地　② guā 呱嗒
49. 勾：① gōu 勾搭　② gòu 勾当
50. 给：① gěi 送给　② jǐ 供给、自给自足
51. 供：① gōng 供应　② gòng 供品
52. 红：① gōng 女红　② hóng 红色

53. 冠：① guān 怒发冲冠　② guàn 冠军
54. 诃：hē 契诃夫
55. 荷：① hé 荷花、荷尔蒙　② hè 荷枪实弹、电荷
56. 和：① hé 和平　② huó 和面　③ huò 和稀泥　④ hè 曲高和寡
57. 横：① héng 横冲直撞、横行霸道　② hèng 横财、横祸
58. 哄：① hōng 哄传、哄堂大笑　② hǒng 哄骗　③ hòng 一哄而散
59. 桦：huà 白桦树
60. 溃：① huì 溃脓　② kuì 溃决
61. 期：① jī 期年　② qī 期限
62. 缉：jī 通缉
63. 几：① jī 窗明几净　② jǐ 几何
64. 嫉：jí 嫉妒
65. 藉：① jí 杯盘狼藉　② jiè 慰藉
66. 给：① jǐ 给予　② gěi 送给
67. 脊：① jǐ 脊柱、脊梁　② ji 里脊
68. 绩：jì 成绩
69. 济：① jì 接济、无济于事　② jǐ 济南、人才济济
70. 贾：① jiǎ 姓氏　② gǔ 商贾
71. 渐：① jiān 渐染、东渐于海　② jiàn 渐进、防微杜渐
72. 睑：jiǎn 眼睑
73. 柬：jiǎn 请柬
74. 矫：jiǎo 矫枉过正
75. 槛：① jiàn 槛车　② kǎn 门槛
76. 嚼：① jiáo 细嚼慢咽　② jué 咀嚼
77. 角：① jiǎo 号角、直角　② jué 角斗、角逐
78. 缴：jiǎo 缴纳
79. 酵：jiào 发酵
80. 觉：① jué 觉悟　② jiào 睡觉
81. 禁：① jīn 禁受、弱不禁风　② jìn 禁忌、令行禁止

82. 劲：① jìn 劲头、费劲　② jìng 强劲、劲敌
83. 粳：jīng 粳米
84. 腈：jīng 腈纶
85. 茎：jīng 根茎
86. 颈：① jǐng 颈部　② gěng 脖颈子
87. 儆：jǐng 以儆效尤
88. 靓：① jìng 靓妆　② liàng 俊男靓女
89. 解：① jiě 解剖　② jiè 押解　③ xiè 姓氏
90. 矩：jǔ 循规蹈矩
91. 据：① jù 单据　② jū 拮据
92. 倨：jù 前倨后恭
93. 绢：juàn 手绢
94. 隽：① juàn 隽永　② jùn 隽秀
95. 龟：① jūn 龟裂　② guī 乌龟　③ qiū 龟兹（cí）
96. 壳：① ké 贝壳、脑壳　② qiào 地壳、金蝉脱壳
97. 倥：① kǒng 倥偬（zǒng）　② kōng 倥侗
98. 窥：kuī 窥探
99. 傀：① kuǐ 傀儡　② guī 傀然独立
100. 喇：① lā 呼喇（同“呼啦”）　② lá 哈喇子　③ lǎ 喇叭
101. 琅：láng 琅琅书声
102. 累：① léi 累赘　② lěi 累积　③ lèi 劳累
103. 擂：① lèi 擂台　② léi 自吹自擂
104. 量：① liáng 打量、思量　② liàng 气量、量体裁衣
105. 淋：① lín 淋浴　② lìn 淋病
106. 绿：① lǜ 绿色　② lù 绿林
107. 露：① lù 露骨、崭露头角　② lòu 露底、露馅
108. 落：① luò 落款　② lào 落枕　③ là 丢三落四
109. 埋：① mái 埋葬　② mán 埋怨
110. 脉：① mài 山脉　② mò 含情脉脉

111. 莽：mǎng 草莽
112. 扪：méng 扪心自问
113. 靡：① mǐ 披靡　② mí 奢靡
114. 缪：① miào 姓氏　② miù 纰缪　③ móu 未雨绸缪
115. 腼：miǎn 腼腆（tiǎn）
116. 酩：mǐng 酩酊（dǐng）
117. 模：① mó 模型、模仿　② mú 模板、模样
118. 抹：① mǒ 涂抹　② mò 抹墙　③ mā 抹布
119. 泥：① ní 泥淖　② nì 拘泥
120. 忸：niǔ 忸怩（ní）
121. 驽：① nú 驽马　② nǔ 弩弓
122. 难：① nàn 难民、大难临头　② nán 艰难、难听
123. 繁：① pó 姓氏　② fán 繁杂
124. 迫：① pò 迫害　② pǎi 迫击炮
125. 仆：① pú 仆人　② pū 前仆后继
126. 曝：① pù 曝晒　② bào 曝光
127. 坯：pī 土坯
128. 砒：pī 砒霜
129. 癖：pǐ 洁癖
130. 媲：pì 媲美
131. 睥：pì 睥睨
132. 炮：① pào 鞭炮　② páo 炮烙
133. 便：① pián 大腹便便　② biàn 方便
134. 剽：piāo 剽窃
135. 骠：① piào 骠勇　② biāo 黄骠马
136. 胖：① pàng 肥胖　② pán 心宽体胖
137. 蹊：qī 蹊跷
138. 畦：qí 菜畦
139. 奇：① qí 奇装异服　② jī 奇偶

140. 绮：qǐ 绮丽
141. 曲：① qū 曲折、曲意逢迎　② qǔ 元曲、歌曲
142. 蜷：quán 蜷缩
143. 卡：① qiǎ 卡壳、发卡、哨卡　② kǎ 卡尺、卡片、卡通
144. 悄：① qiāo 悄悄　② qiǎo 悄无声息
145. 翘：① qiáo 翘楚、翘首企盼　② qiào 翘尾巴
146. 潜：qián 潜伏
147. 强：① qiǎng 勉强　② qiáng 强大　③ jiàng 倔强
148. 襁：qiǎng 襁褓
149. 绕：rào 围绕
150. 妊：rèn 妊娠
151. 识：① shí 素不相识　② zhì 博闻强识
152. 宿：① sù 宿舍　② xiǔ 三天两宿　③ xiù 星宿
153. 塞：① sāi 瓶塞　② sè 搪塞
154. 髓：suǐ 精髓
155. 匙：① shi 钥匙　② chí 汤匙
156. 禅：① shàn 禅让　② chán 坐禅
157. 拾：① shí 拾金不昧　② shè 拾级而上
158. 数：① shù 数量　② shǔ 数落　③ shuò 数见不鲜
159. 说：① shuō 说长道短　② shuì 游说
160. 汤：① tāng 赴汤蹈火　② shāng 浩浩汤汤
161. 体：① tī 体己（ji）　② tǐ 体贴
162. 吐：① tǔ 谈吐　② tù 上吐下泻
163. 帖：① tiē 服帖　② tiě 请帖　③ tiè 字帖
164. 崴：① wǎi 崴脚　② wēi 崴嵬
165. 龌：wò 龌龊（chuò）
166. 纤：① xiān 纤维　② qiàn 纤夫
167. 鲜：① xiān 鲜明　② xiǎn 鲜见
168. 相：① xiāng 相互、相敬如宾　② xiàng 相片、首相

169. 巷：① xiàng 深巷　② hàng 巷道
170. 削：① xiāo 削铅笔、刀削面　② xuē 削弱、剥削
171. 叶：① xié 叶韵　② yè 树叶
172. 写：① xiě 写字　② xiè 写意
173. 臭：① xiù 乳臭未干　② chòu 臭名远扬
174. 眩：xuàn 眩晕
175. 畜：① xù 畜养、畜牧　② chù 牲畜、家畜
176. 轧：① yà 倾轧、轧棉花　② zhá 轧钢、冷轧　③ gá 人轧人、轧朋友
177. 遗：① yí 不遗余力　② wèi 遗之千金
178. 迤：① yí 逶迤　② yǐ 迤逦（lǐ）
179. 旖：yǐ 旖旎（nǐ）
180. 逾：yú 年逾古稀
181. 娱：yú 娱乐
182. 与：① yǔ 与日俱增　② yù 参与
183. 咽：① yān 咽喉　② yàn 狼吞虎咽　③ yè 哽咽
184. 筵：yán 筵席
185. 魇：yǎn 梦魇
186. 窈：yǎo 窈窕
187. 饮：① yǐn 饮恨　② yìn 饮马
188. 殷：① yīn 殷实　② yān 殷红
189. 荫：① yīn 树荫　② yìn 荫凉
190. 应：① yīng 应届　② yìng 答应
191. 晕：① yūn 头晕　② yùn 晕车
192. 熨：① yùn 熨斗　② yù 熨帖
193. 啧：zé 啧言
194. 择：① zé 选择、择偶　② zhái 择菜、择席
195. 载：① zài 载体、怨声载道　② zǎi 一年半载、登载
196. 扎：① zhā 扎堆　② zhá 挣扎　③ zā 扎染
197. 札：zhá 札记

198. 折：① zhé 骨折、折扣　② shé 折本、折耗

199. 浙：zhè 浙江

200. 只：① zhī 只身　② zhǐ 只管

千字文①

[南北朝]周兴嗣

tiān dì xuán huáng yǔ zhòu hóng huāng
天地玄黄，宇宙洪荒。

rì yuè yíng zè chén xiù liè zhāng
日月盈昃，辰宿列张。

hán lái shǔ wǎng qiū shōu dōng cáng
寒来暑往，秋收冬藏。

rùn yú chéng suì lǜ lǚ tiáo yáng
闰余成岁，律吕调阳。

yún téng zhì yǔ lù jié wéi shuāng
云腾致雨，露结为霜。

jīn shēng lì shuǐ yù chū kūn gāng
金生丽水，玉出昆冈。

jiàn hào jù què zhū chēng yè guāng
剑号巨阙，珠称夜光。

guǒ zhēn lǐ nài cài zhòng jiè jiāng
果珍李柰，菜重芥姜。

hǎi xián hé dàn lín qián yǔ xiáng
海咸河淡，鳞潜羽翔。

lóng shī huǒ dì niǎo guān rén huáng
龙师火帝，鸟官人皇。

① 本篇节选自中华书局《三字经·百家姓·千字文·弟子规诵读本》。

shǐ zhì wén zì nǎi fú yī cháng
始制文字，乃服衣裳。

tuī wèi ràng guó yǒu yú táo táng
推位让国，有虞陶唐。

diào mín fá zuì zhōu fā yīn tāng
吊民伐罪，周发殷汤。

zuò cháo wèn dào chuí gǒng píng zhāng
坐朝问道，垂拱平章。

ài yù lí shǒu chén fú róng qiāng
爱育黎首，臣伏戎羌。

xiá ěr yī tǐ shuài bīn guī wáng
遐迩一体，率宾归王。

míng fèng zài zhú bái jū shí chǎng
鸣凤在竹，白驹食场。

huà bèi cǎo mù lài jí wàn fāng
化被草木，赖及万方。

gài cǐ shēn fà sì dà wǔ cháng
盖此身发，四大五常。

gōng wéi jū yǎng qǐ gǎn huǐ shāng
恭惟鞠养，岂敢毁伤。

nǚ mù zhēn jié nán xiào cái liáng
女慕贞洁，男效才良。

zhī guò bì gǎi dé néng mò wàng
知过必改，得能莫忘。

wǎng tán bǐ duǎn mǐ shì jǐ cháng
罔谈彼短，靡恃己长。

xìn shǐ kě fù qì yù nán liáng
信使可覆，器欲难量。

mò bēi sī rǎn shī zàn gāo yáng
墨 悲 丝 染，诗 赞 羔 羊。

jǐng xíng wéi xián kè niàn zuò shèng
景 行 维 贤，克 念 作 圣。

dé jiàn míng lì xíng duān biǎo zhèng
德 建 名 立，形 端 表 正。

kōng gǔ chuán shēng xū táng xí tīng
空 谷 传 声，虚 堂 习 听。

huò yīn è jī fú yuán shàn qìng
祸 因 恶 积，福 缘 善 庆。

chǐ bì fēi bǎo cùn yīn shì jìng
尺 璧 非 宝，寸 阴 是 竞。

zī fù shì jūn yuē yán yǔ jìng
资 父 事 君，曰 严 与 敬。

xiào dāng jié lì zhōng zé jìn mìng
孝 当 竭 力，忠 则 尽 命。

lín shēn lǚ bó sù xīng wēn qìng
临 深 履 薄，夙 兴 温 清。

sì lán sī xīn rú sōng zhī shèng
似 兰 斯 馨，如 松 之 盛。

chuān liú bù xī yuān chéng qǔ yìng
川 流 不 息，渊 澄 取 映。

róng zhǐ ruò sī yán cí ān dìng
容 止 若 思，言 辞 安 定。

dǔ chū chéng měi shèn zhōng yí lìng
笃 初 诚 美，慎 终 宜 令。

róng yè suǒ jī jí shèn wú jìng
荣 业 所 基，籍 甚 无 竟。

xué	yōu	dēng	shì	shè	zhí	cóng	zhèng
学	优	登	仕，	摄	职	从	政。
cún	yǐ	gān	táng	qù	ér	yì	yǒng
存	以	甘	棠，	去	而	益	咏。
yuè	shū	guì	jiàn	lǐ	bié	zūn	bēi
乐	殊	贵	贱，	礼	别	尊	卑。
shàng	hé	xià	mù	fū	chàng	fù	suí
上	和	下	睦，	夫	唱	妇	随。
wài	shòu	fù	xùn	rù	fèng	mǔ	yí
外	受	傅	训，	入	奉	母	仪。
zhū	gū	bó	shū	yóu	zǐ	bǐ	ér
诸	姑	伯	叔，	犹	子	比	儿。
kǒng	huái	xiōng	dì	tóng	qì	lián	zhī
孔	怀	兄	弟，	同	气	连	枝。
jiāo	yǒu	tóu	fèn	qiē	mó	zhēn	guī
交	友	投	分，	切	磨	箴	规。
rén	cí	yǐn	cè	zào	cì	fú	lí
仁	慈	隐	恻，	造	次	弗	离。
jié	yì	lián	tuì	diān	pèi	fěi	kuī
节	义	廉	退，	颠	沛	匪	亏。
xìng	jìng	qíng	yì	xīn	dòng	shén	pí
性	静	情	逸，	心	动	神	疲。
shǒu	zhēn	zhì	mǎn	zhú	wù	yì	yí
守	真	志	满，	逐	物	意	移。
jiān	chí	yǎ	cāo	hǎo	jué	zì	mí
坚	持	雅	操，	好	爵	自	縻。

dū	yì	huá	xià	dōng	xī	èr	jīng
都	邑	华	夏，	东	西	二	京。

bèi máng miàn luò fú wèi jù jīng

背邙面洛，浮渭据泾。

gōng diàn pán yù lóu guàn fēi jīng

宫殿盘郁，楼观飞惊。

tú xiě qín shòu huà cǎi xiān líng

图写禽兽，画彩仙灵。

bǐng shè páng qǐ jiǎ zhàng duì yíng

丙舍旁启，甲帐对楹。

sì yán shè xí gǔ sè chuī shēng

肆筵设席，鼓瑟吹笙。

shēng jiē nà bì biàn zhuàn yí xīng

升阶纳陛，弁转疑星。

yòu tōng guǎng nèi zuǒ dá chéng míng

右通广内，左达承明。

jì jí fén diǎn yì jù qún yīng

既集坟典，亦聚群英。

dù gǎo zhōng lì qī shū bì jīng

杜稿钟隶，漆书壁经。

fǔ luó jiàng xiàng lù jiā huái qīng

府罗将相，路侠槐卿。

hù fēng bā xiàn jiā jǐ qiān bīng

户封八县，家给千兵。

gāo guān péi niǎn qū gǔ zhèn yīng

高冠陪辇，驱毂振缨。

shì lù chǐ fù chē jià féi qīng

世禄侈富，车驾肥轻。

cè gōng mào shí lè bēi kè míng

策功茂实，勒碑刻铭。

pán xī yī yǐn zuǒ shí ē héng
磻溪伊尹，佐时阿衡。

yǎn zhái qū fù wēi dàn shú yíng
奄宅曲阜，微旦孰营。

huán gōng kuāng hé jì ruò fú qīng
桓公匡合，济弱扶倾。

qǐ huí hàn huì yuè gǎn wǔ dīng
绮回汉惠，说感武丁。

jùn yì mì wù duō shì shí níng
俊乂密勿，多士寔宁。

jìn chǔ gēng bà zhào wèi kùn héng
晋楚更霸，赵魏困横。

jiǎ tú miè guó jiàn tǔ huì méng
假途灭虢，践土会盟。

hé zūn yuē fǎ hán bì fán xíng
何遵约法，韩弊烦刑。

qǐ jiǎn pō mù yòng jūn zuì jīng
起翦颇牧，用军最精。

xuān wēi shā mò chí yù dān qīng
宣威沙漠，驰誉丹青。

jiǔ zhōu yǔ jì bǎi jùn qín bìng
九州禹迹，百郡秦并。

yuè zōng tài dài shàn zhǔ yún tíng
岳宗泰岱，禅主云亭。

yàn mén zǐ sài jī tián chì chéng
雁门紫塞，鸡田赤城。

kūn chí jié shí jù yě dòng tíng
昆池碣石，巨野洞庭。

kuàng yuǎn mián miǎo yán xiù yǎo míng

旷 远 绵 邈，岩 岫 杳 冥。

zhì běn yú nóng wù zī jià sè

治 本 于 农，务 兹 稼 穑。

chù zài nán mǔ wǒ yì shǔ jì

俶 载 南 亩，我 艺 黍 稷。

shuì shú gòng xīn quàn shǎng chù zhì

税 熟 贡 新，劝 赏 黜 陟。

mèng kē dūn sù shǐ yú bǐng zhí

孟 轲 敦 素，史 鱼 秉 直。

shù jī zhōng yōng láo qiān jǐn chì

庶 几 中 庸，劳 谦 谨 敕。

líng yīn chá lǐ jiàn mào biàn sè

聆 音 察 理，鉴 貌 辨 色。

yí jué jiā yóu miǎn qí zhī zhí

贻 厥 嘉 猷，勉 其 祗 植。

xǐng gōng jī jiè chǒng zēng kàng jí

省 躬 讥 诫，宠 增 抗 极。

dài rǔ jìn chǐ lín gāo xìng jí

殆 辱 近 耻，林 皋 幸 即。

liǎng shū jiàn jī jiě zǔ shuí bī

两 疏 见 机，解 组 谁 逼。

suǒ jū xián chù chén mò jì liáo

索 居 闲 处，沉 默 寂 寥。

qiú gǔ xún lùn sàn lǜ xiāo yáo

求 古 寻 论，散 虑 逍 遥。

xīn zòu lèi qiǎn　qī xiè huān zhāo
欣奏累遣，戚谢欢招。

qú hé dì lì　yuán mǎng chōu tiáo
渠荷的历，园莽抽条。

pí pá wǎn cuì　wú tóng zǎo diāo
枇杷晚翠，梧桐蚤凋。

chén gēn wěi yì　luò yè piāo yáo
陈根委翳，落叶飘摇。

yóu kūn dú yùn　líng mó jiàng xiāo
游鹍独运，凌摩绛霄。

dān dú wán shì　yù mù náng xiāng
耽读玩市，寓目囊箱。

yì yóu yōu wèi　zhǔ ěr yuán qiáng
易輶攸畏，属耳垣墙。

jù shàn cān fàn　shì kǒu chōng cháng
具膳餐饭，适口充肠。

bǎo yù pēng zǎi　jī yàn zāo kāng
饱饫烹宰，饥厌糟糠。

qīn qī gù jiù　lǎo shào yì liáng
亲戚故旧，老少异粮。

qiè yù jì fǎng　shì jīn wéi fáng
妾御绩纺，侍巾帷房。

wán shàn yuán jié　yín zhú wěi huáng
纨扇圆洁，银烛炜煌。

zhòu mián xī mèi　lán sǔn xiàng chuáng
昼眠夕寐，蓝笋象床。

xián gē jiǔ yàn　jiē bēi jǔ shāng
弦歌酒宴，接杯举觞。

jiǎo shǒu dùn zú yuè yù qiě kāng
矫手顿足，悦豫且康。

dí hòu sì xù jì sì zhēng cháng
嫡后嗣续，祭祀烝尝。

qǐ sǎng zài bài sǒng jù kǒng huáng
稽颡再拜，悚惧恐惶。

jiān dié jiǎn yào gù dá shěn xiáng
笺牒简要，顾答审详。

hái gòu xiǎng yù zhí rè yuàn liáng
骸垢想浴，执热愿凉。

lǘ luó dú tè hài yuè chāo xiāng
驴骡犊特，骇跃超骧。

zhū zhǎn zéi dào bǔ huò pàn wáng
诛斩贼盗，捕获叛亡。

bù shè liáo wán jī qín ruǎn xiào
布射僚丸，嵇琴阮啸。

tián bǐ lún zhǐ jūn qiǎo rén diào
恬笔伦纸，钧巧任钓。

shì fēn lì sú bìng jiē jiā miào
释纷利俗，并皆佳妙。

máo shī shū zī gōng pín yán xiào
毛施淑姿，工颦妍笑。

nián shǐ měi cuī xī huī lǎng yào
年矢每催，曦晖朗曜。

xuán jī xuán wò huì pò huán zhào
璇玑悬斡，晦魄环照。

zhǐ xīn xiū hù yǒng suí jí shào
指薪修祜，永绥吉劭。

jǔ bù yǐn lǐng fǔ yǎng láng miào
矩步引领，俯仰廊庙。

shù dài jīn zhuāng pái huái zhān tiào
束带矜庄，徘徊瞻眺。

gū lòu guǎ wén yú méng děng qiào
孤陋寡闻，愚蒙等诮。

wèi yǔ zhù zhě yān zāi hū yě
谓语助者，焉哉乎也。

关于本书版权事宜的启示

图书在版编目（CIP）数据

声情并茂：有态度的声音 / 刘剑，吴晓蕾编著. — 上海:上海教育出版社, 2020.7
（开始朗读吧）
ISBN 978-7-5720-0246-5

Ⅰ. ①声… Ⅱ. ①刘… ②吴… Ⅲ. ①朗诵－语言艺术－儿童读物
Ⅳ. ①H019-49

中国版本图书馆CIP数据核字(2020)第133738号

责任编辑 公雯雯 袁 玲
装帧设计 周 吉

开始朗读吧
声情并茂：有态度的声音
刘 剑 吴晓蕾 编著

出版发行 上海教育出版社有限公司
官 网 www.seph.com.cn
地 址 上海市永福路123号
邮 编 200031
印 刷 上海展强印刷有限公司
开 本 787×1092 1/16 印张 26.25
字 数 402 千字
版 次 2020年8月第1版
印 次 2020年8月第1次印刷
书 号 ISBN 978-7-5720-0246-5/G·0192
定 价 108.00 元（全三册）

如发现质量问题，读者可向本社调换 电话：021-64377165

开始朗读吧

声动梁尘：字正腔圆的基本功

刘　剑　吴晓蕾　编著

上海教育出版社
SHANGHAI EDUCATIONAL
PUBLISHING HOUSE

目录

声音圆润、优美动听、语音标准规范是语言学习要达到的基础目标。我们将重点学习声母和韵母的发音要领和语音矫正。

第一单元 声音圆润 字字珠玑

我们说出的一连串音节，表达了词语的意义和说话者的情感。为了适应发音器官的运动，相邻音节常常会受到影响而发生变化，这就是语流音变。

第二单元 语流音变 声声入耳

气息是声音的动力之源，没有持久稳定的气息支撑，就不可能有优美动听、表现力强的声音。因此，气运才能声发，正确的呼吸方法是科学用声的基础。

第三单元
气运声发　息息相关

朗读是把自己对作品的感受外化为声音表达出来的语言艺术形式，这就对如何表达作品以及如何塑造角色形象提出了明确的要求。

第四单元
“声”动形象　栩栩如生

第一单元
声音圆润　字字珠玑

声音圆润、优美动听、语音标准规范是语言学习要达到的基础目标。大家都认为播音员的语音很标准、很规范，也都希望孩子们能像播音员一样字正腔圆地朗诵，声声入耳地讲述表达。但是又有多少人知道，这些赞美和羡慕都来自他们的科学训练和刻苦努力。

在本册教材中，我们将从声母和韵母的发音要领、难点、语音矫正以及语流音变等方面进行语音标准和规范的学习训练，我们还会讲解如何科学用声以及如何更好地用声音塑造角色。

本单元的学习内容将集中在声母和韵母的发音要领和语音矫正上。

第一课
单韵母发音和练习

一、本课要点

（一）单韵母的发音规范

汉语的单韵母包括 6 个主要元音和 3 个特殊元音，特殊元音我们按照拼音简化方案放入整体认读当中，与小学教学保持一致，不单独讲解。

主要元音的发音方法如下：

ɑ——舌位低，舌高点在中央，展唇，口大开；（拉、哈）

o——舌位次高，舌高点在后，次圆唇，口半闭；（波、摸）

e——舌位次高，舌高点在后，展唇，口半闭；（科、特）

i——舌位高，舌高点在前，展唇，口闭；（衣、批、集）

u——舌位高，舌高点在后，圆唇，口闭；（猪、估、呼）

ü——舌位高，舌高点在前，圆唇，口闭。（驴、女、率）

（二）单韵母的发音要领

1.“ɑ”的发音要领

嘴巴张大，舌头自然平放，声音响亮。

2.“o”的发音要领

嘴巴半开半闭，张得比“ɑ”小一些，口形拢圆，舌尖向后微缩，声音响亮。

3.“e”的发音要领

嘴角向两边咧开，唇形是扁扁的，嘴巴半开半闭，舌尖向后微缩。

4.“i”的发音要领

嘴巴近似闭拢，上下牙齿对齐，舌面前部抬高，接近硬腭，口形始终不变，声音响亮。

5.“u”的发音要领

口形拢圆，只留一个小孔，舌头向后缩，舌根抬起，发音口形不变。

6.“ü”的发音要领

舌位和“i”相同，口形拢圆，舌面前部抬高，接近硬腭，口形像在吹笛子。

二、课堂朗读

（一）单韵母发音练习

“a、o、e、i、u、ü”的发音要响亮悦耳。进行单韵母发音练习时，可以扩大声音的响度，让声音更加动听。

单韵母发音练习可分为单独发音练习和连续发音练习。

单独发音练习就是每一个都单独发音，要求发音响亮圆润。

连续发音练习要求一口气均匀、稳定地将6个单韵母全部读完，中间不能换气，注意唇形和舌头位置的变化对发音的影响，保证每一个单韵母发音清晰、稳定、完整。

（二）单韵母词语练习

了解了单韵母的发音要求，学会单独发音和连续发音后，要结合词语进行练习。在练习时，要求发音响亮，音节适当拉长，稍微夸张一些，把每个词语的调值都发到位。

a——拔河、爬山、马上、发达、大厦、塌陷、那里、拉开、嘎吱

o——波浪、播音、搏斗、玻璃、博士、菠萝、迫切、魄力、泼洒

e——德行、得到、特色、木讷、乐观、勒马、歌曲、鸽子、课堂

i——比赛、必须、皮肤、啤酒、谜语、秘密、第一、地下、体育

u——部队、浦东、母鸡、夫妻、读书、图画、努力、陆地、古诗

ü——女人、概率、绿色、旅店、屡次、驴车、履行、律师、过滤

（三）单韵母绕口令练习

要求语速缓慢，将声调读得充分饱满。

妈 妈 骂 马（ɑ）

妈妈种麻，我去放马。马吃了麻，妈妈骂马。

老伯伯和老婆婆（o）

山上住个老伯伯，山下住个老婆婆。

伯伯拔了许多大萝卜，婆婆蒸了许多大馍馍。

伯伯把萝卜送给婆婆，婆婆把馍馍送给伯伯。

阁 上 一 窝 鸽（e）

阁上一窝鸽，鸽渴叫咯咯。

哥哥登阁搁水给鸽喝，鸽喝水不渴不咯咯。

梨 和 泥（i）

树上有梨，地上有泥。风刮梨，梨落地。梨滚泥，泥沾梨。

小 木 屋（u）

北风呼呼呼，吹进林中小木屋。

掀动姑娘木桌上的书，看看姑娘在读什么书。

大鱼和小鱼（ü）

大渠养大鱼，小渠养小鱼。大渠大鱼吃小鱼，小渠小鱼怕大鱼。

三、蒙学经典——《三字经》（二十五）

xià yǒu yǔ shāng yǒu tāng

夏 有 禹，商 有 汤。

zhōu wén wǔ chēng sān wáng

周 文 武，称 三 王。

xià chuán zǐ jiā tiān xià
夏 传 子，家 天 下。
sì bǎi zǎi qiān xià shè
四 百 载，迁 夏 社。

注解：

夏商周，是现在考古证明的朝代。夏朝的第一位君主是禹，他治理水患，疏通九河，把洪水引入大海，老百姓都很拥戴他。夏禹、商汤、周文王、周武王因为贤能被尊称为“三王”，这三个朝代被儒家认为是天下为公的大同时代，他们都是各自朝代的圣王。

后来，禹原想把帝位传给伯益，依然遵循王位更替，采用推贤举能的方式。但是，由于禹的儿子启非常贤能，又有自己的拥戴者。在禹去世后，启和伯益发生了冲突，最后启获得了胜利，诸侯就拥戴启为天子。禅让的方式消失了，从此变成了家天下。夏朝传了 400 年，共传 14 代、17 个王。夏朝开启了中国的阶级社会，标志着中国原始社会基本结束，是中华文明史上重要的里程碑。

四、课后朗读

蝙蝠睡觉倒挂着

佚 名

蝙蝠是兽不是鸟，宽大羽翼连后脚。
腿部肌肉不发达，落在地面不能跑。
爬到高处攀峭壁，倒挂身子睡大觉。
遇到危险飞起来，展开皮膜能逃掉。

五、古诗赏读

所 见

［清］袁 枚

牧童骑黄牛，歌声振林樾。
意欲捕鸣蝉，忽然闭口立。

第二课
声母发音和练习（一）

一、本课要点

普通话有 21 个声母，“y、w”作为声母只是一种符号，它们的发音和“i、u”是一样的，如果算上这两个，普通话就有 23 个声母。

（一）声母的发音规范

1. 位置准确，字音正

声母的发音部位就是气流在口腔中受阻的位置。发音部位共有 7 处，让气流通过或破除这些位置的阻碍而形成的声音，就是我们要学习的声母发音。

双唇阻：b、p、m

唇齿阻：f

舌尖中阻：d、t、n、l

舌根阻：g、k、h

舌面阻：j、q、x

舌尖前阻：z、c、s

舌尖后阻：zh、ch、sh、r

2. 成阻有力，声不涩

声母的发音方法就是气流克服阻碍的方式，可以分为以下五种。

（1）塞音：成阻时，发音部位两点闭紧；持阻时，保持成阻不变；除阻时，打开口腔，气流透出。（b、p、d、t、g、k）

（2）擦音：成阻时，发音部位两点接近并留一道窄缝；持阻时，气流从

发音部位挤过，发出摩擦音；除阻时，摩擦音结束。（f、h、x、sh、r、s）

（3）塞擦音：先塞音，后擦音。（j、q、zh、ch、z、c）

（4）鼻音：成阻时，发音部位两点闭紧，口腔出气通路封闭；持阻时，软腭下垂，打开鼻腔通路，音波从鼻腔透出；除阻时，打开口腔，发音结束。（m、n）

（5）边音：成阻时，发音部位两点部分接触；持阻时，气流和音波从舌边透出；除阻时，打开口腔，发音结束。（l）

3．除阻轻快，气流畅

声母发音需要气流突破摩擦或绕过成阻点，为了使发音圆润优美，减少摩擦产生的噪音，除阻要轻快些，保持气流畅通。

练习时，一定要保证成阻的位置准确，要有气流通过成阻点的感觉。如果感觉不准，可以先从无声练习开始体会，先找准成阻的位置，练习摩擦音，感受气流通过成阻点的过程，有了体会后，再进行发音练习。

（二）声母的发音要领

1．“b”的发音要领

双唇紧闭，阻断气流，然后突然开口发音。

2．“p”的发音要领

双唇紧闭，突然分开，但是要把很强的气流喷出来，同时开口发音。

3．“m”的发音要领

双唇紧闭，让气流从鼻腔透出，先发鼻音，然后双唇再自然分开。

4．“f”的发音要领

上牙轻轻地放在下唇上，让气流从唇齿之间的小缝中挤出来，发出摩擦音，要读得轻而短。

5．“d”的发音要领

舌尖顶住上颚，堵住气流，然后舌尖突然离开，气流透出，要读得轻而短。

6．“t”的发音要领

舌尖顶住上颚，堵住气流，然后舌尖突然离开，气流猛地冲出。

7. “n”的发音要领

嘴巴微张，舌尖顶住上齿龈，堵住气流，让气流先到口腔，再到鼻腔，鼻腔出气发声。

8. “l”的发音要领

嘴巴微张，舌尖顶住上齿龈，比发“n”时稍后一点，气流从舌头两边透出，口腔出气发声。

9. “g”的发音要领

嘴巴微张，舌根顶住软腭，然后舌根突然离开，透出微弱的气流，口腔共鸣。

10. “k”的发音要领

嘴巴微张，舌根顶住软腭，然后舌根突然离开，透出较强的气流，要用力把气流送出来。

11. “h”的发音要领

嘴巴微张，舌根接近软腭，中间留一道窄缝，让气流从窄缝中间挤出。

二、课堂朗读

要求声母发音准确到位，除阻干净利索。

b——清波　碧玉　不知　白云　白日　白鹭　部队

p——爬坡　瀑布　破格　树皮　爬树　不怕　快跑

m——马车　鬓毛　漫天　慈母　牧场　米粉　秘密

f——发展　服务　枫叶　孤帆　飞行　方法　风雨

d——大地　老大　东吴　独立　低头　得分　抵抗

t——塔尖　探听　特殊　桃花　吐字　柳条　替补

n——拿手　逆行　浓密　能够　一年　江南　奴隶

l——乐土　绿水　离家　辣椒　凉州　柳树　录用

g——高效　故宫　阳关　歌词　故乡　光临　公关

k——空手　咖啡　空旷　刻苦　可口　空壳　客观

h——合伙　回乡　何处　黄河　呼唤　绘画　很好

三、蒙学经典——《三字经》(二十六)

tāng fá xià guó hào shāng
汤 伐 夏，国 号 商。
liù bǎi zǎi zhì zhòu wáng
六 百 载，至 纣 亡。
zhōu wǔ wáng shǐ zhū zhòu
周 武 王，始 诛 纣。
bā bǎi zǎi zuì cháng jiǔ
八 百 载，最 长 久。

注解：

夏桀是中国历史上有名的暴君，他荒淫残忍，开了女色误国的先河。原本商朝是夏朝的一个小国，在其首领商汤的带领下起兵讨伐夏朝，建立了新的王朝，国号商。商朝传了约 600 年，共 17 代、31 个王。传至纣王时，商朝灭亡。

周国当时是商朝西北部的一个小诸侯国，周文王是当时周国的国君。由于周文王行仁政，其他诸侯都来归附。直到周武王继位时，周武王联合诸侯国讨伐荒淫无道的纣王，建立了周朝。周朝前后延续约 800 年，是我国历史上年代最长久的王朝。周朝的第一位王应该是周武王，但历史上总是将文武并称。

四、课后朗读

同 情

[印度]拉宾德拉纳特·泰戈尔著 吴 岩译

如果我不是你的小孩，而只是一只小狗，亲爱的妈妈，我想吃你盘子里的食物时，你会对我说声“不”吗？

你会撵我走，对我说“走开，你这顽皮的小狗”吗？

如果这样，那我就走了，妈妈，走了！你叫唤我时，我就决不到你身边来，决不让你再来喂我吃东西了。

如果我不是你的小孩，而只是一只绿色小鹦鹉，亲爱的妈妈，你会用链子把我缚住，生怕我飞走吗？

你会对我指指点点地说“好一只不知感恩的鸟！它日日夜夜咬着链子”吗？

如果这样，那我就走了，妈妈，走了！我就一定逃到森林里去，我就决不让你再把我抱在怀里了。

五、古诗赏读

闻王昌龄左迁龙标遥有此寄

［唐］李　白

杨花落尽子规啼，闻道龙标过五溪。

我寄愁心与明月，随风直到夜郎西。

第三课
声母发音和练习（二）

一、本课要点

在这一课中，我们要学习“j、q、x、z、c、s、zh、ch、sh、r”的发音要领。“j、q、x”是舌面音，要注意避免尖音的产生，即不能咬着舌头发音。“z、c、s”是平舌音，“zh、ch、sh、r”是翘舌音，要注意分辨清楚。

（一）“j”的发音要领

舌尖顶住下齿背，舌面向前、向上，紧贴硬腭，然后突然放松舌面，气流微弱地从窄缝中透出。

（二）“q”的发音要领

舌尖顶住下齿背，舌面向前、向上，紧贴硬腭，然后放松舌面的同时，气流沿着窄缝摩擦出声。舌面活动和口形与“j”相同，只是送气要强烈些。

（三）“x”的发音要领

舌尖顶住下齿背，舌面向前、向上，接近硬腭，中间留出一道窄缝，气流从窄缝中挤出。

（四）“z”的发音要领

舌尖顶住上齿背，然后突然放松舌面，气流微弱地从窄缝中透出，不送气，口腔共鸣。

（五）“c”的发音要领

舌尖顶住上齿背，然后突然放松舌面，气流从窄缝中挤出，送气，口腔共鸣。

（六）"s"的发音要领

舌尖平伸，接近上齿背，气流从窄缝中挤出，摩擦出声。

（七）"zh"的发音要领

舌尖翘起，顶住硬腭前端，然后突然放松舌面，气流微弱地从窄缝中透出，这时上下齿之间稍微分开一点。

（八）"ch"的发音要领

舌尖翘起，顶住硬腭前端，然后突然放松舌面，气流从窄缝中挤出，送气发声，这时上下齿之间稍微分开一点。

（九）"sh"的发音要领

舌尖翘起，靠近硬腭前端，气流从窄缝中挤出，这时上下齿之间稍微分开一点。

（十）"r"的发音要领

舌尖翘起，靠近硬腭前端，气流从窄缝中挤出，声带振动，这时上下齿之间稍微分开一点。

二、课堂朗读

要求声母发音准确到位，除阻干净利索。

j ——积极　江南　解决　讲解　绝句　九天　简介
q ——轻巧　穹庐　亲情　亲友　千里　青云　气球
x ——写信　想象　信息　相见　笑问　相对　香味
z ——组长　杂志　组织　醉酒　作者　字画　杂耍
c ——擦除　裁剪　册子　草地　粗糙　测验　辞呈
s ——洒扫　三千　赛事　苏州　诉说　色素　撒娇
zh——扎针　征战　制造　茱萸　著作　钟声　织女
ch——差错　出塞　迟到　长征　楚江　愁苦　长江
sh——傻事　沙场　射手　砂石　深红　声音　山水
r ——融入　日照　染红　仍然　如今　容忍　人民

三、蒙学经典——《三字经》(二十七)

zhōu zhé dōng wáng gāng zhuì
周 辙 东，王 纲 坠。
chěng gān gē shàng yóu shuì
逞 干 戈，尚 游 说。
shǐ chūn qiū zhōng zhàn guó
始 春 秋，终 战 国。
wǔ bà qiáng qī xióng chū
五 霸 强，七 雄 出。

注解：

周平王迁都洛阳，从此开始了东周的历史。东迁之后的周王室威望低落，王室的纲纪和政治制度逐渐瓦解。诸侯各自为王，为了扩张势力，彼此争执，干戈相向，天下变得纷乱不堪。一些谋士与投机分子趁机崛起，周游列国，担任说客，谋取功名。他们在各诸侯国之间进行游说，有的主张连横，有的提倡合纵，从此兵连祸结，天下苍生不得安宁。

东周分为春秋和战国两个时期，自周平王东迁开始为春秋时期，自晋被分为韩、赵、魏三个诸侯国后为战国时期。春秋时期产生了五位霸主，即春秋五霸，分别是齐桓公、宋襄公、晋文公、秦穆公、楚庄王。战国以后，产生了齐、楚、燕、赵、韩、魏、秦七个强国。

四、课后朗读

捉月亮的网

[美]谢尔·希尔沃斯坦著 李剑波译

我做了一个捉月亮的网，
今晚就要外出捕猎。
我要飞跑着把它抛向天空，
一定要套住那轮巨大的明月。
第二天，假如天上不见了月亮，
你完全可以这样想：

我已捕到了我的猎物，
把它装进了捉月亮的网。
万一月亮还在发光，
不妨瞧瞧下面，你会看清，
我正在天空自在地打着秋千，
网里的猎物却是个星星。

五、古诗赏读

游园不值

［宋］叶绍翁

应怜屐齿印苍苔，小扣柴扉久不开。
春色满园关不住，一枝红杏出墙来。

第四课
声母发音难点和矫正

一、本课要点

（一）分清“f”和“h”

“f”和“h”都是擦音，区别在于发音位置不同。发“f”时，上齿轻轻接触下唇，气流从唇齿缝间挤出，是唇音。发“h”时，舌根接近软腭，中间留出一道窄缝，气流从窄缝中挤出，注意口形要张开，是舌根音，在中国传统语音学上属于喉音。

伏虎　发话　活佛　会费　合肥

发挥　泛黄　凤凰　化肥　复婚

（二）分清“n”和“l”

“n”和“l”都是舌尖中阻，发音时舌尖抵住上齿龈，软腭下垂，声带振动，只是气流呼出方式不同。发“n”时，舌尖封闭口腔气流通路，使气流上升到鼻腔，从鼻孔出气并发音。发“l”时，舌头前部两边留出窄缝，气流从两边经过，口腔共鸣。发“n”时，舌尖抵住上齿龈不滑动，而发“l”时，舌尖有一个从上齿龈向下滑落的动作过程，发音结束时舌面是放平的。

两年　理念　努力　奴隶　烂泥

老农　龙女　哪里　留念　奶酪

（三）分清“r”和“l”

“r”是擦音，“l”是边音。发“r”时，舌尖翘起，接近硬腭前端，中间留出一道窄缝，声带振动。要注意发“r”时，舌尖是接近硬腭前端，不能抵住硬腭。补充一点，“r”与“sh”是普通话中唯一一对清浊相配的音素，发音位置和方法都一样，只是发“r”时声带要振动，是浊音。发“l”音的方法前面已经讲过了。

老人　利润　例如　猎人　燃料

扰乱　热量　人类　容量　锐利

（四）“j、q、x”的发音不要有尖音

尖音是指发音时牙齿咬着舌尖摩擦出的一种噪音，所以要发好这三个音，就要避免舌尖咬在牙齿之间。这三个音是舌面音，不是舌尖音。

“j、q”是塞擦音，发音时舌面前端要向上，与硬腭贴紧，舌尖要下垂，可以抵住下齿背，然后突然放松舌面，让气流从窄缝中透出，发音时上下齿对紧。两者的不同在于“j”送气微弱，“q”送气较强。而“x”是擦音，发音位置同“j、q”，只是没有成阻点，气流从窄缝中挤出。这组发音的关键是要注意舌尖下垂轻抵下齿背的动作。

积极　讲解　气球　前期　嬉戏

想象　机器　细节　情景　心情

（五）分清平舌音和翘舌音

平舌音是舌尖前音，翘舌音是舌尖后音。

“z、c”是塞擦音，发音时舌尖向前平伸，舌尖前端顶住上齿背，然后迅速放松舌尖，气流从窄缝中透出，舌尖下滑接近下齿背。两者的不同在于“z”送气微弱，“c”送气较强。而“s”是擦音，发音位置同“z、c”，只是没有成阻点，舌尖前端与上齿背接近，气流从窄缝中挤出。

“zh、ch”是塞擦音，发音时舌尖翘起，舌尖后端顶住硬腭前端，然后迅速放松舌尖，气流从窄缝中透出，这时上下齿之间稍微分开一点。两者的不同在于“zh”送气微弱，“ch”送气较强。而“sh”是擦音，发音位置同“zh、ch”，只是没有成阻点，舌尖后端接近硬腭前端，气流从窄缝中挤出。

普通话的翘舌音较多，占平翘舌音总数的七成，要分清哪些字是平舌音，哪些字是翘舌音，只能靠平时多用多记，因为没有规律可循。

制造　资质　楚辞　磁场　十四

私事　诗人　值日　致辞　餐桌

（六）“w”不能读成“v”

“w”是声母，普通话中没有“v”。发“w”时，上齿是不能碰下唇的，要和“u”的发音一样，只是稍微短一点。

微博　委派　外面　晚饭　稳定

问题　无奈　网络　文稿　忘记

二、课堂朗读

按发音部位分类练习，先慢后快，要注意韵味和旋律。

b、p（双唇阻）

八百标兵奔北坡，炮兵并排北边跑。炮兵怕把标兵碰，标兵怕碰炮兵炮。

f（唇齿阻）

夫妇做豆腐，夫妇卖豆腐。夫富妇也富，富妇也富夫。

d、t、n、l（舌尖中阻）

天上日头，嘴里舌头，地上石头，桌上馒头，手掌指头。

六六妞妞去放牛，大牛小牛有六头。六六拉着大牛走，妞妞牵着小牛遛。

g、k（舌根阻）

哥挎瓜筐过宽沟，赶快过沟看怪狗。光看怪狗瓜筐扣，瓜滚筐空哥怪狗。

j、q、x（舌面阻）

稀奇稀奇真稀奇，蟋蟀踩死老母鸡。气球碰坏大机器，蚯蚓身长七丈七。

z、c、s 和 zh、ch、sh、r（舌尖前阻和舌尖后阻）

四是四，十是十；十四是十四，四十是四十；十不能说成四，四不能说成十。假如说错了，可能会误事。

山前有个崔粗腿，山后有个崔腿粗。二人山前来比腿，不知是崔粗腿比崔腿粗的腿粗，还是崔腿粗比崔粗腿的腿粗。

三、蒙学经典——《三字经》（二十八）

yíng	qín	shì	shǐ	jiān	bìng
嬴	秦	氏，	始	兼	并。
chuán	èr	shì	chǔ	hàn	zhēng
传	二	世，	楚	汉	争。
gāo	zǔ	xīng	hàn	yè	jiàn
高	祖	兴，	汉	业	建。
zhì	xiào	píng	wáng	mǎng	cuàn
至	孝	平，	王	莽	篡。

注解：

秦始皇姓嬴名政，采用张仪的“连横”外交、远交近攻等策略，经过 20 年的战争，对秦国东面的六国各个击破，兼并六国的领土。公元前 221 年，秦始皇统一天下，建立了中国第一个统一的中央集权的封建国家，自称“始皇帝”。秦始皇是中国历史上第一位称皇帝的君主，也是备受争议的人物。他统一天下，建立中央集权，统一文字，统一度量衡，统一车轨宽度，建立统一的伦理规范。只可惜秦始皇刚愎自用，不行仁政，暴虐无道，传到秦二世胡亥时，就爆发了中国历史上第一次大规模的农民起义——陈胜吴广起义，其中最主要的两支力量是楚国贵族项羽率领的楚军和平民刘邦率领的汉军。他们攻破咸阳，彻底推翻了秦国的统治。但是，很快楚霸王项羽和汉王刘邦就开始成为争夺天下的对手。最后，项羽兵败自杀，刘邦建立了汉朝。

汉高祖刘邦开创了汉朝的基业，成为中国历史上第一位平民皇帝。他在位时间只有七八年，之后由汉惠帝继位。汉惠帝驾崩后，吕后专权 16 年，皇室混乱。真正奠定汉朝基业的是刘邦的小儿子汉文帝刘恒，他开创了历史上有名的“文景之治”。接下来，汉武帝刘彻外出匈奴，内尊儒术，开疆拓土，汉朝进入了鼎盛时期。传到第十一代汉平帝时，外戚王莽夺取帝位，改国号为新。

四、课后朗读

儿童是世界上的一点一点的光

[韩]李元凤著　任溶溶译

世界上一点一点的光，
已经变成一条一条的小溪流。
它们有一天还将变成海洋，
当朋友和朋友合在一起的时候。

世界上一点一点的光，
是在天上流动的星星，
它们有一天还将变成宇宙。

世界上一点一点的光，
各在不同的地方，
可有一天它们碰在一起，
就像含笑的鲜花开放。

五、古诗赏读

墨　梅

[元]王　冕

我家洗砚池头树，朵朵花开淡墨痕。
不要人夸好颜色，只留清气满乾坤。

第五课
复韵母发音和练习

一、本课要点

（一）复韵母的发音规范

在普通话里，复合音已经结合成固定的音组，几乎可以把它当成一个语音单位，一见就能读出，但是要注意发音的连贯性。普通话中有 29 个复合韵母，其中复韵母 13 个，鼻韵母 16 个。

在这一课中，我们把复韵母分成开口呼、齐齿呼、合口呼和撮口呼四种形式。

开口呼复韵母：ai、ei、ao、ou

齐齿呼复韵母：ia、ie、iao、iu

合口呼复韵母：ua、uo、uai、ui

撮口呼复韵母：üe

在这 13 个复韵母中，由于“ia、iao、ua、uo、uai”由介音“i、u”组成，可以直接拼读，因此不再单独学习了。下面我们来学习其余 8 个复韵母的发音要领。

（二）复韵母的发音要领

1.“ai”的发音要领

先发“a”音，舌位逐渐升高，口形逐渐闭上，到接近“i”音时停止。“a”读得响而长，“i”读得弱而短。两个音必须连在一起读，不能分开。

2.“ei”的发音要领

先发“e”音，舌位逐渐升高，口形逐渐闭上，到接近“i”音时停止。“e”

读得响而长，“i”读得弱而短。两个音必须连在一起读，不能分开。

3.“ao”的发音要领

先发“a”音，舌位后移并逐渐升高，口形逐渐拢圆，到接近“o”音时停止。“a”读得响而长，“o”读得弱而短。对比读“a—ao”。

4.“ou”的发音要领

先发“o”音，舌位后移并逐渐升高，口形逐渐拢圆，由大圆变成小圆，到接近“u”音时停止。“o”读得响而长，“u”读得弱而短。对比读“o—ou”。

5.“ie”的发音要领

先发“i”音，舌位逐渐下降，到接近“e”音时停止。“i”读得紧而短，“e”读得响而长，音势由弱到强。对比读“i—ie”。

6.“iu”的发音要领

先发“i”音，舌位先降后升，口形由扁到圆。“i”读得紧而短，比“u”读得稍重一点。对比读“i—iu”。

7.“ui”的发音要领

先发“u”音，舌位先降后升，口形由拢圆快速展开。“u”读得紧而短，快速滑动，到“i”音时停止，一口气连读成“ui”。

8.“üe”的发音要领

先发“ü”音，舌位逐渐下降，到接近“e”音时停止。“ü”读得紧而短，“e”读得响而长，音势由弱到强。对比读“ü—üe”。

二、课堂朗读

（一）词语练习

要求延长发音，把前面的主要元音发得圆润饱满，尾韵收得准确到位，后鼻音归韵不可将舌根过于后缩而靠近软腭，这样会使后鼻音太过靠后。

ai——白菜　海带　拍卖　灾害　外卖

ei——美味　肥美　违背　配备　美丽

ao——草帽　跑道　枣糕　吵闹　照耀

ou——欧洲　高楼　逗留　收购　丑陋

iu——秋千　求救　琉球　绣球　舅舅

ie——贴切　谢谢　趔趄　斜阳　写字

üe——决定　明月　学习　感觉　雀跃

ui——对位　归队　开会　垂危　追随

（二）绕口令练习

注意复韵母“ai、ei、ao、ou、uo”在句中的发音。要求以中速练习，对于重点字词要适当延长发音，注意口形的变化，不要进行快速练习。

买白菜，搭海带，不买海带就别买大白菜。买卖改，不搭卖，不买海带也能买到大白菜。

肉炒豆，豆炒肉，肉是肉，豆是豆。肉炒豆肉里有豆，豆炒肉豆里有肉。

三、蒙学经典——《三字经》（二十九）

guāng wǔ xīng wéi dōng hàn
光 武 兴，为 东 汉。

sì bǎi nián zhōng yú xiàn
四 百 年，终 于 献。

wèi shǔ wú zhēng hàn dǐng
魏 蜀 吴，争 汉 鼎。

hào sān guó qì liǎng jìn
号 三 国，迄 两 晋。

注解：

公元25年，汉光武帝刘秀复兴汉室，推翻王莽政权，在洛阳建都，称为东汉。西汉和东汉共传了四百多年。公元220年，曹丕在洛阳废除汉献帝称帝，国号魏。公元221年，刘备在成都称帝，国号汉，史称蜀。公元229年，孙权在武昌称帝，国号吴，不久后迁都建业（今南京）。这三家互争汉家天下，于是出现了三国鼎立的局面，历史上称为三国时代。因为“鼎”是国家政权的象征，后来有了“问鼎”一词。所以，“争汉鼎”就是争夺汉朝的国家政权。多年混战之后，魏国消灭了蜀国。之后，司马炎篡权建立王朝，史称晋。晋分为东晋和西晋两个时期。

四、课后朗读

大海睡了

刘饶民

风儿不闹了，
浪儿不笑了，
深夜里，
大海睡觉了。
她抱着明月，
她背着星星，
那轻轻的潮声啊，
是她睡熟的鼾声。

五、古诗赏读

望岳

［唐］杜 甫

岱宗夫如何？齐鲁青未了。
造化钟神秀，阴阳割昏晓。
荡胸生曾云，决眦入归鸟。
会当凌绝顶，一览众山小。

第六课
鼻韵母发音和练习

一、本课要点

前后鼻音归韵不到位一直都是很多南方同学的语音难点，在这一课中，我们将学习鼻韵母的发音要领。

（一）鼻韵尾的发音规范

在普通话音节中，除了鼻韵尾“n”和“ng”外，其余的韵尾都是元音，所以称为鼻韵尾，也称前鼻音和后鼻音。

鼻韵母一共有 16 个，包括“an、en、in、ian、uan、uen、üan、ün、ang、eng、ing、iang、uang、ueng、iong、ong”。

前鼻音的发音要注意在发完前面的元音后，舌面稍升，舌尖顶住上齿龈，软腭下垂，封闭口腔气流通路，打开鼻腔，上下齿闭拢，不能张口，舌头不能向后缩，发出前鼻音。

后鼻音的发音要在发完前面的元音后，舌根上升与软腭接触，封闭口腔气流通路，口形微开，发出后鼻音。发后鼻音时，一定要注意舌根不能与软腭闭合，这样的鼻音在普通话中是没有的。

在这 16 个鼻韵母中，“ian、uan、uen、üan、iang、uang、ueng、iong”也是因为有介音，可以直接拼读，因此不再另外学习了。下面我们来学习其余 8 个鼻韵母的发音要领。

（二）前鼻音的发音要领

1.“an”的发音要领

先发“a”音，嘴巴不宜张得太大，舌面稍升，舌尖顶住上齿龈，封闭口腔气流通路，从鼻孔出气，发出单纯的前鼻音，这时口腔不能张开。

2．“en”的发音要领

先发“e”音，舌尖稍向前伸顶住上齿龈，封闭口腔气流通路，从鼻孔出气，声势由弱到强，发出单纯的前鼻音，这时口腔不能张开。

3．“in”的发音要领

先发“i”音，舌尖下垂抵住下齿背，然后快速将舌尖上翘顶住上齿龈，封闭口腔气流通路，从鼻孔出气，发出单纯的前鼻音。发音时，上下齿始终合拢，口形不变，只有舌尖向上翻动，不可向后移动。

4．“ün”的发音要领

先发“ü”音，舌尖下垂抵住下齿背，然后快速将舌尖上翘顶住上齿龈，封闭口腔气流通路。发音时，口形由发“ü”音的收敛到鼻韵尾的嘴角向两侧展开。

（三）后鼻音的发音要领

1．“ang”的发音要领

先发“a”音，舌头后缩，舌根上升顶住软腭，口形由自然张大到微合，封闭口腔气流通路，鼻腔共鸣，余音稍长。

2．“eng”的发音要领

先发“e”音，舌头后缩，舌根上升顶住软腭，封闭口腔气流通路，鼻腔共鸣，余音稍长。口形始终微开。

3．“ing”的发音要领

先发“i”音，舌头后缩，舌根上升顶住软腭，封闭口腔气流通路，鼻腔共鸣，余音稍长。口形始终微开。

4．“ong”的发音要领

先发“o”音，舌位稍低，舌根上升顶住软腭，封闭口腔气流通路，鼻腔共鸣，余音稍长。口形拢圆，先大些，后小些。

（四）如何分清前后鼻音

必须首先真正掌握前后鼻音的发音方法。发前鼻音时，舌尖抵住上齿龈，封闭口腔气流通路，从鼻孔出气，发出的声音叫前鼻音。发后鼻音时，舌根上升顶住软腭，音波和气流上升到鼻腔，发出的声音叫后鼻音。发前鼻音时，只是双唇稍离，不开口。发后鼻音时，口形可开大一些，鼻音更重，声音更响亮。如果仍不能掌握，可以尝试以下两种方法进行练习。

1. 开口闭口法

发前鼻音时，有意轻轻地闭上嘴巴，关闭口腔，归韵到前鼻韵尾。发后鼻音时，有意张开嘴巴，让舌头自然后退并隆起舌根，归韵到后鼻韵尾。开口闭口法是利用口腔肌肉的自然运动能力，控制舌位的前后高低变化，避免为了发后鼻音而故意抬高舌根，造成后鼻音过于靠后。

2. 舌位观察法

面对镜子，发前鼻音时，舌尖抬起顶住上齿龈，归韵到前鼻韵尾，从镜子中能看到舌背面。发后鼻音时，舌尖轻触下齿背，舌根抬高隆起，归韵到后鼻韵尾，从镜子中只能看到舌面。

前后鼻音的字词数量多，又没有明确的规律，只有靠平时积累记忆，才能分清哪些是前鼻音，哪些是后鼻音，这也是普通话学习的一大难点。

二、课堂朗读

（一）混合词语练习

困难　散漫　自满　把玩　蛮干　出汗　严格　安全　班级　山谷
认真　书本　报恩　狂奔　森林　树根　尘土　钢琴　爱心　附近
声音　饮料　品质　银行　原因　前进　新春　冬笋　昆虫　轮船
顺利　尊重　准时　音韵　海军　询问　群众　英俊　运动　平均

（二）对比词语练习

an—ang：反抗　犯上　赶忙　担当　南方　茫然　上班　浪漫
en—eng：分封　纷争　真正　人证　神圣　本能　城镇　缝针
in—ing：心灵　进行　引擎　精品　尽情　品行　清新　精心

（三）绕口令练习

鼻韵尾练习，重要的是要能区分清楚。可以用开口法发前鼻音，闭口法发后鼻音。

an—ang

扁担长，板凳宽，扁担没有板凳宽，板凳没有扁担长。板凳不让扁担绑在板凳上，扁担偏要绑在板凳上。

en—eng

姓陈不能说成姓程，姓程不能说成姓陈。禾木是程，耳东是陈，如果陈程不分，就会认错人。

in—ing

琳琳用劲摇银铃，银铃铃声真好听。风吹银铃叮铃铃，琳琳以为铃失灵，银铃笑琳琳真是不机灵！

三、蒙学经典——《三字经》（三十）

sòng qí jì liáng chén chéng
宋 齐 继，梁 陈 承。

wéi nán cháo dū jīn líng
为 南 朝，都 金 陵。

běi yuán wèi fēn dōng xī
北 元 魏，分 东 西。

yǔ wén zhōu yǔ gāo qí
宇 文 周，与 高 齐。

注解：

宋武帝刘裕逼迫晋恭帝禅让帝位给他，改国号为宋，建立了南朝的第一个朝代宋，从此进入了南北朝时期。南朝共经历了宋、齐、梁、陈四个朝代，为了与其他朝代有所区别，史学家便将南朝四国的国号前加上南朝，分别是南朝宋、南朝齐、南朝梁、南朝陈，这四国都将国都建在金陵（今南京）。

在五胡十六国的战乱之后，鲜卑族的拓跋珪建立了北魏，统一了黄河流域。北魏孝文帝迁都洛阳，并进行了一系列改革。他注重礼乐和教育，又实行汉化政策，比如改说汉话、改用汉姓、穿汉服等。后来，孝文帝改姓元，所以《三字经》中称“元魏”。至孝武帝时，北魏开始出现分裂，分为东魏和西魏。宇文泰控制了西魏，他的儿子宇文周篡权建立了北周，所以叫宇文周。

高欢控制了东魏，他的儿子高洋篡权建立了北齐，所以叫高齐。

四、课后朗读

我的风筝

［比利时］莫利斯·卡列姆著　佚　名译

把我带去吧，我的风筝，
快快把我带上蓝天！
我要在天上飞行，
我要在天上盘旋，
我要像鸟儿那样飞呀飞，
飞过大海哟，飞过大洋。
把我带去吧，我的风筝，
快快把我带上蓝天！
在天空看看世界有多棒，
去看全世界的小朋友有多好，
我要同他们手拉手，
我要同他们一起欢笑。
把我带去吧，我的风筝，
快快把我带上蓝天！

五、古诗赏读

次北固山下

［唐］王　湾

客路青山外，行舟绿水前。
潮平两岸阔，风正一帆悬。
海日生残夜，江春入旧年。
乡书何处达？归雁洛阳边。

单元拓展

本单元主要学习了声母和韵母的发音，着重对语音标准和规范进行了讲解，就一些发音难点指出了原因，并给出了纠正的方法。在下面的诗文朗读中，需要大家特别留意字词的发音标准和规范，不断提高发音的准确性。

一、古诗朗读

登飞来峰

［宋］王安石

飞来山上千寻塔，闻说鸡鸣见日升。
不畏浮云遮望眼，自缘身在最高层。

春日

［宋］朱熹

胜日寻芳泗水滨，无边光景一时新。
等闲识得东风面，万紫千红总是春。

乡村四月

［宋］翁卷

绿遍山原白满川，子规声里雨如烟。
乡村四月闲人少，才了蚕桑又插田。

二、作品选读

秋　姑　姑

圣　野

我们，
想起秋姑姑，
就想起收获。
我没有见过秋姑姑，
但我猜秋姑姑的脸儿
是红红的、
圆圆的、
胖乎乎的；
我没有看见过秋姑姑，
但我猜秋姑姑
是一个画家。
秋姑姑一来，
就给果树和庄稼
抹上了金黄的、
火红的颜色。
秋姑姑啊，
忙着呢！
她给所有的
箩筐和麻袋，
都装上了
饱满的粒子、
沉甸甸的果子。
果子爱嘟着嘴巴，
提个意见说：
箩筐太小，
装不下！

秋姑姑啊，
她真好！
她给我们送来了
一阵阵凉风，
使得那
给村里看场院的
小弟弟、老奶奶们，
把手上的蒲扇
一把一把收起来。
秋姑姑啊，
披着露珠来到，
踩着霜花，
悄悄地走了。
她给我们留下了
又一个丰收的喜悦。

落　叶

贾平凹

窗外，有一棵法桐，样子并不大。春天的日子里，它长满了叶子。枝根的，绿得深；枝梢的，绿得浅。虽然对列相间而生，一片和一片不相同，姿态也各有别。没风的时候，显得很丰满，娇嫩而端庄的模样。一早一晚的斜风里，叶子就活动起来，在天幕的衬托下，看得见那叶背上了了的绿的脉络，像无数的彩蝴蝶落在那里，翩翩起舞；又像一位少妇，风姿绰约的，作一个妩媚的笑。

我常常坐在窗前看它，感到温柔和美好。我甚至十分忌妒那住在枝间的鸟夫妻，它们停在叶下欢唱，是它们给法桐带来了绿的欢乐呢，还是绿的欢乐使它们产生了歌声的清妙？

法桐的欢乐，一直要延长一个夏天。我总想，那鼓满着憧憬的叶子，一定要长大如蒲扇的，但到了深秋，叶子并不再长，反要一片一片落去。法桐就削瘦起来，寒伧起来，变得赤裸裸的，唯有些嶙嶙的骨。而且亦都僵硬，不再柔软婀娜，用手一折，就一节一节地断了下来。

我觉得这很残酷，特意要去树下拣一片落叶，保留起来，以作往昔的回忆。想：可怜的法桐，是谁给了你生命，让你这般长在土地上？既然给了你这一身的绿的欢乐，为什么偏偏又要一片一片收去呢？

来年的春天，法桐又长满了叶子，依然是浅绿的好，深绿的也好。我将历年收留的落叶拿出来，和这新叶比较，叶的轮廓是一样的。喔，叶子，你们认识吗，知道这一片是那一片的代替吗？或许就从一个叶柄眼里长出来，凋落的曾经那么悠悠地欢乐过，欢乐的也将要寂寂地凋落去。

然而，它们并不悲伤，欢乐时须尽欢乐；如此而已，法桐竟一年大出一年，长过了窗台，与屋檐齐平了！

我忽然醒悟了，觉得我往日的哀叹大可不必，而且又十分的幼稚呢。原来法桐的生长，不仅是绿的生命的运动，还是一道哲学的命题在验证：欢乐到来，欢乐又归去，这正是天地间欢乐的内容；世间万物，正是寻求着这个内容，而各自完成着它的存在。

我于是很敬仰起法桐来，祝福于它：它年年凋落旧叶，而以此渴望着来年的新生，它才没有停滞，没有老化，而目标在天地空间里长成材了。

第二单元
语流音变 声声入耳

普通话的音节构成除了声母和韵母外，还有一个非常重要的元素——声调。声调是汉语音节所固有的，具有区分词语意义的功能。我们说话时，说出的是一连串音节，而词语的意义和说话者的情感通过音节表达出来。为了适应发音器官的运动，相邻音节常常会受到影响而发生变化，这就是语流音变。世界上绝大多数语言都有音变现象，这是语言表达过程中语流所产生的一种连贯、衔接的自然变化。

在本单元，我们将学习掌握普通话的声调以及语流音变的主要规律。

第一课
普通话的声调

一、本课要点

（一）什么是声调

普通话的声调是汉语音节所固有的，可以区分声音的高低升降、曲直长短的变化形式。普通话共有四个声调，分别是阴平、阳平、上声、去声。这四个声调的标法是一平、二升、三曲、四降。

因为汉语单音节的特点，声调又叫字调。普通话的声调贯穿音节始终，但主要作用在韵腹上。声调标注的方法是：先标“ɑ、o、e”，后标“i、u、ü”，音节中间先标“ɑ”，没有“ɑ”再找“o、e、i、u”，“i”上标调点须去掉，轻声不标调。

（二）声调的作用

1. 辨义功能

普通话的声调有区分字义的功能，一个音节的声母和韵母相同，如果声调不同，字义就完全不同。

2. 音乐美

四个声调是汉语独有的特点，四声的变化表现出汉语抑扬顿挫的音乐美。我们可以从古诗词平仄、抑扬的音乐节奏感中体会到声调的音乐美。

（三）声调的发音要领

普通话的声调分为阴平、阳平、上声、去声，也称为第一声、第二声、第三声、第四声，统称为四声。

四声的调值分别是：

阴平——55（阴平起音高高平）；

阳平——35（阳平中起向上走）；

上声——214（上声先降后再上）；

去声——51（从高到低直下降）。

根据这些特点，我们来学习声调的发音要领。

1. 阴平的发音要领

阴平的声音最高，基本上是高而平的，由 5 度到 5 度，没有曲折升降的变化。

发　低　梯　拉　欢　编　家　圈　西

2. 阳平的发音要领

阳平的声音从中高音上升到高音，由 3 度到 5 度，直线滑动上升。

人　平　连　田　图　学　驰　值　皮

3. 上声的发音要领

上声的发音由半低音起，先降后升。先从 2 度下滑到 1 度，接着从 1 度上升到 4 度。

请　好　满　秒　午　久　取　广　写

4. 去声的发音要领

去声起音的音高与阴平一样，由 5 度到 1 度，是完全下降的。

去　必　密　第　万　怕　布　辣　罪

二、课堂朗读

（一）词语练习

（阴阴）江山　八方　参加　西安　单衣　班车

（阴阳）鲜明　资源　坚决　飘扬　发言　星球

（阴上）根本　班长　生产　歌舞　艰苦　听讲

（阴去）音乐　规范　庄重　希望　欢乐　飞快

（阳阴）南方　农村　长江　围巾　航空　联欢

（阳阳）人民　儿童　团结　滑翔　直达　驰名

（阳上）黄海　遥远　泉水　民主　情感　描写

（阳去）林业　模范　豪迈　白菜　局势　辽阔
（上阴）统一　指标　北京　纺织　掌声　法医
（上阳）反常　朗读　里程　起航　普及　指南
（上上）取卡　领导　广场　友好　导演　鼓掌
（上去）舞剧　主要　访问　考试　想象　感动
（去阴）象征　地方　下乡　卫星　认真　降低
（去阳）化学　自然　特别　电台　会谈　未来
（去上）剧本　下雨　运转　外语　办法　信仰
（去去）大厦　大会　日月　祝贺　示范　画像

（二）成语练习

（阴阳上去）光明磊落　花红柳绿　千锤百炼　相濡以沫
（去上阳阴）四海为家　兔死狐悲　寿比南山　碧草如茵
（同调四声）声东击西　名存实亡　岂有此理　变幻莫测
（四声交错）班门弄斧　得心应手　百炼成钢　妙手回春

（三）《四声歌》练习

四　声　歌

佚　名

学好声韵辨四声，阴阳上去要分明。
部位方法须找准，开齐和撮属口形。
双唇班报必百波，抵舌当地斗点丁。
舌根高狗坑耕故，舌面机结教尖精。
翘舌主争真志照，平舌资责早再增。
擦音发翻飞分副，送气茶柴产彻称。
合口呼舞枯湖古，开口河坡歌安争。
嘴撮虚学寻徐剧，齐齿衣优摇夜英。
前鼻恩因烟弯稳，后鼻昂迎中拥生。
咬紧字头归字尾，阴阳上去记变声。
循序渐进坚持练，不难达到纯和清。

三、蒙学经典——《三字经》（三十一）

dài	zhì	suí	yī	tǔ	yǔ
迨	至	隋，	一	土	宇。
bú	zài	chuán	shī	tǒng	xù
不	再	传，	失	统	绪。
táng	gāo	zǔ	qǐ	yì	shī
唐	高	祖，	起	义	师。
chú	suí	luàn	chuàng	guó	jī
除	隋	乱，	创	国	基。

注解：

公元 581 年，杨坚建立了隋朝，用了 7 年时间结束了南北朝的纷乱局面，统一了天下。杨坚即隋文帝，他不仅状貌魁伟，武艺绝伦，而且深知民间疾苦，一生勤俭爱民。他在位期间，政治安定，民生富庶，史称“开皇之治”。只可惜识人不明，惧怕独孤皇后，废长子杨勇，改立次子杨广为太子，种下祸因。杨广即隋炀帝，他杀父弑兄，荒淫无道，刚愎自用，好大喜功，频繁发动战争，使得天下大乱，民不聊生，隋朝只传了一代就灭亡了。隋炀帝是在政变中被他的部将宇文化及等人给勒死的。

唐高祖李渊倡导仁义之师，平定隋朝乱事，于公元 618 年称帝，建立了唐朝。李渊的父亲在隋朝时被封为唐国公，所以唐朝国名来源于此。

四、课后朗读

一个树木的家庭

［法］儒勒·列那尔著　苏应元译

我是在穿过了一片被阳光烤炙的平原之后遇见他们的。

他们不喜欢声音，没有住到路边。他们居住在未开垦的田野上，靠着一泓只有鸟儿才知道的清泉。

从远处望去，树林似乎是不能进入的。但当我靠近，树干和树干渐渐松开。他们谨慎地欢迎我。我可以休息、乘凉。但我猜测，他们正监视着我，并不放心。

他们生活在家庭里，年纪最大的住在中间，而那些小家伙，有些还刚刚长出第一批叶子，差不多遍地皆是，从不分离。

他们的死亡是缓慢的，他们让死去的树也站立着，直到朽落而变成尘埃。

他们用长长的枝条相互抚摸，像盲人凭此确信他们全都在那里。如果风气喘吁吁要将他们连根拔起，他们的手臂就愤怒挥动。但是，在他们之间，却没有任何争吵。他们只是和睦地低语。

我感到这才应是我真正的家。我很快会忘掉另一个家的。这些树木会逐渐逐渐接纳我，而为了配受这个光荣，我学习应该懂得的事情：

我已经懂得监视流云。

我也已懂得待在原地一动不动。

而且，我几乎学会了沉默。

五、古诗赏读

九月九日忆山东兄弟

［唐］王　维

独在异乡为异客，每逢佳节倍思亲。
遥知兄弟登高处，遍插茱萸少一人。

春 夜 喜 雨

［唐］杜　甫

好雨知时节，当春乃发生。
随风潜入夜，润物细无声。
野径云俱黑，江船火独明。
晓看红湿处，花重锦官城。

第二课
"啊"的变调规律

一、本课要点

（一）什么是"啊"的变调

"啊"在句尾作助词，受其前面音节尾音因素的影响而发生连读变化。

（二）"啊"的变调规律

1. 前面音节末尾是"a、o、e、i、ü"的（"ao、iao"除外），读作"呀"

讲话啊、这样多啊、写啊、注意啊、去不去啊

2. 前面音节末尾是"u"的，包括"ao、iao"，读作"哇"

去跳舞啊、在里头啊、真好啊、在飘啊

3. 前面音节末尾是"n"的，读作"哪"

弹琴啊、怎么办啊、真深啊、好晕啊

4. 前面音节末尾是"ng"的，读作"nga"

一起唱啊、真冷啊、不成啊、多劳动啊

5. 前面音节末尾是翘舌音"-i、-r"的，读作"ra"

什么纸啊、快吃啊、大事啊、去开门儿啊

6. 前面音节末尾是平舌音"-i"的，读作"za"

一双鞋子啊、来一次啊、是周四啊

二、课堂朗读

（一）词语练习

请假啊　唱歌啊　注意啊　下雪啊　不对啊　幸福啊

买肉啊　慢走啊　快逃啊　真好啊　快看啊　真软啊
真冤啊　真嫩啊　真亲啊　通畅啊　真香啊　好听啊
真凶啊　树枝啊　牙齿啊　不是啊　老二啊　没事啊
鞋子啊　底子啊　土司啊　妹子啊　毒刺啊　相思啊

（二）朗读作品《下雪了》（节选）

下　雪　了（节选）

峻　青

下雪了，雪下得真大，雪花儿像鹅毛一样从天上飘下来，落在山上、田野上、房子上、大树上，盖上一层，又盖上一层，全是白茫茫的了。

外边儿静悄悄的，行人很少。

雪停了，太阳出来了。太阳光照在树上，亮得耀眼。山啊、田野啊、房子啊、大树啊，全变了样儿了，都穿上了白色外衣。校旁那两座小塔，都戴上了顶白帽子，比平常更好看了。

下课后，同学们都到院子里来了。大家滑雪、扔雪球儿、堆雪人儿。他们的脸跟鼻子都冻得红红的，可还是玩得很起劲儿。

三、蒙学经典——《三字经》（三十二）

èr　shí　chuán　sān　bǎi　zǎi
二　十　传，　三　百　载。

liáng　miè　zhī　guó　nǎi　gǎi
梁　灭　之，　国　乃　改。

liáng　táng　jìn　jí　hàn　zhōu
梁　唐　晋，　及　汉　周。

chēng　wǔ　dài　jiē　yǒu　yóu
称　五　代，　皆　有　由。

注解：

唐朝传了20代，近300年。通常说，唐朝以公元755年为节点分为前后两节，前一节中出现了“贞观之治”和“开元之治”两个盛世。“贞观之治”是唐初的太平盛世，唐太宗重用魏征等人，采取以农为本、休养生息、完善科举等一系列措施，使当时社会出现了安宁和谐的局面。唐玄宗初期的年号是开元，这一时期，唐朝成为世界上最强盛的国家。因为他任用贤能，励精图治，发展经济，提倡文教，从而达到天下大治，史称“开元之治”。公元755年，唐朝开始由盛转衰。公元875年，王仙芝、尚让等人发动农民起义。虽然起义被扑灭了，但在镇压起义中起家的军阀朱温，在公元907年废掉了唐朝最后一个皇帝唐哀帝，建立了梁。

接下来就是十分短命的五个朝代：后梁、后唐、后晋、后汉、后周。为了与前面的朝代有所区别，因此另加一个“后”字。这五个朝代实际上是北方的五个小国，宋人开始称为“五代”。这五个朝代加起来也不过50年，但其兴亡都是有原因的。

四、课后朗读

谁住在皮球里

［塞尔维亚］德拉干·鲁凯奇著　韦　苇译

是啊，谁住在皮球里呢？谁住在这圆不溜秋的快乐小屋里呢？可能是仙女？太可能了。可要仔细一想，仙女应该生活在森林里呀，怎么会住在皮球里呢？那么，可能是地下精灵吧？这倒是很可信的。因为地下精灵体形小，皮球能容下它的身体。可它为什么要住进皮球里去呢？哎，也许是魔术师吧！他完全可能缩进一个球体里去。为了让观众喝彩，他会那么做的。

然而，在皮球里住着的既不是仙女，也不是地下精灵，更不是魔术师。在那里头住着的……

第一，是兔子，因此，球会跳跃；

第二，是轮子，因此，球会滚动；

第三，是鸟，好像是一只喜鹊，因此，球会飞。

兔子、轮子和喜鹊都睡着的时候，皮球一动不动，像是里头什么也没有。不过，要是过来那么一只脚……这就得从头说起了。

兔子睡了，轮子睡了，喜鹊把头藏到翅膀底下也睡了，于是皮球安安静静地躺在草地上。可这时，两只脚向它走来了，一只左脚，一只右脚。

左脚飞起一下，把球踢了一下。轮子醒了，滚了几下，嘟嘟哝哝地埋怨道：“哎，兔子，你干嘛踢我一脚？我要睡，不想滚！”

这时，右脚又把球踢了一下，这下踢得更有力。于是兔子醒了，在球里蹦了几下：“哎，哎，喜鹊，你别闹呀！”兔子大声叫道，“我想睡觉，不想跳！”

这时，左脚又猛劲地把球踢了一下！喜鹊醒了，它伸展翅膀。球飞了起来，高高地，直向天空飞去。

“哼！”喜鹊扇动着双翅，“轮子，想不到你这么爱闹！你要滚，就自个儿滚去得了，干嘛把我闹醒？”

兔子生喜鹊的气，喜鹊生轮子的气，轮子生兔子的气。他们吵得不可开交。这时的球呢，又跳、又滚、又飞。

人们都说，皮球里的兔子、喜鹊和轮子相互一争吵，有趣的游戏就开始了。于是，皮球就像兔子那么跳，像鸟儿那么飞，像轮子那么滚。要让它停住呀，不用想！

五、古诗赏读

枫桥夜泊

［唐］张　继

月落乌啼霜满天，江枫渔火对愁眠。

姑苏城外寒山寺，夜半钟声到客船。

登　高

［唐］杜　甫

风急天高猿啸哀，渚清沙白鸟飞回。

无边落木萧萧下，不尽长江滚滚来。

万里悲秋常作客，百年多病独登台。

艰难苦恨繁霜鬓，潦倒新停浊酒杯。

第三课
“上声”的变调规律

一、本课要点

（一）什么是“上声”的变调

因为“上声”长且曲，在语流中很少能读成完整的上声调，受后面声调的影响，读法必然发生变化。

（二）“上声”的变调规律

1. 在“非上声”前，读前半“上”——只降不升

法规、好人、美妙

2. 在“上声”前，读后半“上”——只升不降

处理、给予、尽管

二、课堂朗读

（一）词语练习

美观　语言　补充　奖励　简单　美德　好事
法院　曲艺　许愿　卷入　转战　紧迫　妥善
保险　本领　彼此　产品　表演　勉强　偶尔
手法　永远　想法　影响　语法　整理　总理

（二）绕口令练习

堵油篓

佚　名

老柳赶着六头牛，六头牛驮着六篓油。

有篓破漏缓漏油，油从篓漏满路有油。
看见篓漏喊老柳，刘六妞放柳忙动手。
六妞取来一捆柳，帮助老柳堵油篓。
老柳感谢握两手，满口称赞刘六妞。

三、蒙学经典——《三字经》（三十三）

yán sòng xīng shòu zhōu shàn
炎 宋 兴，受 周 禅。
shí bā chuán nán běi hùn
十 八 传，南 北 混。
liáo yǔ jīn dì hào fēn
辽 与 金，帝 号 纷。
dài miè liáo sòng yóu cún
迨 灭 辽，宋 犹 存。

注解：

公元960年，周恭帝派赵匡胤率兵南下，赵匡胤借机发动陈桥兵变。这个故事也叫“黄袍加身”，名义上是部下合力推举，把准备好的黄袍披在赵匡胤的身上，其实赵匡胤早有此心，回朝后借此逼迫周恭帝禅让皇位，定国号为宋，史称北宋。为什么叫“炎宋”，不叫“赵宋”？因为按照五行的说法，宋朝属火，服饰都用红色，所以叫“炎宋”。公元1127年，金朝攻陷东京（今开封），俘虏宋徽宗和宋钦宗，北宋灭亡。宋徽宗第九子康王赵构逃到南方，在临安（今杭州）建立了南宋。北宋和南宋一共传了18代，北方的少数民族南下侵扰，形成了南北混战的局面。

与此同时，北方已经兴起了好几个少数民族政权，辽和金是其中两个实力强大的政权，也有自己的皇帝，所以说帝号纷杂。公元1125年，金国灭了辽国。公元1126年，金国灭了北宋。所以，辽国灭亡后，南宋是存在的。只不过当时金国的疆界南端已经到了淮河，占据了大半个中国，南宋实际上是在向金国称臣纳贡。尽管还有岳飞等人奋力抵抗金国的南侵，但由于宋高宗、秦桧等提倡不抵抗政策，即使有了朱仙镇大捷这样的胜利，岳飞也只能被12道金牌召回，不得不仰天长啸“十年之功，毁于一旦”。

四、课后朗读

岩　石

［俄］伊凡·谢尔盖耶维奇·屠格涅夫著　薛　菲译

你见过海边那年代久远的灰色岩石吗？在阳光明媚的日子里，你见过涨潮时汹涌的海浪从四面八方拍打、戏弄和抚爱那长满苔藓的岩石，并把闪光的珍珠般的浪花洒满它一身的情景吗？

岩石依旧是那样的岩石，但它那早已暗淡的外貌，此刻却又变得色彩绚丽，容光焕发。

这色彩正向你述说遥远的过去，述说熔融的花岗岩开始凝成时它那段火红的岁月。

于是，青春少女的灵魂又一次闯入我这颗早已衰老的心；在她们的柔情抚爱下，它再次泛起那往事的光辉，迸发出昔日的火花。

潮退了……但它绚丽的色泽依然，光彩依然——任那凛冽的寒风无情地刮！

五、古诗赏读

滁州西涧

［唐］韦应物

独怜幽草涧边生，上有黄鹂深树鸣。
春潮带雨晚来急，野渡无人舟自横。

四时田园杂兴（其三十一）

［宋］范成大

昼出耘田夜绩麻，村庄儿女各当家。
童孙未解供耕织，也傍桑阴学种瓜。

第四课
“一、不”的变调规律

一、本课要点

（一）什么是“一、不”的变调

“一、不”的变调是指“一、不”在“去声”和“非去声”前会发生的音变现象。

（二）“一、不”的变调规律

“一”和“不”原调是：“一”念阴平，“不”念去声。

1. 单念或在句尾，念原调

第一、十一、不、绝不、我偏不

2. 在“非去声”前，都读去声

一杯、一连、一眼、不多、不行、不理

3. 在“去声”前，都读阳平

一样、一致、一个、不对、不错、不必

4. 夹在词语中间都读轻声

试一试、想一想、好不好、拿不动

二、课堂朗读

（一）词语练习

一般　一边　一端　一心　一脸　一旁　一早　一直
一律　一定　一段　一半　一旦　一共　一贯　一切
不安　不仅　不禁　不可　不免　不满　不然　不足

不断 不过 不利 不论 不幸 不怕 不要 不用

看一看 望一望 听一听 停一停 坐一坐 歇一歇

对不起 来不及 了不起 舍不得 大不了 吃不消

（二）绕口令练习

一个大，一个小，一件衣服一顶帽。

一边多，一边少，一打铅笔一把刀。

一个大，一个小，一个西瓜一个枣。

一边多，一边少，一盒饼干一块糕。

一个大，一个小，一头肥猪一只猫。

一边多，一边少，一群大雁一只鸟。

一边唱，一遍跳，大小多少要记牢。

三、蒙学经典——《三字经》（三十四）

zhì yuán xīng jīn xù xiē

至元兴，金绪歇。

yǒu sòng shì yì tóng miè

有宋世，一同灭。

bìng zhōng guó jiān róng dí

并中国，兼戎翟。

jiǔ shí nián guó zuò fèi

九十年，国祚废。

注解：

随着北方蒙古人武力的逐渐强盛，到元太宗时，南宋和元朝联合起来灭了金国。等传至元世祖忽必烈时，元朝灭了南宋，建立中国历史上第一个少数民族建立的统一王朝——元朝。

元朝统一了中国，包括北方多个少数民族。公元 1271 年，元世祖忽必烈改国号为大元。公元 1272 年，建国都于大都（今北京）。公元 1368 年，明太祖朱元璋称帝，国号为明。元朝灭亡，历时九十多年。

四、课后朗读

雨儿在唱歌

季振华

你听过会唱歌的雨吗？

在我们这个地方，这个有着雪白的梨园、绯红的杏林、葱绿的柳林和弯弯曲曲的小溪和许多石桥的地方，就有这样的雨，它在快乐地歌唱……

雨在小溪里唱歌：叮叮叮……

一定听懂它唱的是什么了，于是，小蝌蚪游啊游，长出了小腿，又掉下了尾巴，它们都爬到草地上去了……

雨在草地上唱歌：沙沙沙……

一定听懂它唱的是什么了，于是，草莓、木芍药、野百合、苔草……许多小草伸个懒腰，打个哈欠，发绿了，开花了。嘿，红红绿绿的小花开放得真像游泳场里的各式各样的花阳伞一样美呢……

雨在开犁了的土地上唱歌：刷刷刷……

一定听懂它唱的是什么了，所有的种子都被唤醒了，它们翻个身，揉揉惺忪的眼睛，把地皮拱动了，冒出芽来了，像咧开的小嘴喝着雨水，我还听见了它们被呛着了的笑声哩……

雨在瓦楞上唱歌，于是燕子在房梁上筑起了窝；

雨在沙地上唱歌，于是孩子们在河堤上栽起了树；

雨在柳梢头唱歌，于是牧童骑着牛儿到那雾一样的树林里去了，一缕笛音在蓝玻璃似的河面上打着旋，又滑向远方……

雨啊雨啊，满世界会唱歌的雨……

雨的歌声很简单，但是谁把它的歌声理解得那么简单呢？花鸟鱼虫，都从它的歌声里领会了自己生命的意义，这是一件多么美丽的事情呀……

在我们这个地方，只要下雨，你就能听到这种歌声：

叮叮叮、沙沙沙、刷刷刷……

我献给你一片红红绿绿的会唱歌的雨……

五、古诗赏读

竹　石

［清］郑　燮

咬定青山不放松，立根原在破岩中。
千磨万击还坚劲，任尔东西南北风。

石灰吟

［明］于　谦

千锤万凿出深山，烈火焚烧若等闲。
粉骨碎身全不怕，要留清白在人间。

第五课
普通话的“儿化”

一、本课要点

（一）什么是“儿化”

“儿化”指儿化韵，是普通话和某些汉语方言中的一种特殊的音变现象。“儿化”可以区分词性和词义，可以表示“小、少、细、微”等含义，可以表示“亲切、喜爱”等感情色彩，还可以使语言口语化。

（二）“儿化”的变调规律

“儿”和它前面的音节融合成一个音节，“er”又失去独立性，只保持因卷舌动作而发出的十分短弱的卷舌音，这个使前面韵母产生变化的韵母就是儿化韵。一般来说，“儿化”表示“喜欢、可爱、温和、细小、轻微”等感情色彩，比如鲜花儿、好玩儿、慢慢儿、门缝儿、小棍儿、一会儿等。

“儿化”的变调规律有三条：

（1）便于卷舌的，原韵母不变，直接加“-r”，如在“a、o、e、u”后面。

戏法儿、蜜枣儿、打嗝儿、主角儿

（2）不便于卷舌的，就要变化以迁就卷舌动作，如在“i、n”后面就要去掉韵尾加“-r”。

玩意儿、肚脐儿、心眼儿、哥们儿

（3）不能卷舌的，就要去掉韵尾，如鼻韵尾“ng”，就要去掉“ng”直接加“er”。

蛋清儿、眼镜儿、钢镚儿

二、 课堂练习

（一）词语练习

快板儿	老伴儿	老本儿	针鼻儿	小辫儿	找碴儿
裤衩儿	鞋带儿	脸蛋儿	差点儿	走调儿	胖墩儿
打盹儿	饱嗝儿	挨个儿	冰棍儿	光棍儿	小孩儿
一会儿	干活儿	大伙儿	坎肩儿	够劲儿	傻劲儿
烟卷儿	门槛儿	死扣儿	鼻梁儿	嗓门儿	邪门儿
纳闷儿	起名儿	刀片儿	小曲儿	出圈儿	桑葚儿
掌勺儿	口哨儿	走神儿	墨水儿	收摊儿	聊天儿
面条儿	锅贴儿	个头儿	老头儿	说头儿	跑腿儿
走味儿	被窝儿	送信儿	豆芽儿	心眼儿	玩意儿
人影儿	人缘儿	打杂儿	清早儿	枪子儿	铜子儿

（二）绕口令练习

有个小孩儿叫小兰儿，
挑着水桶上庙台儿，
摔了一个跟头，捡了一个钱儿。
又打醋儿，又买盐儿，还买了一个小饭碗儿。
小饭碗儿，真好玩儿，
没有边儿，没有沿儿，中间有个小红点儿。

三、蒙学经典——《三字经》（三十五）

míng tài zǔ jiǔ qīn shī
明 太 祖，久 亲 师。

chuán jiàn wén fāng sì sì
传 建 文，方 四 祀。

qiān běi jīng yǒng lè sì
迁 北 京，永 乐 嗣。

dài chóng zhēn méi shān shì
迨 崇 祯，煤 山 逝。

注解：

明太祖朱元璋是一位富有传奇色彩的人物，也是一位布衣皇帝。他从小家境贫困，为了生计，少年时在皇觉寺为僧。公元 1368 年，建立了明朝，并逐渐统一了中国。“久亲师”是指朱元璋长期率领军队作战。朱元璋的孙子建文帝继位后，以仁爱思想治国，以削藩政策试图加强中央集权。燕王朱棣就借此出兵，攻占南京。登基仅仅四年的建文帝就被他的叔父朱棣篡了位。

朱棣就是历史上著名的明成祖，明朝的第三代皇帝。朱棣取得皇位后，把国都迁到北京，年号“永乐”。朱棣极力整肃内政，巩固边防，疏浚大运河，组织编纂百科全书《永乐大典》。明朝的最后一个皇帝叫朱由检，即崇祯皇帝。公元 1644 年，李自成攻占北京，崇祯皇帝在煤山（今景山）自缢身亡。

四、课后朗读

友　谊

［黎巴嫩］纪伯伦·哈利勒·纪伯伦著　李唯中译

你的朋友能满足你的需要，你的朋友是你的土地，你在那里怀着爱而播种，含着感谢而收获，从中得到食粮、柴草：因为你空腹投友，正为寻求温饱，倘若朋友向你畅谈思想，正确与否，请你务必坦率直讲。

假若你的朋友一声不吭，那么你要静听他的心声，因为在友谊里无需言辞，思想和愿望会自生自长，朋友们自待一道喜采成熟果实。

别离朋友之时，也无需悲伤、忧愁，因为你无比敬重他，或许因为暂别，你对他的情感更胜一筹，犹如登山者看山，比在平原看更清晰、高大。你们要全心全意增进友谊，不可怀有其他目的。别有寄托的友谊，不是真正的友谊，而是撒入生活海洋里的网，到头来空收无益。

请把最宝贵的东西献给朋友！假若你生活的退潮值得向朋友讲，那么也应该让他知道涨潮的情况；在这个世界上，只为消磨时间，那么，他还能算得你的朋友吗？

常到充满活力的朋友那里去，只有这样的朋友，才能满足你的需要，只有他才能驱散你心中的空虚与烦躁！让天使光临友谊的百花园！在露珠晶莹的晨曦里，人心振奋，春意盎然！

五、古诗赏读

峨眉山月歌

［唐］李　白

峨眉山月半轮秋，影入平羌江水流。
夜发清溪向三峡，思君不见下渝州。

使至塞上

［唐］王　维

单车欲问边，属国过居延。
征蓬出汉塞，归雁入胡天。
大漠孤烟直，长河落日圆。
萧关逢候骑，都护在燕然。

第六课
轻声和轻重格式

一、本课要点

（一）轻声

轻声是指整个音节弱化，失去原来的音调，读得轻而短，不标声调。有一部分含有轻声的词有区分词义和词性的作用，必须掌握。大部分含有轻声的词只是习惯上的读法，轻声一般不在第一个音节出现。普通话中有很多词语是必须读轻声的，要注意以下情况读轻声。

1．单音节词，有些虚助词或辅助词固定读轻声

（1）助词，如的、地、得、了、着、过等。

（2）方位词，如上、下、里、边、面等。

（3）趋向动词，如来、去、住、开等。

（4）语气词，如啊、吧、吗、呢等。

2．双音节词，第二个音节在以下情况固定读轻声

（1）单纯词，如萝卜、葡萄、玻璃、哆嗦、模糊等。

（2）叠字动词、名词，如爸爸、哥哥、猩猩、看看、试试、想想、唱唱等。

（3）动宾结构名词，如枕头、扶手、顶针等。

（4）陪衬性词头词尾，如月亮、云彩、柴火、眉毛、耳朵、太阳等。

（二）轻重格式

轻重格式是词语的各个音节在声音的强弱轻重上分布不均而形成的，通常是约定俗成的，具有较大的稳定性。

1. 二字词

二字词大多为“中重”格式，但是也有例外。有些是“重轻”格式，就是第二个音节读轻声，如清楚、唠叨、困难、扁担等，还有些是“重中”格式，如田鸡、马脚、鸡眼、艺术、效率、手艺等。

2. 三字词

三字词大多为“中中重”格式，如打字机、展览会、司马迁、周恩来等，但也有些是“中重轻”格式，如不在乎、小伙子、老头子等，还有些是“中轻重”格式，如冰激凌、冷不防、索马里等。

3. 四字词

四字词大多为“中重中重”格式，如光明正大、一马当先、新陈代谢等，但也有些是“中轻中重”格式，如嘻嘻哈哈、大大方方、高高兴兴等。

二、课堂朗读

（一）词语练习

爱人	巴掌	答应	帮手	本事	少爷	合同	和尚
队伍	多么	伙计	念叨	家伙	口袋	忙活	漂亮
女婿	朋友	认识	上司	烧饼	架势	明白	师傅

（二）朗读作品《困难》

困　　难

柯　兰

也许你在工作中、生活中都遇到过困难……

在我的心里，困难就和胜利站在一起，困难是一条河，胜利就是河那边的山。过了河，就上了山。不要只看见河，就看不见山；也不要只看见山，却看不见困难。

困难总是躲在你的前面，试试你的耐心，试试你的勇气和力量。

你慢慢会发现困难喜欢交朋友。一个小困难它会介绍你认识一个大困难。如果你始终也不躲开它们，那它们就会给你越来越多的知识和胆量，直到最后，它们才给你让开路，把你送走。

如果你高兴，你还可以回过头来，看看这些困难朋友。

向困难伸过手去吧！在生活里这是你最好的朋友。

三、蒙学经典——《三字经》（三十六）

qīng	tài	zǔ	yīng	jǐng	mìng
清	太	祖，	膺	景	命。
jìng	sì	fāng	kè	dà	dìng
靖	四	方，	克	大	定。
zhì	shì	zǔ	nǎi	dà	tóng
至	世	祖，	乃	大	同。
shí	èr	shì	qīng	zuò	zhōng
十	二	世，	清	祚	终。

注解：

清太祖爱新觉罗·努尔哈赤受命于天，平定四方，结束了各地的混乱局面，使得百姓安生。膺，就是受命的意思，景命就是天命。公元1644年，清军入关，清世祖顺治皇帝在北京登基，他就是清朝的第一代皇帝。清朝一共经历了12个皇帝，其中康熙、雍正、乾隆三世是清朝的巅峰时期。溥仪是清朝的末代皇帝，1911年袁世凯诱使溥仪退位，清朝结束。

四、课后朗读

风　暴

［英］查尔斯·狄更斯著　佚　名译

狂风从海里直往岸上吹。我们奋力向前，越近海边风势就越吓人。早在瞧见大海以前，海水的飞沫已经落到我们的嘴唇上，把带咸味的雨水倾倒在我们身上。海水外溢，雅茅斯附近多少英里内的平原都给水淹了。那一片片水面，一汪汪水洼，都在拍击堤岸，使尽每一个小小浪花的力量向我们狠狠扑来。我们看见大海时，只见水天相接处不时从翻滚的深海里蹿起巨浪，犹如另一个耸立着塔群和建筑物的海岸在眼前一闪而过。当我们终于进入市镇时，人们来到了家门口，他们的身体倾斜，头发随风飘荡，对这种夜晚还会有邮车到来万分惊讶。

我先在那家老客店里安下身，然后就跑去看海。我摇摇晃晃沿街走去，大街上海沫四溅，遍地都是沙子和海草。我真担心会有石板和瓦片从上面掉下来，走到狂风肆虐的转角上，我拉住碰到的人才站得住脚。走近海边，我发现，躲在建筑物后面的岂止船夫，镇上有一半人都在这儿了。时而有些人顶着怒号的狂风去看海，在他们走着之字形回来时，被风吹得全然把不住方向。

当我在迷眼的狂风和飞沙走石及恐怖的喧嚣声中，有足够时间来观看一下大海的时候，那可怕的海面竟把我吓呆了。只见一道道高矗的水墙滚滚而来，升到最高点以后又跌下来变成拍击海岸的激浪，这种水墙之中连最小的似乎也能把市镇吞没。当退却的水浪带着刺耳的轰鸣向后冲刷而去的时候，它又仿佛要在海滩上抠出一个个深坑，像是有意要破坏地面。泛着白沫的巨浪轰然向前，到达陆地之前撞成万千碎片，而每一个碎片又似乎凝聚着巨浪的全部愤怒和威力，迫不及待地想凑合成另一个可怕的怪物。起伏的高山变成深谷，起伏的深谷又鼓起来形成高山（深谷间不时掠过一只孤独的海燕），大量的海水带着沉闷的声响震动着、摇撼着海岸。海浪哗哗作响，滚滚而来，刚一形成，就改变了形状和位置，同时又击退另一个变幻不定的海浪。水天相接处耸立着塔群和建筑物的想象中的海岸，时起时落，大片乌云在空中疾驰而过，我似乎看到整个天地都在碎裂，在动荡。

五、古诗赏读

黄鹤楼

［唐］崔　颢

昔人已乘黄鹤去，此地空余黄鹤楼。
黄鹤一去不复返，白云千载空悠悠。
晴川历历汉阳树，芳草萋萋鹦鹉洲。
日暮乡关何处是？烟波江上使人愁。

过零丁洋

［宋］文天祥

辛苦遭逢起一经，干戈寥落四周星。
山河破碎风飘絮，身世浮沉雨打萍。
惶恐滩头说惶恐，零丁洋里叹零丁。
人生自古谁无死？留取丹心照汗青。

单元拓展

语流音变是任何语言都存在的语言现象，也是语言自然流畅、优美大方的必然。掌握语流音变的规律是学习朗读的必然要求，在具体语言表达中可以通过倾听能力的提升培养敏锐的听辨能力。

一、古诗朗读

送　友　人

［唐］李　白

青山横北郭，白水绕东城。
此地一为别，孤蓬万里征。
浮云游子意，落日故人情。
挥手自兹去，萧萧班马鸣。

渔　歌　子

［唐］张志和

西塞山前白鹭飞，桃花流水鳜鱼肥。
青箬笠，绿蓑衣，斜风细雨不须归。

题临安邸

［宋］林　升

山外青山楼外楼，西湖歌舞几时休？
暖风熏得游人醉，直把杭州作汴州。

二、作品选读

黑夜并不可怕

金　波

黑夜并不可怕。
真的不可怕。
在我的想象里，
黑夜是一幅画。

（让我讲给你听吧！）

说在一个漆黑的夜里，
正飞着一只乌鸦妈妈，
它从远方觅食回来，
无论天多么黑，
它都不害怕；
无论路多么远，
它也能找到自己的家。
因为它知道，
在它高高的巢里，
还有五只小乌鸦，
都张着嘴巴，
饥饿地等待着妈妈。

夜，虽然又黑又冷，
却一点儿也不可怕。
因为那五只小乌鸦，
终于盼来了好妈妈。

如果你把这一切画下来，
黑夜就是一幅美妙的画。

雾

张秀亚

我喜欢雾。

我喜欢那使世界呈现出朦胧之美的雾。我赞美雾之神那种象征派诗人一般的笔法。

有人说过：落雾的时候，世界整个的变成了一间白色的屋子，而这屋子既没有门，也没有窗，你既无从进来，也无从出去，只有在那一片白色的氤氲中，和自己的影子捉迷藏，这真是一种很有趣味的说法。

古今诗人吟雾的词句很多，宋代的词人秦观即曾写过那样的句子：雾失楼台，月迷津渡。这八个字已在纸上展现出那一片微茫的境界。

美国一位现代诗人桑德堡，也曾写过：雾来了，附在小猫的足上。

他的想象的确非常丰富，还有什么比猫足更能表现出那轻而且软、落地无声的雾呢？

在雾中，一个富丽堂皇的世界是隐去了，我们徘徊雾中，正如读到一首意境高远、含蓄深厚的诗，其妙处，只可以意会。（你在雾中一步步地向前挪移时，正如将诗中妙句一字字地仔细默咏。）当你隔着一片浓雾，忽然听到你熟悉的那条小河的潺潺水响，那份喜悦，确不是在阳光朗照时能体会得到的。

我喜欢雾霭烟横的晨昏，一如我喜欢晓阴翳日的微雨天气。浓雾与轻阴笼罩下的世界，虽然是那样的迷离恍惚，使人有无处不凄凄之感，但是霏雾弄晴的光景，不是已予人无限的希望吗？

浓雾微阴之后，必能看到更灿美的阳光。

第三单元
气运声发　息息相关

声音的运用能力是有声语言表达最重要的能力。在本单元，我们将通过学习艺术语言的科学发声方法，掌握气息控制和共鸣变化的技巧，提高声音的运用能力。

第一课
朗读对气息的要求

一、本课要点

在朗读时，气息状态是有别于日常生活中的呼吸状态，要求吸气肌肉群的力量要更大一些，对身体的控制力要更强一些。

（一）要有较持久的气息使用能力

必须有较持久的气息使用能力，才能保证声音的力度、色彩等。只有保持气息在长句中稳定一致，才能使一些表情达意的艺术技巧得以实现。

（二）要有较稳定的气息控制能力

朗读要求在吸气的状态下呼气，这就是要保证气息的稳定，不能一句话开头气很足，到了句尾就弱下来了。气息控制能力的稳定是由作品内容表达需要决定的，吸气量一定要大于呼气量。只有保持一种吸气状态，才能在呼气时有比较稳定的气息压力。

（三）要有较灵活的气息调节能力

持久稳定的气息并不等于僵硬死板的憋气，不仅要根据内容和情感的变化补气或偷气，保持语句的完整性；也要控制呼吸停而不断，一气呵成，表达不断推进的情绪。

二、课堂朗读

（一）无声呼吸控制练习

无声呼吸控制练习的主要目的是增强吸气肌肉群的力量，增加吸气量。要按照胸腹联合式呼吸法，放松肩部，口鼻同时吸气，逐渐收紧腹斜肌，感觉气息从呼吸道沿着后背直达胸腔，膈肌自然下降，两肋随之向两侧打开，同时感到上身有一种向后的拉力，保持这样的吸气状态，稍后再有意识地慢慢放松对腹斜肌的收缩控制力度，让两肋慢慢回缩，膈肌上升，胸腔也渐渐缩小，气息随之从口腔呼出。

1. 慢吸慢呼和快吸慢呼

要求身体自然放松，但要保持吸气肌肉群的紧张有力，既可以均匀缓慢地吸气并呼气，也可以快速吸气，并在吸气肌肉群的拉力控制下慢慢呼气。快速吸气时，腹斜肌迅速向丹田位置收缩；缓慢呼气时，要有意识地控制收缩小腹的拉力，让气息自然轻松地呼出。

2. 快吸快呼和弹动呼吸

要求始终保持较强且灵活的吸气状态，快吸快呼是用鼻子吸气，嘴呼气，要快而平稳，呼得快，吸得深。弹动呼吸是用腹斜肌的收缩力做小腹弹动动作，控制呼吸，呼气和吸气时，气息只通过鼻腔。

（二）绕口令练习

出东门，过大桥，大桥前面一树枣。拿着竿子去打枣，青的多，红的少。一个枣，两个枣，三个枣，四个枣，五个枣，六个枣，七个枣，八个枣，九个枣，十个枣；十个枣，九个枣，八个枣，七个枣，六个枣，五个枣，四个枣，三个枣，两个枣，一个枣。这是一个绕口令，一口气说完才算好。

三、蒙学经典——《三字经》（三十七）

niàn èr shǐ quán zài zī
廿 二 史，全 在 兹。

zǎi zhì luàn zhī xīng shuāi
载 治 乱，知 兴 衰。

dú shǐ zhě kǎo shí lù
读 史 者，考 实 录。

tōng gǔ jīn ruò qīn mù
通 古 今，若 亲 目。

注解：

二十二史全面记载了各朝各代的治乱兴衰，我们可以从中领悟到很多有益的东西。研读历史的人，必须要考察记载历史事实的真实资料，有一分证据，说一分话。如此才能真正通晓古往今来的历史，就如同亲眼所见一样。

四、课后朗读

雪花的快乐

徐志摩

假如我是一朵雪花，
翩翩的在半空里潇洒，
我一定认清我的方向——
飞扬，飞扬，飞扬，
这地面上有我的方向。

不去那冷寞的幽谷，
不去那凄清的山麓，
也不上荒街去惆怅——
飞扬，飞扬，飞扬，
你看，我有我的方向！

在半空里娟娟地飞舞，
认明了那清幽的住处，
等着她来花园里探望——
飞扬，飞扬，飞扬，
啊，她身上有朱砂梅的清香！

那时我凭借我的身轻，
盈盈地沾住了她的衣襟，
贴近她柔波似的心胸——

消溶，消溶，消溶，
溶入了她柔波似的心胸！

五、古诗赏读

大风歌

［汉］刘 邦

大风起兮云飞扬，
威加海内兮归故乡，
安得猛士兮守四方！

垓下歌

［汉］项 羽

力拔山兮气盖世，时不利兮骓不逝。
骓不逝兮可奈何，虞兮虞兮奈若何！

第二课 胸腹联合式呼吸法

一、本课要点

（一）胸腹联合式呼吸法的特征

胸腹联合式呼吸法是需要特别训练才能掌握的一种有意识的艺术语言呼吸方式，这种呼吸方式的动作特征是松肩扩胸，降膈肌，收腹肌。主要特点是吸气量大，呼气、吸气肌肉群控制力强，气息运用变化灵活。

（二）胸腹联合式呼吸法的要领

吸气时，口鼻同时吸气，两肩自然下垂，两肋微微张开，小腹逐渐收紧。呼气时，尽量维持吸气状态，以腹斜肌的收缩控制力度，有意识地逐渐放松吸气肌肉群的力量，使膈肌和两肋慢慢回缩，让气息有节制地呼出。

从这个呼吸动作要领我们可以看出，膈肌和腹斜肌在呼吸控制中是起主要作用的，尤其是腹斜肌，是调节气息压力的枢纽。腹斜肌的交汇点在脐下三指，这个地方叫作丹田。因此，有人就把这样的呼吸叫作丹田之气，意思就是吸气时要有意识地收紧腹斜肌，呼气时要有意识地控制腹斜肌。当腹斜肌收缩时，膈肌下降，胸腔扩大，处于吸气状态；当腹斜肌放松收缩时，膈肌上升，胸腔缩小，处于呼气状态。可见，呼气、吸气肌肉群的对抗力量是呼吸控制能力的直接力量。所谓练声，就是这两组肌肉对抗能力的练习。

二、课堂朗读

（一）有声呼吸控制练习

有声呼吸控制练习的主要目的是在声音和气息的配合中增强气息的控制力。

1. 配合慢吸慢呼进行单元音延长练习

按照胸腹联合式呼吸法，有控制地缓慢吸气，当感觉气息比较饱满时，先做一个短暂的屏气停顿，再开始慢慢发声，把单元音放慢延长，发音要又长又稳。先单独延长“ā、ō、ē、ī、ū、ǖ”，然后将六个主要元音连起来，连续发音，要把气息送到硬腭，保持气息稳定，音色统一。

“ā——ō——ē——ī——ū——ǖ”

2. 配合快吸慢呼进行报数练习

在快速吸气后，控制气息呼出，用一口气尽量多地数数，大约以每秒数一个数的速度，稳定有序地数数，尽量延长呼气时间，最好能达到30秒以上。

数 数 儿

123456789……能数多少是多少，切记不要憋气，要保持喉头的自然放松状态和气息畅通，把注意力放在对吸气肌肉群的控制力锻炼上。同样，还可以数葫芦：一个葫芦、两个葫芦、三个葫芦……多多益善。

（二）绕口令练习

我家有个肥净白净八斤鸡，飞到张家后院里。张家院有个肥净白净八斤狗，咬了我的肥净白净八斤鸡。我拿他的肥净白净八斤狗，赔了我的肥净白净八斤鸡。

三、蒙学经典——《三字经》（三十八）

kǒu	ér	sòng	xīn	ér	wéi
口	而	诵，	心	而	惟。
zhāo	yú	sī	xī	yú	sī
朝	于	斯，	夕	于	斯。
xī	zhòng	ní	shī	xiàng	tuó
昔	仲	尼，	师	项	橐。
gǔ	shèng	xián	shàng	qín	xué
古	圣	贤，	尚	勤	学。

zhào zhōng lìng dú lǔ lùn
赵　中　令，读　鲁　论。
bǐ jì shì xué qiě qín
彼　既　仕，学　且　勤。

注解：

鲁国有一位神童叫项橐，虽然只有七岁，传说他“三难”孔子，孔子就拜他为师。像孔子这样的圣贤，还不耻下问，虚心勤学，我们更应该见贤思齐。孔子曰：“弟子不必不如师，师不必贤于弟子。”

赵中令是宋朝的赵普，曾任中书令，后任宰相。他好读《论语》，虽然贵为宰相，仍然勤奋学习。有人说他只会读《论语》，他说他以半部《论语》辅佐宋太祖得天下，以半部《论语》帮助宋太宗治天下。“半部《论语》治天下”就成了中国历史上的美谈。像赵普这样已经成为宰相且事业上十分成功的人都还坚持勤奋学习，因为他们明白学无止境的道理。

四、课后朗读

用针钉在树上的狐狸

［德］埃·拉斯别著　王　汶译

是的，随机应变是人活在世界上最重要的本领，而世界上没有一个人比我孟豪森男爵更会随机应变了。

有一天，在俄国一座茂密的大森林里，我碰到一只玄狐。这只狐狸的皮漂亮极了，我觉得用枪弹把它打坏，实在可惜。

我一分钟也没迟疑，赶紧卸下子弹，把一根缝鞋用的大针装进枪膛，瞄准这只狐狸，开了一枪，这只狐狸刚好站在树底下，所以大针一下子就把它的尾巴钉在大树上了。

我不慌不忙地走到狐狸跟前，开始用鞭子抽它。它简直痛得要发疯了，后来呀，信不信由你，它的身子一窜就从它的皮里窜了出去，光溜溜地逃走了。皮可完完整整地留了下来，一点也没损坏。

五、古诗赏读

卜算子·咏梅

毛泽东

风雨送春归，飞雪迎春到。
已是悬崖百丈冰，犹有花枝俏。
俏也不争春，只把春来报。
待到山花烂漫时，她在丛中笑。

游山西村

[宋]陆 游

莫笑农家腊酒浑，丰年留客足鸡豚。
山重水复疑无路，柳暗花明又一村。
箫鼓追随春社近，衣冠简朴古风存。
从今若许闲乘月，拄杖无时夜叩门。

第三课
保持气息稳定通畅

一、本课要点

朗读时，气息是灵动的，不能因为吸气量大就变得僵硬，这当中最关键的问题就是对气息的控制。

（一）正确的体态姿势

无论站或坐，都要双肩放松，胸部微含，小腹收紧，背部略微用力拉紧。这样才能保证呼吸畅通，也有利于肌肉群的运动。坐姿时，着力点在臀部，要坐在较硬的椅子或凳子的前三分之一处。站立时，要提臀，脚掌略向前用力踩实，身体略微前倾一点。

（二）有力的腹斜肌控制

腹斜肌的发力状况不仅能调节气息的流量，也能调节声音的色彩变化，这取决于吸气肌肉群的控制能力。另外还要注意，无论呼出还是吸入，都要留有余地，不要吸得太满，也不要呼得太尽。靠腹斜肌的主动控制，始终保持吸气状态，这样才能有目的、有意识、自如地运用气息。

（三）自如的情声配合

气息不仅是声音的动力，也是感情变化的表达手段，是为有声语言表情达意服务的，僵硬、机械的气息状态肯定不能满足有声语言的这种要求。所以，气息的运用一定要随着语言内容和语言目的的变化而变化。

二、课堂朗读

（一）稳定气息练习

要求吸气肌肉群适当用力，与呼气肌肉群对抗，保持呼气顺畅，不要使声音僵硬。选择吹纸练习的方法来检验气息的稳定程度。

吹纸的要求：吹动垂直在面前的一张纸，尽量保持纸的运动幅度稳定不变。

（二）绕口令练习

我们那儿有个王小三儿，在门口儿摆着一个小杂货摊儿，卖的是酱油、火柴和烟卷儿，红糖、白糖、花椒和大料瓣儿，花生、瓜子儿加上酸杏干儿，还有那冰糖葫芦一串儿又一串儿。

（三）朗读作品《木兰辞》

木　兰　辞

［北朝］佚　名

唧唧复唧唧，木兰当户织。不闻机杼声，唯闻女叹息。

问女何所思，问女何所忆。女亦无所思，女亦无所忆。昨夜见军帖，可汗大点兵。军书十二卷，卷卷有爷名。阿爷无大儿，木兰无长兄。愿为市鞍马，从此替爷征。

东市买骏马，西市买鞍鞯，南市买辔头，北市买长鞭。旦辞爷娘去，暮宿黄河边。不闻爷娘唤女声，但闻黄河流水鸣溅溅。旦辞黄河去，暮至黑山头。不闻爷娘唤女声，但闻燕山胡骑鸣啾啾。

万里赴戎机，关山度若飞。朔气传金柝，寒光照铁衣。将军百战死，壮士十年归。

归来见天子，天子坐明堂。策勋十二转，赏赐百千强。可汗问所欲，木兰不用尚书郎，愿驰千里足，送儿还故乡。

爷娘闻女来，出郭相扶将；阿姊闻妹来，当户理红妆；小弟闻姊来，磨刀霍霍向猪羊。开我东阁门，坐我西阁床。脱我战时袍，著我旧时裳。当窗理云鬓，对镜帖花黄。出门看火伴，火伴皆惊忙。同行十二年，不知木兰是女郎。

雄兔脚扑朔，雌兔眼迷离；双兔傍地走，安能辨我是雄雌？

三、蒙学经典——《三字经》（三十九）

pī	pú	biān	xiāo	zhú	jiǎn
披	蒲	编，	削	竹	简。
bǐ	wú	shū	qiě	zhī	miǎn
彼	无	书，	且	知	勉。
tóu	xuán	liáng	zhuī	cì	gǔ
头	悬	梁，	锥	刺	股。
bǐ	bú	jiào	zì	qín	kǔ
彼	不	教，	自	勤	苦。

注解：

西汉的路温舒从小外出放羊，利用牧羊时编织蒲席，把借来的书抄在蒲席上，坚持学习。西汉时的公孙弘为人放猪，利用空隙时间削竹子、做竹简，用于抄书学习。他们虽然无钱买书，却能刻苦自励，成就一番事业。

汉朝的孙敬勤奋好学，每天读书都读到很晚，为了避免打瞌睡，就在头发上绑了绳子，悬挂在头顶的木梁上。当他打瞌睡时，绳子扯动头发，就会因此痛醒，再继续用功。战国的苏秦是著名的谋士、纵横家，从小发奋勤学，每当昏昏欲睡的时候，就用锥子刺自己的大腿，提醒自己不能懈怠。他们不用别人督促而自觉勤奋苦读。

四、课后朗读

秋　颂（节选）

罗　兰

秋天的美，美在一分明澈。

有人的眸子像秋，有人的风韵像秋。

代表秋天的枫树之美，并不仅在那经霜的素红，而更在那临风的飒爽。

当叶子逐渐萧疏，秋林显出了它们的秀逸。那是一分不需任何点缀的洒脱与不在意世俗繁华的孤傲。

最动人的是秋林映着落日。那酡红如醉，衬托着天边加深的暮色。晚风带着清澈的凉意，随着暮色侵染，那是一种十分艳丽的凄楚之美。让你想流几行感怀身世之泪，却又被那逐渐淡去的醉红所摄住，而情愿把奔放的情感凝结。

曾有一位画家画过一幅霜染枫林的《秋院》。高高的枫树，静静掩住一园幽寂，树后重门深掩，看不尽的寂寥，好像我曾生活其中，品尝过秋的清寂。而我仍想悄悄步入画里，问讯那深掩的重门，看其中有多少灰尘，封存着多少生活的足迹。

最耐人寻味的是秋日天宇的闲云。那么澹澹然、悠悠然，悄悄远离尘间，对俗世悲欢扰攘，不再有动于衷。

秋天的风不带一点修饰，是最纯净的风。那么爽利地轻轻掠过园林，对萧萧落叶不必有所眷恋——季节就是季节，代谢就是代谢，生死就是生死，悲欢就是悲欢。无需参与，不必流连。

五、古诗赏读

长歌行

［汉］汉乐府

青青园中葵，朝露待日晞。
阳春布德泽，万物生光辉。
常恐秋节至，焜黄华叶衰。
百川东到海，何时复西归？
少壮不努力，老大徒伤悲。

迢迢牵牛星

［汉］佚　名

迢迢牵牛星，皎皎河汉女。
纤纤擢素手，札札弄机杼。
终日不成章，泣涕零如雨。
河汉清且浅，相去复几许？
盈盈一水间，脉脉不得语。

第四课
增强吐字归音能力

一、本课要点

（一）什么是吐字归音

吐字归音是我国古典说唱艺术对吐字方法的一种概括，它从汉语字音的特点中提炼出吐字过程各个环节的发音要领，是对发音动作的控制，是一种艺术化的发音方法。如果我们将声母和介音视作字头，韵腹作为字腹，韵尾称为字尾，吐字归音就是从开始的“字头小”到中间的“字腹大”，再到结束的“字尾小”的发音过程。

（二）吐字归音的要求

1. 叼住字头

要求成阻有力，除阻快速，就是在发音时部位准确，成阻和除阻力量适中，做到“叼住弹出”。另外，零声母的字也要保持一定的力度，这样才能使字音清晰有弹性。

2. 展开字腹

要求适当扩大口腔开度，增强字腹发音在滑动过程中完成的感觉，做到“拉开立起”。字腹是字音的主体，因此比较明显突出，发音要完整，这就给人一种“展开”的感觉。

3. 归韵字尾

通常尾音的发音气流更弱，肌肉更松弛，很容易出现发音不完整的情况。所以，字尾部分的发音要减弱，但是一定要完整，就是字尾的元音或鼻尾音一定要结束在应该到达的位置，做到“到位弱收”。

二、课堂朗读

（一）词语练习

三拼音节有介音，音节结构最完整，可以体会明显的“橄榄形”吐字归音。练习时，注意介音的连续性，重点在于字腹的展开。

画家　鲜花　漂亮　瓜果　宽广

观点　甩掉　罗锅　拖垮　花香

（二）贯口段子练习

报　菜　名（节选）

蒸羊羔、蒸熊掌、蒸鹿尾儿、烧花鸭、烧雏鸡、烧子鹅、卤猪、卤鸭、酱鸡、腊肉、松花小肚儿、香肠儿、熏鸡白肚儿、江米酿鸭子、山鸡、银鱼、清蒸哈什蚂、烩鸭丝、烩鸭腰、烩鸭条、清拌鸭丝、焖黄鳝、豆豉鲶鱼、锅烧鲤鱼、抓炒鲤鱼、抓炒对虾儿、软炸里脊、软炸鸡、麻酥油卷儿、熘鲜蘑、熘鱼脯、熘鱼肚、熘鱼片儿、醋熘肉片儿、烩三鲜、烩白蘑、烩鸽子蛋、烩鳗鱼、炒白虾、炒面鱼、炒竹笋、炒虾仁儿、炒银丝、烩腰花儿、烩海参、炒蹄筋儿、锅烧白菜、炸木耳、炒肝尖儿、炸飞禽……

三、蒙学经典——《三字经》（四十）

rú　náng　yíng　rú　yìng　xuě
如　囊　萤，如　映　雪。

jiā　suī　pín　xué　bú　chuò
家　虽　贫，学　不　辍。

rú　fù　xīn　rú　guà　jiǎo
如　负　薪，如　挂　角。

shēn　suī　láo　yóu　kǔ　zhuó
身　虽　劳，犹　苦　卓。

注解：

晋朝的车胤由于家中贫苦，无钱买油点灯读书，于是他就抓些萤火虫放在网袋中，利用萤火虫发出的一闪一闪的光来读书，后来成为知名学者。还有一位名叫孙康的晋朝人，也是家境贫寒，想要夜以继日地读书，可又无钱买灯油。冬天的夜晚，他就利用雪地上的反光来读书，后来成为一位博学大家。他们虽然生活清贫，但却从来没有停止学习，没有停止对知识的追求。

汉朝的朱买臣家境贫寒，以砍柴为生，却常常利用砍柴的空档读书。每次背柴回家的路上，都是一路背诵。正是因为这样的坚持，才学有所成，得到了皇上的赏识，改变了自己的命运。李密是隋末农民起义军——瓦岗军的首领，他少年时为人放牛，却仍一心向学，常常把书挂在牛角上苦读。正因为这样的点滴积累，他才能抓住难得的机遇，成为瓦岗军的重要人物。这些人为了工作、谋生，虽然身体都很劳苦，却依然坚苦卓绝地求学。这种奋发向上的精神，至今仍值得我们学习。

四、课后朗读

雨

刘半农

这全是小蕙的话，我不过替她做个速记，替她连串一下罢了。

妈！我今天要睡了——要靠着我的妈早些睡了。听！后面草地上，更没有半点声音；是我的小朋友们，都靠着他们的妈早些睡了。

听！后面草地上，更没有半点声音；只是墨也似的黑！只是墨也似的黑！怕啊！野狗野猫在远远地叫，可不要来啊！只是那叮叮咚咚的雨，为什么还在那里叮叮咚咚地响？

妈！我要睡了！那不怕野狗野猫的雨，还在黑黑的草地上，叮叮咚咚地响。它为什么不回去呢？它为什么不靠着它的妈，早些睡呢？

妈！你为什么笑？你说它没有家吗？——昨天不下雨的时候，草地上全是月光，它到哪里去了呢？你说它没有妈吗？——不是你前天说，天上的黑云，便是它的妈吗？

妈！我要睡了！你就关上了窗，不要让雨来打湿了我们的床。你就把我的小雨衣借给雨，不要让雨打湿了雨的衣裳。

五、古诗赏读

七 步 诗

［魏］曹 植

煮豆持作羹，漉菽以为汁。
萁在釜下燃，豆在釜中泣。
本自同根生，相煎何太急？

咏怀八十二首（其一）

［魏］阮 籍

夜中不能寐，起坐弹鸣琴。
薄帷鉴明月，清风吹我襟。
孤鸿号外野，翔鸟鸣北林。
徘徊将何见？忧思独伤心。

第五课 强化声音共鸣变化

一、本课要点

调节共鸣腔不仅可以美化声音，也可以使声音变化自如，适应有声语言表情达意的需要。

（一）“声挂前腭”的发声

以口腔共鸣为主的有声语言，在共鸣调节上有一个重要的感觉就是“声挂前腭”。“声挂前腭”实际上就是声波送达的冲击位置，是让声音随气流集中地经喉腔、咽腔、口腔直接冲向硬腭前部的发声过程。要做到“声挂前腭”，必须喉部放松，咽壁挺立，打开后槽牙，放松胸部，下调胸腔共鸣位置，最后让经过咽腔和口腔的气流沿着上颚中线冲向硬腭前部，使声音有一种所谓“挂”的感觉。这种发声方法通过气息调整和共鸣控制相结合，使声音既饱满圆润又富于变化。

（二）围绕口腔共鸣变化

有声语言表达的声音并不是共鸣越多越好，一定是以口腔共鸣为主，泛音共鸣适量，这样发出的声音才朴实、自然、大方。但是在表达时，声音的共鸣是变化的，这种变化需要以口腔共鸣为主，不仅可以改善发声状况，还可以更好地进行声音塑形。比如通过口腔大小、共鸣位置高低的变化可以调节声音的音色，适量增加鼻腔共鸣可以使声音更有穿透性，适量增大胸腔共鸣可以增添声音的分量。所以，共鸣的变化是一种声音变化的技巧，更是一种声音运用的能力。具有了这种能力，就可以使声音运用处于调控自如的良好状态。

二、课堂朗读

（一）成语练习

要求每个成语都要调值完整，以略为夸张的慢速进行练习。

春意盎然	鸟语花香	山明水秀	山穷水尽	大好河山
不动声色	大摇大摆	大义凛然	道貌岸然	灰头土面
万紫千红	姹紫嫣红	老气横秋	满腹狐疑	如痴如醉
风度翩翩	惊弓之鸟	耳闻目睹	鼠目寸光	画蛇添足
千军万马	亡羊补牢	杯弓蛇影	鹤立鸡群	口是心非
手疾眼快	头破血流	千钧一发	刻不容缓	迫不及待
十万火急	万紫千红	生机勃勃	同甘共苦	关怀备至

（二）绕口令练习

山上五棵树，架上五壶醋，林中五只鹿，箱里五条裤。伐了山上的树，搬下架上的醋，射死林中的鹿，取出箱中的裤。

三、蒙学经典——《三字经》（四十一）

sū lǎo quán èr shí qī
苏 老 泉，二 十 七。

shǐ fā fèn dú shū jí
始 发 奋，读 书 籍。

bǐ jì lǎo yóu huǐ chí
彼 既 老，犹 悔 迟。

ěr xiǎo shēng yí zǎo sī
尔 小 生，宜 早 思。

注解：

苏洵是宋朝著名的文学家，号老泉，是苏轼和苏辙的父亲，史称“三苏”。由于家庭生活的拖累，苏洵年轻时一直为生计忙碌着，转眼二十七岁了，忽然觉悟，开始发愤读书。苏洵年纪大了才后悔读书太晚。但年轻的学子们应该尽早用功读书，正所谓“少壮不努力，老大徒伤悲”。

四、课后朗读

吊　床

阳晓菁

很久很久以前，一位小女孩渴望着有一张吊床。

那仿佛是摘下白云纺织成线，细细密密编织而成的吊床。好想坐在上面，悠悠地摇荡。

“吊床是不是像摇篮一样呢？还是像浮荡在空中的一只软软的小船？”在两株高耸入云的大树中间系起吊床，人睡在其中，也许要梦见自己变作了鸟儿呢。

可是，在小女孩的院子里，能系起吊床的那种大树，连一株都不曾有。

初夏，镇上的花木集市开张的时候，小女孩拿出所有的积蓄，买下了两株树苗。那是两株只长着比手指还细的枝桠的枫树苗。

“你现在只有这么小的一丁点儿，可是你一定会长大，一定会长得粗粗壮壮，足够系起吊床来。把你们好好种进地里，快快长哟。”小女孩俯身望着树苗说道。

从此，她每天毫不间断地为树苗浇水、上肥，郑重其事地培育着这两株树苗。

从那以后，好多年过去，到了今年的夏天。在两株枫树之间，两张白色的吊床正悠悠摇曳。吊床上方，绿叶葱茂的树枝如同美丽的太阳伞一般舒张着。树荫里的吊床上，两个孩子正说着话。

“听说，这枫树是咱们姥姥的姥姥种下的。”

可不，姥姥的姥姥就是为了我们才留下了这两株枫树的呢。

枫树沙沙地摇曳着，散发出沁人心脾的芬芳。孩子们的心中，描绘着生活在很久很久以前的那位小女孩的情形。

五、古诗赏读

蝉

［唐］虞世南

垂緌饮清露，流响出疏桐。
居高声自远，非是藉秋风。

人民解放军占领南京

毛泽东

钟山风雨起苍黄，百万雄师过大江。
虎踞龙盘今胜昔，天翻地覆慨而慷。
宜将剩勇追穷寇，不可沽名学霸王。
天若有情天亦老，人间正道是沧桑。

第六课
灵动的声音有弹性

一、本课要点

（一）什么是声音弹性

简单地说，声音弹性就是声音的表现力和感染力，是为了表达丰富多彩的作品情感而需要具备的声音的伸缩性和可变性。表达不同的情感态度，声音形式就会不一样，声音应随着情感的变化而变化。当你的声音不能适应这样的变化时，就说明声音弹性不够，需要加强练习。

（二）如何获得更好的声音弹性

1．扩展音域，增强伸缩性

声音的音域受到个人条件的限制，但是仍然可以通过训练，适当扩展音域，增强声音的伸缩性，比如韵母的音阶训练等。

2．增强对比，强化可变性

声音的对比就是高低、强弱、虚实、刚柔、厚薄、明暗的变化。通过词语或短句，有意识地进行这些对比练习，可以很好地帮助大家感知声音的对比变化。

3．灵活运用，保持自如性

声音运用一定是变化的，要根据作品内容而有所变化。需要注意的是，无论什么样的声音状态都必须自然大方，不能做作。

二、课堂朗读

（一）元音练习

“ā、ī、ū”滑动发音，先由低音向高音滑动发音，再由高音向低音滑动发音。

（二）朗读作品《我骄傲，我是中国人》

我骄傲，我是中国人

王怀让

在无数蓝色的眼睛和褐色的眼睛之中，
我有着一双宝石般的黑色眼睛，
我骄傲，我是中国人！
在无数白色的皮肤和黑色的皮肤之中，
我有着大地般黄色的皮肤，
我骄傲，我是中国人！

我是中国人——
黄土高原是我挺起的胸脯，
黄河流水是我沸腾的血液，
长城是我扬起的手臂，
泰山是我站立的脚跟。

我是中国人——
我的祖先最早走出森林，
我的祖先最早开始耕耘，
我是指南针、印刷术的后裔，
我是圆周率、地动仪的子孙。

在我的民族中，
不光有史册上万古不朽的
孔夫子、司马迁、李自成、孙中山，

还有那文学史上万古不朽的
花木兰、林黛玉、孙悟空、鲁智深。

我是中国人——
在我的国土上，
不光有雷电轰击不倒的长白雪山、黄山劲松，
还有那风雨不灭的井冈传统、延安精神！
我骄傲，我是中国人！

我是中国人——
我那黄河一样粗犷的声音，
不光响在联合国的大厦里，
大声发表着中国的议论，
也响在奥林匹克的赛场上，
大声高喊着“中国得分”！
当掌声把五星红旗送上蓝天，
我骄傲，我是中国人！

我是中国人——
我那长城一样的巨大手臂，
不光把采油钻杆钻进外国人
预言打不出石油的地心，
也把通信卫星送上祖先们
梦里也没有到过的白云。
当五大洲倾听东方的时候，
我骄傲，我是中国人！

我是中国人——
我是莫高窟壁画的传人，

让那翩翩欲飞的壁画与我们同往。

我就是飞天，

飞天就是我。

我骄傲，我是中国人！

三、蒙学经典——《三字经》（四十二）

ruò	liáng	hào	bā	shí	èr
若	梁	灏，	八	十	二。
duì	dà	tíng	kuí	duō	shì
对	大	廷，	魁	多	士。
bǐ	jì	chéng	zhòng	chēng	yì
彼	既	成，	众	称	异。
ěr	xiǎo	shēng	yí	lì	zhì
尔	小	生，	宜	立	志。

注解：

宋朝的梁灏，八十二岁还能考中进士，在众多读书人中脱颖而出，在殿试中对皇帝提出的问题对答如流。梁灏这么大年纪，尚能取得成功，不得不使人诧异，由衷钦佩他的好学不倦，而我们更应该趁着年轻，早立志，早用功。

四、课后朗读

不要丢掉自己的小伞

王亚惠

在岁月的风雨中踽踽独行时，我有一把脆弱的小伞，风雨飘摇中，为我遮风挡雨。

一日，遇上了他，他高大的身躯像座山。我靠上去，顿时，头顶的一方天幽蓝幽蓝。

我丢掉了自己的小伞，专心去画那个以他为圆心的圆。用大海做底色，青春做笔，心血做墨，采摘来七彩阳光镶嵌出一道似梦似幻的风景。

有一天，这风景突然海市蜃楼般地消失了。凄风苦雨中我睁开久闭的双眼，没有了眩目的阳光，我才发现那曾经像山一样的身躯早已萎缩。我的心浸泡在风雨中渐渐凉透了，才想起那把被我丢弃的小伞。

迈出那个自己精心勾画的圆，捡起那把脆弱的小伞，我踽踽独行于岁月的风雨之中。

不再祈求雨住天晴，不再期盼搭车同行。只记住，再也不要丢掉自己的小伞。

五、古诗赏读

宣州谢脁楼饯别校书叔云

［唐］李　白

弃我去者，昨日之日不可留；
乱我心者，今日之日多烦忧。
长风万里送秋雁，对此可以酣高楼。
蓬莱文章建安骨，中间小谢又清发。
俱怀逸兴壮思飞，欲上青天览明月。
抽刀断水水更流，举杯消愁愁更愁。
人生在世不称意，明朝散发弄扁舟。

劝　学

［唐］颜真卿

三更灯火五更鸡，正是男儿读书时。
黑发不知勤学早，白首方悔读书迟。

单元拓展

用气发声的关键是要掌握科学的呼吸方法，这是艺术语言表达最重要的基础能力之一。气息控制、吐字归音、共鸣控制和声音弹性都必须在科学的呼吸方法基础上才能实现。通过以下作品的朗读练习，巩固本单元所学的技能，提高声音的运用能力。

一、古诗朗读

雁门太守行

［唐］李　贺

黑云压城城欲摧，甲光向日金鳞开。
角声满天秋色里，塞上燕脂凝夜紫。
半卷红旗临易水，霜重鼓寒声不起。
报君黄金台上意，提携玉龙为君死。

行　路　难（其一）

［唐］李　白

金樽清酒斗十千，玉盘珍羞直万钱。
停杯投箸不能食，拔剑四顾心茫然。
欲渡黄河冰塞川，将登太行雪满山。
闲来垂钓碧溪上，忽复乘舟梦日边。
行路难！行路难！多歧路，今安在？
长风破浪会有时，直挂云帆济沧海。

二、作品选读

跑进家来的松鼠（节选）

［俄］马克西姆·高尔基著　韦　苇译

我们家的房子紧挨着森林。

一只松鼠跑进我们家来，很快就跟我们相熟了。它整天满屋乱跑，在橱柜和架子上跳来跳去，动作灵活得惊人，从来没有碰掉过一样东西。

它特别爱吃甜食，经常跳到我们肩膀上要糖吃。有一回，餐柜里的方糖不见了，妈妈把我们几个孩子叫去问，我们谁也不知道。爸爸说我们不诚实，一个星期不许吃糖。

松鼠跟我们一样，一个星期没有吃到糖。

有一天，午饭后，我正静静地坐在沙发上看书。忽然看见松鼠跳上餐桌，叼起一块面包皮，跳上了大柜顶。过了一会儿，它又来叼走了一块。

我踩着椅子往大柜顶上瞧，那儿放着妈妈的一顶帽子。我拿起帽子，不由得大吃一惊——那帽子下面什么都有！方糖，纸包糖，还有面包皮和各种各样的小骨头……

我马上跑去告诉了爸爸：“原来松鼠才是我们家那个不诚实的孩子！”

爸爸哈哈大笑，说：“我怎么没想到这一点呢！咱们家的松鼠是在储备冬粮呢。森林里的松鼠到了秋天，就要开始储备冬粮。这是松鼠的天性，咱们家的松鼠自然也不甘落后！”

有一天，我们到森林里采蘑菇，回到家时累极了，草草吃了饭就睡了。满满一篮子蘑菇就放在窗台上——那儿比较凉快，放一夜不会坏。

第二天早晨，我们惊奇地发现篮子空了。蘑菇都到哪儿去了？

爸爸忽然在书房里惊叫起来：“快来看！”我们跑过去，眼前的景象真是让人哭笑不得：墙上的那副鹿角上挂满了蘑菇；不仅鹿角上，搭手巾的架子上、镜子后面、油画上面，到处都是蘑菇。原来松鼠起了个大早，忙活了一个早晨，把蘑菇全晾上了。它想晾干了留着给自己过冬。

秋天，当阳光还温暖地照耀着大地的时候，森林里的松鼠总是把蘑菇高高地挂在树枝上晾干。我们家的松鼠也这样做了。

过了些日子，天气真的冷了起来。松鼠尽量钻到暖和一些的地方躲起来。有一天，它干脆失踪了，哪儿也找不到。也许它跑到花园或森林里去了吧？我们心里空落落的。

天太冷，我们得生炉子了。我们关上通风口，放上柴，点着了火。忽然听到炉子里有什么东西沙沙直响。我们急忙把通风口打开，只见松鼠像粒子弹似的从里头蹿了出来，跳到了大柜顶上。

炉子里的烟直往屋子里冒，而烟囱口却不见一丝烟。这是怎么回事？哥哥用粗铁丝做了个大钩子，从通风口伸进烟囱里去。

结果，哥哥从烟囱里掏出一只手套，还有奶奶过节时才舍得戴的头巾。

原来，松鼠把这些东西叼到烟囱里给自己垫窝了。唉，它是从森林里来的，住在我们家里，还保留着老习惯。它天性这样，跟它说住在我们的房子里不会冷，是没有用的。

花的学校

［印度］拉宾德拉纳特·泰戈尔著　郑振铎译

当雷云在天上轰响，六月的阵雨落下的时候，湿润的东风走过荒野，在竹林中吹着口笛。

于是，一群一群的花从无人知道的地方突然跑出来，在绿草上跳舞、狂欢。

妈妈，我真的觉得那些花朵是在地下的学校里上学。

他们关了门做功课。如果他们想在放学以前出来游戏，他们的老师是要罚他们站墙角的。

雨一来，他们便放假了。

树枝在林中互相碰触着，绿叶在狂风里簌簌地响，雷云拍着大手。这时，花孩子们便穿了紫的、黄的、白的衣裳，冲了出来。

你可知道，妈妈，他们的家是在天上，在星星所住的地方。

你没有看见他们怎样地急着要到那儿去吗？你不知道他们为什么那样急急忙忙吗？

我自然能够猜得出他们是对谁扬起双臂来，他们也有他们的妈妈，就像我有我自己的妈妈一样。

第四单元
“声”动形象　栩栩如生

朗读是用声音表达文学作品，是把自己对作品的感受外化为声音表达出来的语言艺术形式。前面我们已经学习了一些朗读的基本要求，在本单元，我们主要从角色语言塑造这一角度来讨论声音的表现力。在叙事讲述时，我们的声音要能娓娓道来；在辩论阐述时，我们的声音要能振振有词；在塑造角色形象时，我们的声音要能“声”动形象，栩栩如生。这就对如何用声音塑造角色形象提出了具体的要求，需要认真地探索角色语言的表达方法。

另外，在教学实践中，我们发现很多学生朗读或演讲时，总是目光呆滞，身体僵硬，举手投足间略显拘谨。因此，我们还要学习形体语言的表达方法和运用技巧。

第一课
角色语言就是角色形象

一、本课要点

对角色的理解越细致，对角色的塑造就越准确。塑造角色，外貌形象可以通过造型化妆来解决，最困难的其实就是对角色内心情感的把握，即角色的声音形式是什么样的。只有把握角色的声音形式，才能表达出角色的内心情感。这种把握往往体现在声音塑造能力上。这一课，我们将学习如何提高声音的表现力以及如何用声音更好地塑造角色形象。

（一）角色语言能刻画角色性格

作品中的角色都有鲜明的个性，而语言是塑造角色性格的直接表达，是刻画角色性格的主要手段。所以，塑造角色形象就必须通过角色语言的个性来表现其性格特征和情感变化。

（二）角色语言能画龙点睛

角色语言在作品表现元素中常常起着画龙点睛的作用，作品中的角色都是非说不可的时候才会开口说话的，作者是惜墨如金的。所以，角色语言是作品表达中非常重要的一部分。

（三）角色语言能推进情节发展

作品的情节发展除了故事结构本身的变化外，角色之间的对话是直接推进情节发展的手段，是故事发展的主要脉络。所以，把握角色语言就是把握情节发展，角色对话的逻辑关系在角色的语气中能够清晰地呈现。

二、课堂朗读

明确了角色语言的重要作用，我们就知道了角色语言在作品表达中的地位，就应该尝试突出角色语言的特点，提高声音的表达力。比如寓言故事《羊和水牛》中，羊和水牛的个性就非常鲜明。我们在朗读时，需要准确地设计好这两个角色的声音特点，很好地用声音塑造角色形象。

羊和水牛

金 波

羊跌在河中，大呼救命。

水牛走过来看见，问道：“羊呀，你怎么会跌在河里了？”

羊回答：“我刚才走路不小心跌下去的。”

水牛又问：“你没有学过游泳吗？”

羊回答：“没有学过，我不会游泳。”

水牛又问：“难道你不晓得游泳是多么重要吗？”

羊回答：“我知道游泳是重要的。”

水牛又问：“那么你为什么不学游泳呢？”

羊恳求说：“牛呀，请你先把我救上来，再慢慢地问吧，不然……”

水牛说：“不，不先把情况调查清楚，我是决不开始办事的！”

羊着急地说：“哎呀，你如果再问几句，我便要淹死了呀！”

水牛说：“那么好吧，我们把谈话精简一些，我问你：以后愿意不愿意学游泳？”

羊说：“愿意，愿意，快把我救上来吧！”

水牛说：“很好，既然你已经觉悟，懂得了游泳的重要，那么我马上回家去拿一本《游泳初步》给你看吧！”

水牛回头就走，一面走，一面想：我得先让它把《游泳初步》念熟了，然后再叫它天天跟着我学习……

三、蒙学经典——《三字经》（四十三）

yíng bā suì néng yǒng shī
莹 八 岁，能 咏 诗。

bì qī suì néng fù qí
泌七岁，能赋棋。
bǐ yǐng wù rén chēng qí
彼颖悟，人称奇。
ěr yòu xué dāng xiào zhī
尔幼学，当效之。

注解：

北齐的祖莹自幼好学，八岁就能吟诗。唐朝的李泌是一代名臣，四朝为官，七岁就能以棋为题作赋。唐玄宗要他咏出方、圆、动、静四个字，李泌即答曰："方若行义，圆若用智，动若骋材，静若得意。"他们的聪明才智，人人都赞叹称奇。年轻的学子们应当从小努力，以他们为模范，努力用功读书。

四、课后朗读

朗读剧本《小猪问路》。先通读全文，分析角色性格，确定角色语言特点，注意体会角色性格和语言表达方式之间的不同。

小猪问路

时间：早晨

地点：森林里的一个十字路口

角色：小猪、乌龟、大象

（幕开时，小猪边走边哼着小曲儿，来到台前）

小猪：（神气地）小朋友们，告诉你们，今天妈妈终于同意让我一个人到蘑菇村小兔家去玩了，我真是太高兴了！

（小猪走着玩着，来到了一个十字路口）

小猪：（抓耳挠腮，手点着其他的三个方向）一、二、三，三条路，哪条才是去小兔家的路呢？

（小猪站在十字路口急得直跺脚）

（一只乌龟慢慢地爬过来）

小猪：（高兴极了，大声问）乌龟弟弟，到蘑菇村该走哪条路？

乌龟:(很不高兴)什么? 你叫我弟弟? 我今年已经98岁了,比你的爷爷年纪还要大呢!

(乌龟说完,生气地爬走了)

(小猪尴尬地站在原地,不知如何是好)

(一头大象从大路那头走过来)

小猪:(自言自语)太好了,来了一头大象,我问问他蘑菇村的方向。(抓耳挠腮)我该怎么跟他打招呼呢? 刚才看到小乌龟,我叫他弟弟,他生气了。大象比小乌龟大多了,叫爷爷肯定没错!

(小猪走到大象面前,恭恭敬敬地行了个礼)

小猪: 象爷爷,您认识到蘑菇村去的路吗?

大象:(哈哈大笑)哈哈哈,你叫我爷爷? 我还不满1岁呢。

(小猪羞得满脸通红,站在原地不知该怎么办才好)

大象:(走过来安慰他)别着急,我带你去吧!

小猪:(高兴地跳了起来)太好了,太好了,谢谢你,小象弟弟!

(两人手拉着手,朝着蘑菇村的方向走去)

五、古诗赏读

六月二十七日望湖楼醉书(其一)

[宋]苏 轼

黑云翻墨未遮山,白雨跳珠乱入船。

卷地风来忽吹散,望湖楼下水如天。

第二课
抓住特征塑造角色形象

一、本课要点

（一）确定角色的具体特征

角色的具体特征要根据自己的理解感受归纳提炼出来，一定要具体而鲜明。理解角色是对作品中角色特征的把握。角色是什么性格、应该是什么声音形象、在情节变化中又会如何改变等，都需要在阅读作品时分析清楚。对角色的理解一定要放在全篇中，从整体上宏观把握，但又必须从具体描写的细节中挖掘。这就需要认真仔细地阅读作品，不断推演情节变化对角色的影响，形成独特的理解和感受，最终确定并设计出角色的声音形式，将角色特征通过声音具体化。角色特征主要包括以下几方面。

（1）性格特征：角色都是典型环境中的典型形象，性格特征是其标志性的符号。在用声音表现角色的时候，首先要为角色设计出符合其性格特征的声音形象。

（2）行为特征：在一定性格特征下的角色行为也是统一的，所以角色行为通过有特点的语言表现出来，就为我们突出行为特征提供了最直接的形式。

（3）环境特征：角色的性别、年龄等都是显性的，比较容易把握，但是角色在什么环境下、是什么时代的这些非显性的、非直接的环境特征则需要仔细琢磨，要在语言上赋予角色鲜明的时代性。也必须注意角色语言表达的小环境，比如室内与室外不同、角色多与角色少不同、大声宣讲和个别交谈不同等。

（二）角色语言特点要符合大众通识

每个人对声音都会有一种通识认知：男人的声音宽厚深沉，女人的声音纤细明亮；高大威猛的角色声如洪钟，纤细幼小的角色细声细气。所以，塑造角色声音形象的总体原则是必须符合大众通识，要将生活中的表达认知具体落实到声音形象上。比如大人的声音与孩子的声音就有区别；沉稳的人说话比较慢，比较稳，这样的人物角色就不能语速快，声音尖；狡猾的和淳朴的角色在声音上也应该有区别；激情和冷漠的感情色彩也可以用声音区分。总之，声音形象一定要与生活中的通识认知吻合，不能自说自话。我们对角色理解得越深入、越具体，塑造出的角色就会越生动、越鲜活。一定要自己理解，自己把握，千万不要模式化，不要有什么标准和规范，更不能一味地模仿老师。

（三）刻画角色的声音要追求神似

确定角色的声音形象是塑造角色的重要任务。每一个角色的声音都是具有标志性的，角色的性格也是通过声音表现出来的，角色的情绪变化也要体现在声音的变化上。我们在前面的学习中已经讲过，用声音塑造角色最讲究的就是要神似，只有神似才能更好地刻画角色的声音形式。所谓神似，就是明明听着是朗读者的声音，但却始终都能感受到角色的内心情感，感觉就是这个角色在说话。

二、课堂朗读

朗读《春妮旁白》，感受春妮的内心情感，设计春妮的语言特点。

春 妮 旁 白

沈西蒙

“指导员，我非常难过，不是为自己，是为陈喜。我们俩从两小无猜到参加革命，没有斗过一回嘴，生过一回气。我觉得有这样一个好丈夫，真是幸福。婚后第三天，我亲自送他参军。听说他常立战功时，我欢喜得啊，挑着担子唱着歌把军粮送往前方。谁想到刚刚胜利，刚刚进入大城市，陈喜的思想就起了变化。多大的变化呀！我密针细线给他缝的布袜扔掉了，那绣着一对鸳鸯的针线包，是我做姑娘时背着人偷偷给他缝的，也当着我的面扔掉了……指导员，他是把部队的老传统扔掉了，把解放区人民的心意给扔掉了，把他自己的荣誉扔掉了！指导员，我多么为他难过！党培养他这么多年，没倒在敌人的枪炮底下，却要倒在花花绿绿的南京路上了……我真为他的前途担心！指导员，我知道，你一直对他很好，你拉他一把吧！”

三、蒙学经典——《三字经》（四十四）

cài wén jī néng biàn qín
蔡文姬，能辨琴。
xiè dào yùn néng yǒng yín
谢道韫，能咏吟。
bǐ nǚ zǐ qiě cōng mǐn
彼女子，且聪敏。
ěr nán zǐ dāng zì jǐng
尔男子，当自警。

注解：

东汉末年的蔡文姬博学多才，精于音律，从小便能分辨琴声的好坏，可以从琴声分辨出吉凶之兆。东晋宰相谢安的侄女谢道韫能出口成诗。谢安就是“旧时王谢堂前燕，飞入寻常百姓家”诗句当中的谢家，谢道韫也是王羲之之子王凝之的妻子。她们这些女子既聪明又敏捷，你们这些男子就更应该自我警惕，好好努力。

四、课后朗读

朗读剧本《狐假虎威》，分析不同动物的特点，用不同的声音来塑造这些角色形象。

狐假虎威

角色：狐狸、山羊、老虎、小猴、斑马、孔雀、小白兔、小鹿等

道具：各种动物的头饰

布景：森林一角，大树、大石块、山花等错落其间

旁白：森林里的动物们在做老鹰捉小鸡的游戏，看，他们来了。

（音乐起，动物们在音乐声中做游戏）

狐狸：哈，伙伴们，我们一起玩吧！

小白兔：我们才不和你一起玩呢，狡猾的狐狸。伙伴们，你们知道吗？上次乌鸦妈妈好不容易才找到一块肉给它的宝宝吃，就是被这只狐狸给骗走的，我们才不会和你玩呢！

狐狸：哼，你们知道吗？就连老虎都怕我三分，你们不和我玩，有你们好瞧的！

山羊：咱们换个地方玩吧，咱们才不理它呢！

小动物们：走喽！

（小动物们拉着手下场，狐狸灰溜溜地下场）

旁白：有一只老虎正在森林里寻找食物。

老虎：哇，哇！

老虎：我是凶猛的老虎，（唱起来）我是老虎，我是老虎，跑得快，跑得快……你看我的爪子，你看我的胳膊，壮不壮？（抡起胳膊给大家看）在森林里我是兽中之王，刚刚吃了一只动物，我还要吃……啊呜！

（狐狸从老虎身边窜过）

狐狸：（狐狸伴着音乐唱起来）我是花狐狸，我长得真美丽。大家都夸我呀，说我多美丽，聪明的狐狸！

老虎：（指着狐狸）咦，真是踏破铁鞋无觅处，得来全不费工夫，目标出现了。

（老虎扑过去，把狐狸逮住了，正准备“啊呜”一口咬下去）

狐狸：哎呀！

老虎：我终于可以有美食吃了。

狐狸：虎大哥，求求你饶了我吧！

老虎：放了你，我吃什么呢？

狐狸：（狡猾的狐狸眼珠子骨碌一转，扯着嗓子对老虎说）你敢吃我！

老虎：怎么不敢？

狐狸：你知道我今天是来干什么的吗？我呀，是奉老天爷的命令，专门来管理你们百兽的，你要是敢吃了我，就是违抗了老天爷的命令。我看你有多大的胆子！

老虎：（老虎被蒙住了，松开了爪子）我怎么不知道？

狐狸：（摇了摇尾巴）老虎，你要是不信的话，一会儿我带你到百兽跟前走一趟。让你看看我的威风，说不定你表现好了，我还会奖励你一顿美味的大餐呢！

老虎：要是你敢骗我，有你的好看。

（狐狸和老虎一前一后朝森林深处走去）

（狐狸摇头摆尾，老虎半信半疑，东张西望）

（狐狸、老虎退到幕后）

小鹿：大家好，我是小鹿。伙伴们，我们一起玩吧！

（森林里的动物们在做游戏。音乐起，你拍一，我拍一……）

小猴：你们看，狐狸怎么又来了？

斑马：他身后是谁？

孔雀：老虎……快跑！

（动物们吓得四散逃走）

狐狸：（得意扬扬）看到吧，我的威猛！

老虎：（双手抱拳）狐狸大人，真是佩服，佩服。大人，请！

旁白：凶恶的老虎受骗了，狡猾的狐狸是借着老虎的威风把百兽吓跑的！

五、古诗赏读

三衢道中

［宋］曾　几

梅子黄时日日晴，小溪泛尽却山行。
绿阴不减来时路，添得黄鹂四五声。

第三课
寻找变化突出角色性格

一、本课要点

明确了用声音塑造角色的要求是神似，那么应该如何变化呢？我们可以从语气色彩、共鸣控制、节奏类型、发声位置和气息运用五方面来把握。

（一）语气色彩的变化

角色声音的变化是为了突出性格特征，这种变化一定要体现在角色的语气上。塑造角色是否成功，关键在于角色语气的把握，抓住了角色的语气特点，就抓住了角色的语言特征和声音特点。

（二）共鸣控制的变化

通过共鸣控制可以改变声音的音区变化，就可以神似地表现出较高的女声音色和较低的男声音色。如果要塑造雄浑低沉的声音，就要多用胸腔共鸣。使用这种声音必须放松喉部，扩大低声区的共鸣。挤压喉部、故意压低的声音不好听，也很难保持较长时间。声音是随着状态的变化而变化的，放松自如的状态是最重要的，无论是高音区还是低音区，通过增强共鸣控制力，可以改变声音形象。

（三）节奏类型的变化

角色的内心节奏都是通过语言表现出来的，用节奏类型的变化来塑造角色的性格特点，就能突出角色的语言特点。焦急的、沉闷的、缓慢的、兴奋的、坚定的、关怀的、痛苦的语言都可以通过节奏变化来实现。

（四）发声位置的变化

为了塑造角色的特点，也可以在发声位置的变化上做一些设计，主要是利用发声位置前后变化来形成角色的声音特点。不同角色的声音变化也是同样的道理，只要能为角色确定准确的性格特点和外形特征，声音的设计就能水到渠成。

（五）气息运用的变化

我们还可以用呼吸变化的方式来塑造角色形象，因为不同的角色在不同环境状态下的呼吸方式是不同的。气息的深浅、多少、快慢在运用上的变化就形成了不同的语言特点。比如绘本中高大威猛的大熊说话的气息就要深一点，小鸟的气息就要浅一点等。

二、课堂朗读

朗读《聪明人和傻子和奴才》，为不同角色设计不同的声音形象。

聪明人和傻子和奴才

鲁　迅

奴才总不过是寻人诉苦。只要这样，也只能这样。有一日，他遇到一个聪明人。

“先生！”他悲哀地说，眼泪联成一线，就从眼角上直流下来。“你知道的。我所过的简直不是人的生活。吃的是一天未必有一餐，这一餐又不过是高粱皮，连猪狗都不要吃的，尚且只有一小碗……”

“这实在令人同情。”聪明人也惨然说。

“可不是么！”他高兴了。“可是做工是昼夜无休息的：清早担水晚烧饭，上午跑街夜磨面，晴洗衣裳雨张伞，冬烧汽炉夏打扇。半夜要煨银耳，伺候主人耍钱；头钱从来没分，有时还挨皮鞭……”

“唉唉……”聪明人叹息着，眼圈有些发红，似乎要下泪。

“先生！我这样是敷衍不下去的。我总得另外想法子。可是什么法子呢？”

“我想，你总会好起来……”

“是吗？但愿如此。可是我对先生诉了冤苦，又得你的同情和慰安，已经舒坦得不少了。可见天理没有灭绝……”

但是，不几日，他又不平起来了，仍然寻人去诉苦。

“先生！”他流着眼泪说，“你知道的。我住的简直比猪窠还不如。主人并不将我当人；他对他的叭儿狗还要好到几万倍……”

“混账！”那人大叫起来，使他吃惊了。那人是一个傻子。

“先生，我住的只是一间破小屋，又湿，又阴，满是臭虫，睡下去就咬得真可以。秽气冲着鼻子，四面又没有一个窗……”

“你不会要你的主人开一个窗的么？”

“这怎么行？”

“那么，你带我去看去！”傻子跟奴才到他屋外，动手就砸那泥墙。

“先生！你干什么？”他大惊地说。

“我给你打开一个窗洞来。”

“这不行！主人要骂的！”

“管他呢！”他仍然砸。

“人来呀！强盗在毁咱们的屋子了！快来呀！迟一点可要打出窟窿来了！”他哭嚷着，在地上团团地打滚。

一群奴才都出来了，将傻子赶走。

听到了喊声，慢慢地最后出来的是主人。

“有强盗要来毁咱们的屋子，我首先叫喊起来，大家一同把他赶走了。”他恭敬而得胜地说。

“你不错。”主人这样夸奖他。

这一天就来了许多慰问的人，聪明人也在内。

“先生。这回因为我有功，主人夸奖了我了。你先前说我总会好起来，实在是有先见之明……”他大有希望似的高兴地说。

“可不是么。”聪明人也代为高兴似的回答他。

三、蒙学经典——《三字经》（四十五）

táng liú yàn fāng qī suì
唐 刘 晏， 方 七 岁。

jǔ shén tóng zuò zhèng zì
举 神 童， 作 正 字。

bǐ	suī	yòu	shēn	yǐ	shì
彼	虽	幼，	身	已	仕。
ěr	yòu	xué	miǎn	ér	zhì
尔	幼	学，	勉	而	致。
yǒu	wéi	zhě	yì	ruò	shì
有	为	者，	亦	若	是。

注解：

唐朝的刘晏，七岁时就饱读诗书，通过童子科的考试，成为翰林院的正字官，负责校对典籍和刊正文字。后来，他官至吏部尚书，是唐朝有名的理财家。刘晏虽然年纪幼小，却已经任职做官。如果你们从小认真学习，勤勉努力，也是可以做到的。要想成为一个有用的人，只要勤奋好学，也可以像刘晏一样名扬千古。

四、课后朗读

朗读剧本《聪明的猴子》，用所学的表达方法塑造剧中的不同角色。

聪明的猴子

时间：中午

地点：森林

角色：黑熊、白羊、猴子

（幕开时，黑熊关在笼子里，白羊走上来）

黑熊：白羊弟弟，你快来救救我吧！

白羊：（走近笼子看了看）不！你会把我吃掉的。

黑熊：怎么会呢？

白羊：你说的是真话？

黑熊：当然是真话啦，我还可以保护你呢，快把我放出来吧！

（白羊迟疑了一会儿，还是过去把笼子的门拉开了，黑熊走出来了）

黑熊：哈哈哈！小白羊，你太愚蠢了，我两天没有吃东西了，现在正好用你来填饱我的肚子。

白羊：（吃惊地）什么？刚才你不是说过不吃我，还要保护我的吗？

黑熊：不过，我现在改变主意了。

白羊：那怎么行呢？你应该守信用啊！

黑熊：哈哈哈！小白羊，你应该知道，我是从来不守信用的。哈哈哈！

白羊：（退后惊叫）你别过来！别过来！

猴子：（跳出来）是怎么回事啊？

白羊：猴子先生，你来得正好，请你评评理吧！我救了他，他不保护我，反而要把我吃掉，你说他讲不讲道理呢？

猴子：什么？黑熊大哥，那你就不对啦。

黑熊：少说废话！我被关了两天，肚子正饿得咕咕叫，我当然要吃掉他！

猴子：啊？原来你已经饿了两天了，那么吃了他也是应该的，应该的。

白羊：（焦急起来）什么？你说什么？

黑熊：哈哈哈！小白羊，猴子也说我应该把你吃掉。（扑上去抓白羊）

白羊：（大惊退后）你！你！（躲到猴子背后）

猴子：慢着！慢着！黑熊大哥，你真的这么饿吗？

黑熊：当然是真的。我已经被关了两天了，肚子实在饿得要命。

猴子：你别开玩笑了，笼子这么小，你怎么进得去呢？

黑熊：怎么进不去？不信，你看！（黑熊边说边急着往笼子里跑）

猴子：（猴子立即把门关了）哈哈哈！

白羊：哈哈哈！

黑熊：（黑熊用力拍打笼子，大叫）快放我出来！快放我出来！

猴子：哈哈！这回是你自讨苦吃，谁叫你忘恩负义呢？

五、古诗赏读

秋夜将晓出篱门迎凉有感（其二）

［宋］陆　游

三万里河东入海，五千仞岳上摩天。

遗民泪尽胡尘里，南望王师又一年。

第四课
形体语言为什么很重要

一、本课要点

形体语言是指眼神、表情、肢体动作等能传递内心情感的身体状态和动作。形体语言是对有声语言在视觉感受上的补充和增强，是必须与有声语言有机配合使用的艺术表达手段。形体语言最能直接反映说话人的真实身体状态和真实心理活动。

（一）突出强化语义

随着语势的抑扬顿挫，表情、手势等形体语言的默契配合可以突出并增强语义表达效果。

（二）帮助产生联想

丰富的眼神、多变的表情、灵动的手势能在无形中引发观众的某些联想，使语言表达更加生动形象。

（三）有效渲染情绪

形体语言是作用于观众视觉的，如果能结合有声语言的听觉作用，就能更好地通过视、听双重作用产生直观的形象感染力，并能有效地渲染情绪和氛围。

（四）彰显个性特征

形体语言是语言的重要组成部分，个人感受一定会通过肢体动作直接呈现出来，不同的人宣泄情绪的肢体动作也是不同的。比如有的人痛哭的时候爱抱头，有的人却捂着脸，还有的人满地打滚。

二、课堂朗读

某些特定的手势、表情和体态通常被约定俗成为一种具有准确含义的语言，我们可以用一些抽象词语进行形体语言的表达训练。

（一）眼神

视线其实是有形的。如果把视线停留在对方双眼和嘴巴之间的区域，常常表示着真诚；如果直视对方双眼，可能带有挑衅的意味；如果回避对方或目光闪烁不定，就会给人不坦诚和心不在焉的感觉；如果不敢正视前方，不敢与观众交流眼神，则会让人觉得紧张、胆怯。

在语言表达中我们要善于将眼神所涵盖的这些意义与词语有机地结合起来，配合有声语言增强表达效果。

练习：根据以下语句的意义提示，用眼神来表达。

（1）安慰的眼神；

（2）温暖的目光；

（3）愤怒的目光；

（4）狡猾的目光；

（5）心慌的眼神；

（6）失落的眼神；

（7）高傲的眼神；

（8）激动欢呼时的眼神；

（9）从眼镜框斜射出目光；

（10）奄奄一息的病人奋力睁开双眼。

（二）面部表情

面部表情的运用是语言表达中最多姿多彩的，但又不可过于丰富。

练习：根据以下语句的意义提示，用面部表情来表达。

（1）嗤之以鼻；

（2）咬牙切齿；

（3）不知所措；

（4）意想不到；

（5）陷入沉思；

（6）满心欢喜；

（7）彬彬有礼；

（8）诡计多端。

（三）朗读作品《立论》

立　论

鲁　迅

我梦见自己正在小学校的讲堂上预备作文，向老师请教立论的方法。

“难！”老师从眼镜圈外斜射出眼光来，看着我，说：“我告诉你一件事——一家人家生了一个男孩，合家高兴透顶了。满月的时候，抱出来给客人看，大概自然是想得一点好兆头。一个说：‘这孩子将来要发财的。’他于是得到一番感谢。一个说：‘这孩子将来要做官的。’他于是收回几句恭维。一个说：‘这孩子将来要死的。’他于是得到一顿大家合力的痛打。”

“说要死的必然，说富贵的或许说谎。但说谎的得好报，说必然的遭打。你……”

“我愿意既不谎人，也不遭打。那么，老师，我得怎么说呢？”

“那么，你得说：‘啊呀！这孩子呵！你瞧，多么……啊唷！哈哈！Hehe！hehehehe！’”

三、蒙学经典——《三字经》（四十六）

quǎn	shǒu	yè	jī	sī	chén
犬	守	夜，	鸡	司	晨。
gǒu	bù	xué	hé	wéi	rén
苟	不	学，	曷	为	人。
cán	tǔ	sī	fēng	niàng	mì
蚕	吐	丝，	蜂	酿	蜜。
rén	bù	xué	bù	rú	wù
人	不	学，	不	如	物。

注解：

狗会在晚上守夜看门，防止盗贼入侵。公鸡会在早晨报晓，提醒人们天亮了。这些动物、畜生都能尽他们的本分，我们如果不能善用禀赋，不知道上进，只是苟且度日，哪还有资格做人呢？蚕能吐丝，供给人类，使我们有了做衣服的原料；蜜蜂采花酿蜜，提供给人食用。人如果不肯努力学习，岂不是连这些小动物都不如吗？

四、课后朗读

朗读剧本《完璧归赵》（一），用不同的形体语言塑造剧中的不同角色。

完璧归赵（一）

时间：春秋战国时期

地点：赵国皇宫

人物：赵王、蔺相如、宫女2人、大臣A、大臣B、大臣C、大臣D

（两位宫女站在赵王身后，群臣位于两侧。赵王双手捧着和氏璧，一会儿拿起来，一会儿放下去，眉头紧锁，连连叹气。宫女奉上银耳莲子羹，被赵王推翻在地。蔺相如上）

蔺相如：大王，和氏璧可是价值连城的宝物，我们有幸得到它，是一件高兴的事，您为何如此苦恼呢？

赵王：（摆摆手）和氏璧是个宝物，可它也是祸端啊！我收到了秦王的一封信，他说要拿十五座城池来换这块和氏璧！

（众大臣议论纷纷）

大臣A：十五座城池换一块和氏璧？这么优厚的条件，不像是秦王一贯的作风啊！

大臣B：十五座城池足以让我们国家更加强盛，秦王这葫芦里卖的什么药？

蔺相如：大王，和氏璧虽然是奇珍异宝，但是秦王一向贪婪狡诈，他绝不会兑现诺言的，您可千万不能上当啊！

赵王：我何尝不知道他用心险恶啊！可他出的条件这么丰厚，我们要是不答应，他就会以此为借口攻打我们，到了那时候，我国可就惹来灾祸了啊！

大臣C：是啊，大王，秦国国力雄厚，我们现在的兵力不足以和他们相抗衡，还是忍痛割爱吧！

大臣D：不！绝不可以这样做！这样一定会被秦王白白骗取和氏璧，全天下都会取笑我们赵国！

赵王：所以我才烦心啊，谁能想出个两全其美的办法，既不要和秦国伤了和气，又能维护国家的尊严呢？

（大臣们面面相觑，无人作声）

蔺相如：大王，臣愿意作为使臣，完成此次任务！如果秦王他没有这份诚意，我一定把和氏璧完好无损地带回来！

赵王：好！（鼓掌，拉住蔺相如的双手）爱卿啊，我就知道你有勇有谋，必能完成此次任务！

蔺相如：大王，您放心吧！

五、古诗赏读

四时田园杂兴（其二十五）

［宋］范成大

梅子金黄杏子肥，麦花雪白菜花稀。

日长篱落无人过，惟有蜻蜓蛱蝶飞。

第五课
大方协调展示形体语言

一、本课要点

（一）面部表情要随内容而变化

面部表情是内心的反映，随着作品内容的变化，朗读者的面部表情也应该随之变化，而且还要真诚、自然。初学者最容易出现的问题就是表情呆板。

（二）眼神要会说话

你与观众的目光交流，就是一次次心灵的交流，要让观众从你的眼神中读出有声语言所不能表达出来的、蕴含在你内心的“言外之意”。要让眼神会说话，首先，需要有自信，敢于说话；其次，需要有方法，善于说话。

（三）手势要舒展大气

手势是舞台表演时最常用的一种肢体语言，一定要舒展大气。因为手势不仅可以增强表达的“势”，也可以从视觉上增强表演的感染力。如果缩手缩脚，会让观众觉得表演者太紧张、不自信。

（四）体态要松弛自然

体态绝不仅仅是指站或者坐的姿态，体态反映的是艺术修养、舞台经验等综合素养。简而言之，就是台风，就是舞台上的艺术魅力。一个僵硬的身体绝对不可能表现出一个活灵活现的思想。所以，只有体态松弛自然，才能很好地通过有声语言以及眼神、表情、手势等无声语言将作品内容和思想感情表达出来。

二、课堂朗读

（一）头部动作

头部动作在形体语言中也具有直接传递正确信息的作用。最常见的是点头表示肯定，摇头表示否定，环顾左右表示不愿表态。头部动作的频率不同，表示的程度也不同。使劲地点头表示极度赞同，快速地摇头则表示坚决否定。

练习：根据以下语句的意义提示，用头部动作来表达。

（1）满意地点了点头；

（2）不得不点头承认；

（3）无可奈何地摇头；

（4）深深地表示歉意；

（5）高兴地点头同意；

（6）激动地连连点头；

（7）不解地摇了摇头；

（8）偷偷地回头一笑；

（9）悄悄地摇了摇头；

（10）低头陷入了沉思。

（二）朗读作品《两条狗》

两　条　狗[1]

［希腊］伊　索等著　吴建平　于国畔译

有个人养了两条狗：一条狗训练成猎狗，另一条在家看门。每当猎狗从野外为他带来猎物时，他总要丢一块给看家狗吃。猎狗生气了，开始数落看家狗。猎狗说："我每次去打猎总是累得筋疲力尽，而看家狗什么活也不干，只知道坐享其成，靠他的劳动撑饱肚子。"看家狗反驳说："该骂的不是我，而是主人，因为是主人让我养成不劳而获、靠别人劳动养活的习惯。"

① 本篇节选自上海译文出版社《伊索寓言》。

三、蒙学经典——《三字经》(四十七)

yòu	ér	xué	zhuàng	ér	xíng
幼	而	学,	壮	而	行。
shàng	zhì	jūn	xià	zé	mín
上	致	君,	下	泽	民。
yáng	míng	shēng	xiǎn	fù	mǔ
扬	名	声,	显	父	母。
guāng	yú	qián	yù	yú	hòu
光	于	前,	裕	于	后。

注解:

一个人在年轻的时候,就要努力学习,长大后要把所学到的学问用于实践,这样才能辅佐皇帝和报效国家,也才能造福社会和人民。一个人做到这样,不仅能扬名天下,使父母感到光荣、欣慰,也能光宗耀祖,还能惠及后代子孙。

四、课后朗读

朗读剧本《完璧归赵》(二),用不同的形体语言塑造剧中的不同角色。

完璧归赵(二)

时间:春秋战国时期

地点:秦国皇宫

人物:蔺相如、秦王、侍卫官、马车夫2人、宫女2人、大臣A、大臣B、大臣C、大臣D、士兵

(《踏古》音乐起,两位马车夫和蔺相如驾着画有马车图案的纸板,一路飞驰,来到秦国皇宫)

侍卫官:赵国使臣蔺相如求见——

秦王:哈哈哈,赵国果然惧怕我国的实力,这就把和氏璧乖乖地送来了。

大臣A：大王，赵国不过是一个区区小国，怎敢不听大王的？

大臣们：就是就是。

秦王：宣他进来！

蔺相如：（蔺相如手捧和氏璧，镇定自若一步一步地走近）赵国使臣蔺相如拜见大王！

秦王：蔺相如……嗯，你一路舟车劳顿，辛苦了！快把和氏璧拿来给寡人欣赏欣赏！

（侍卫接过和氏璧，递了过去）

秦王：和氏璧果然名不虚传！今天到了我的手里，哈哈哈，好！真是太好了！各位爱卿，你们也来见识见识！

大臣B：天呐，这果真是一块稀世珍玉。

大臣C：花纹也雕刻的非常精致。

大臣D：好玉啊，好玉！

蔺相如：大王！

（众人无人理睬，继续捧玉称赞）

蔺相如：（大声地）大王！

（静场）

秦王：哦，我想赵国使臣大概是累了，快带他歇息去。

蔺相如：多谢大王关心，这和氏璧虽然是好，可是它带有一点点小小的瑕疵，不仔细看可是看不出来的。如果大王允许，就让微臣指给您看吧！

秦王：哦？我还以为和氏璧是洁白无瑕的呢，原来也有瑕斑啊，来，快指给我看看！

（蔺相如快步上前，接过和氏璧后猛然退后，举起和氏璧）

蔺相如：（理直气壮地大声说）大王，看来您根本没有诚意以城换玉，所以我把玉要回来。

士兵：（一个士兵拔出刀来，大声喝道）大胆蔺相如！竟敢欺骗大王！

蔺相如：别过来！你要敢过来，我的头颅就和这和氏璧一起撞在这根柱子上！

秦王：（连连摆手）别别别，别别别，我这就换，这就换，来人啊！把地图拿来！

秦王：（在地图上随意指点）这十五座城池就赏赐给你们赵国，现在请把和氏璧给我吧！

蔺相如：慢着！这和氏璧可是旷世奇珍，欣赏它的人都应该先沐浴更衣，五日不吃荤腥，我们赵王曾为了欣赏和氏璧而戒斋了五天，而您却没有那么做，难道不怕被天下人耻笑不懂礼节、亵渎和氏璧吗？

秦王：（捋了捋胡子）有道理……来人！马上给寡人沐浴更衣，戒斋五天！我要让天下人知道，秦王可是个懂礼的人！

大臣A：那大王，这蔺相如……怎么处置？

秦王：蔺相如……唉，就让他先休息吧，五天之后，举行一个盛大的交接仪式！退朝！

（秦王退朝，众大臣离去。赵国的两位马车夫上场，蔺相如在他们耳边低语了几句）

五、古诗赏读

惠崇春江晓景

［宋］苏 轼

竹外桃花三两枝，春江水暖鸭先知。

蒌蒿满地芦芽短，正是河豚欲上时。

第六课
形体语言需要注意什么

一、本课要点

（一）要与语言节奏同步

形体语言要与有声语言保持节奏上的同步与协调，不能抢先，也不能无故延后。

（二）要精心设计少而精

所谓设计，就是要清楚地回答为什么是这样的动作或表情，在语言进行到这里时是需要的，但动作应该少而精，要为情感变化服务。由于形体动作无法表达复杂的抽象意义，但是对形象具体的描写也不要一个词、一个字说到哪里就比画到哪里。

（三）要大方自然不做作

形体语言是表演者内心真实感受的外在呈现，如果没有真感受，形体动作就会显得生硬不自然，甚至矫揉造作。千万不能为做动作而做动作，也不能不自觉地重复单一动作。

二、课堂朗读

（一）手势

手势是动作幅度最大的形体语言，最容易让观众看到表演者的状态，所以一定要舒展大气。有的表演者往往因为过于紧张和拘谨在舞台上手足无措、缩手缩脚；有的表演者还会双手同步重复一个动作，或者一动不动双手紧贴身侧像电线杆一样；有的表演者是为了做动作而做动作。

练习：根据以下语句的意义提示，用手势来表达。

（1）有礼貌地表示请（平摊右手等）；

（2）激动地表示高兴（拍腿、击掌等）；

（3）满意地表示赞赏（摸下巴、竖拇指等）；

（4）有力地示意安静（掌心向下、双手伸直等）；

（5）焦急地表示为难（反复搓手、挠头等）；

（6）深深地表示后悔（拍脑门等）；

（7）羞怯地表示拘束（摸后脑勺、拽衣服等）；

（8）大方地表示友好（伸出手与对方握手等）；

（9）伤心地表示悲痛（单手捶胸、捶腿、抱头等）；

（10）茫然地表示不解（耸肩、摊双手等）。

（二）朗读作品《会叫的猫》

会 叫 的 猫

佚　名

一只会叫的猫对它的朋友诉苦说："真奇怪，你这样闷声不响，人们偏喜欢你。他们对我非常粗暴，我到哪儿他们都赶我走。"

"大概是你做了对不起他们的事吧？"它的朋友，一只不大爱叫的猫说。

"没有啊。"

"那可能是没有能力？"

"说哪儿的话！"会叫的猫说，"我会叫得很。"

"对啦。"它的朋友说，"恐怕问题就在这里，你应该从事你的工作，光叫有什么用呢！"

"我叫得可好听了呢！"会叫的猫争辩说。

"再好听也没有用，猫的事业不在于叫啊。"

"你要知道，我叫得可认真呢！我能叫一整夜，一叫起来，整个村庄都听得见。"

"啊呀！"不爱叫的猫说，"我的朋友，你怎么还不明白，我们要做的工作和大嚷大叫是不一样的。你越是要叫，叫得越是认真，也就越没有什么用啦！"

如果具备的条件和所做的努力，同达到某个目的所要求的刚好相反，那么，目的是永远也达不到的。

三、蒙学经典——《三字经》（四十八）

rén yí zǐ jīn mǎn yíng
人 遗 子，金 满 籯。
wǒ jiào zǐ wéi yī jīng
我 教 子，惟 一 经。
qín yǒu gōng xì wú yì
勤 有 功，戏 无 益。
jiè zhī zāi yí miǎn lì
戒 之 哉，宜 勉 力。

注解：

通常人们留给子孙的是满箱的金银财宝，我却不同，我教育子孙的只有一部《三字经》。因为金山银山总有用光的一天，而知识却永远贵如黄金。像《三字经》这样的文化经典，永远可以用来教导子孙好好读书以及明白为人处世的道理。只要肯勤劳努力和用功学习，一定会学有所成。但是，如果只是嬉戏，不肯上进，虚度光阴，必将无益。所以，我们一定要有戒惧之心，时刻提醒自己不能只顾玩乐，应该时时勤勉，好好努力。

四、课后朗读

朗读剧本《完璧归赵》（三），用不同的形体语言塑造剧中不同的角色。

完 璧 归 赵（三）

时间：春秋战国时期

地点：秦国皇宫

人物：蔺相如、秦王、侍卫官、马车夫2人、大臣A、大臣B、大臣C、大臣D、舞女若干

（两个马车夫一人举卡通大型时钟板，另一人拨动指针，五天过去了。

古典音乐起，舞女跳舞。秦王和大臣饮酒作乐，欣赏歌舞，其乐融融）

侍卫官：（气喘吁吁）报——大王！不好了，大王！

秦王：什么事情这么紧张？

侍卫官：听说那个蔺相如已经派人把和氏璧送回了赵国，赵国正在举行庆祝大典，说大王您欣赏之后，原物归还！

秦王：（摔酒杯）大胆蔺相如！没想到他居然敢戏弄寡人，我一定要将他碎尸万段！

大臣A：万万不可啊大王！杀了蔺相如要怎么拿到和氏璧呢？

大臣B：是啊，大王息怒！赵国虽然弱小，但也不可小看！

大臣C：没错，我们要是因为一块和氏璧出兵攻打赵国，那天下百姓都会骂我们以强欺弱！

大臣D：是啊，失去民心得不偿失，请大王三思！

众大臣：请大王三思！

秦王：没想到这个蔺相如真是个足智多谋的人，为何我强大的秦国竟会被一区区小国的臣民弄得晕头转向呢？

蔺相如：这其中的奥秘就让我来告诉你吧，做事情既要有勇气也要有智慧。面对强势，要有勇气与之抗衡，同时应当灵活，随机应变。拿勇气与智慧和对方抗衡，才有可能转败为胜，重获成功。

合：这个故事的名字就叫作——完璧归赵。

五、古诗赏读

夏日绝句

［宋］李清照

生当作人杰，死亦为鬼雄。
至今思项羽，不肯过江东。

单元拓展

本单元我们以角色的表达为主，目的是让儿童体会作品中的角色应该如何说话，摆脱刻板的读书腔，学会用声音进行描绘和刻画。同时，形体语言的训练一方面可以帮助儿童增强对作品的理解，另一方面可以使声音更有节奏感，更符合作品表情达意的美感。朗读本单元的古诗要注意体会诗歌的意境，多感受形体语言的变化。朗读剧本一定要找到角色情感变化的依据，用形体语言主动配合有声语言进行表达。

一、古诗朗读

春　望

［唐］杜　甫

国破山河在，城春草木深。
感时花溅泪，恨别鸟惊心。
烽火连三月，家书抵万金。
白头搔更短，浑欲不胜簪。

终 南 山

［唐］王　维

太乙近天都，连山接海隅。
白云回望合，青霭入看无。
分野中峰变，阴晴众壑殊。
欲投人处宿，隔水问樵夫。

观猎

［唐］王 维

风劲角弓鸣，将军猎渭城。
草枯鹰眼疾，雪尽马蹄轻。
忽过新丰市，还归细柳营。
回看射雕处，千里暮云平。

二、作品选读

饭钱

人物：阿凡提、穷人、巴依、卡子、旁白

道具：钱袋一个，内装硬币（一元和五角都行，也可加一小铃铛）

旁白：一天，阳光灿烂，一个穷人在大街上慢慢走着，不知不觉，来到了巴依老爷开的饭店门前。

穷人：（用力嗅了嗅，哎呀，好香啊，这味道真是太诱人了，做陶醉状，站立一会，猛然惊醒）这里是巴依的饭馆，他可是个吃人不吐骨头的恶霸，是个铁公鸡也要拔下毛来的贪心鬼，我得赶紧离开这，谁知道他会怎么找我麻烦呢？（作势欲走）

旁白：原来这个巴依又蛮横又贪心，真不知是个什么样的人。

（巴依上场，腆着肚子，眼光四处扫荡，一眼发现穷人欲离去）

巴依：（横眉立目，大喝一声）穷鬼，往哪去。

（穷人吃了一惊，不由站住，畏畏缩缩地上前）

巴依：你站在这儿干什么？

穷人：真是老天有眼，让我碰见了好心的巴依老爷。

巴依：你想干什么呢？是不是想进饭馆吃肉喝酒呀？你个穷鬼。（嘲弄的语气）

穷人：（笑着说）我们穷人哪能进饭店呢。我是从这路过，这就走，这就走。（转身想马上离开）

巴依：（眼珠一转，奸计上心头）往哪走？你先把钱付了再走。

旁白：看看，怪不得人们都说巴依老爷一转眼，穷人就成倒霉蛋。

穷人：（大惊失色）付钱，付什么钱，尊敬的巴依老爷，我并没有进饭馆吃饭啊。

巴依：（极为蛮横）哼！没吃饭！没吃饭也得付钱，你吃了我家饭菜的香味了，吃了香味，就得付钱。

（随着巴依说话，穷人的惊讶之意越来越重，眼睛越挣越大，大声惊叫）

穷人：天哪，老天爷呀，这还有没有天理呀，这还有没有穷人的活路啊。（转向巴依，哀求申辩）善良的巴依老爷，尊贵无比的巴依老爷，你明鉴哪，我可是从这路过的，你不能要我付饭钱呀，我没钱呀，这……这……这……也太不讲道理了。

巴依：没钱？没钱也不行！我要去法官那儿告你，看你给不给钱！

（两人怒视，巴依下）

旁白：穷人，巴依老爷在法官那把你告了。法官让你去听判决。

（阿凡提哼歌上）

（穷人唉声叹气）

旁白：穷人，别叹气啦，阿凡提来了，他可是穷苦人的朋友啊，快向他求救吧！

（穷人抬头看见阿凡提，上前打招呼）

穷人：可敬的阿凡提，我想求您一件事情，不知道您肯不肯帮忙？（期待地看）

阿凡提：噢！你好啊，帮忙？当然可以。（转向观众）帮助人是光荣的事情，也是快乐的事情，你说吧！

穷人：（长长地叹了一口气）唉，咱们穷人过日子真难啊！我只不过在巴依老爷开的饭店门口站了一站，他就说我吃了他饭菜的香味，逼我付钱，我当然不给。他到卡子那儿把我告了，卡子让我去听判决呢，你能为我说几句公道话吗？你能去吗？

阿凡提：行，行！当然可以！现在咱们就去吧！

（阿凡提和穷人在舞台上走一圈，穷人心事重重，跟在阿凡提身后，阿凡提边走边快乐地唱歌，同时巴依和卡子上场）

巴依对卡子说：法官老爷，一会儿去我的饭店喝一杯吧！我请客。

卡子：（笑眯眯）好！好！好！收拾了那个穷鬼就去！

卡子：（看见穷人，马上变了脸色，吹胡子瞪眼喝道）穷鬼，过来！你吃了巴依家饭菜的香味，怎么敢不付钱？这可是法制社会，在这我说了算，谁敢不听我的。快付钱给巴依！

旁白：有这样的官员，还谈什么法制社会。

（穷人求救地望向阿凡提，巴依见到阿凡提，不由一惊）

巴依：呀？阿凡提这个家伙怎么来了，他一肚子鬼心眼，专和我们这些善良的有钱人作对，今天这事有点麻烦。

阿凡提：（走上前去，对法官行了个礼）慢一点儿，法官老爷。（又装作刚看见巴依的样子）有钱的巴依老爷，你也在这。有便宜占的地方就有你呀！

卡子：阿凡提，你来干什么？我这正秉公办案吧，一边待着去。

阿凡提：等一等。（指穷人）我是他的弟弟，我哥哥没有钱，让我来付钱给巴依。我们可是守法公民，不会赖账的。

巴依：（听到付钱，两眼放光，高兴地）亲爱的阿凡提，你真是个善良的人，你真是个慷慨的人，你真是个优秀的公民。我太高兴了。快！钱在哪？快把钱给我吧，一共六块银币，我这可是打了折的。

（卡子微笑着，穷人有些茫然地望着阿凡提）

阿凡提：（从兜里掏出一个小钱袋，举到巴依眼前）巴依老爷，认识这个东西吗？

巴依：（笑得眼睛眯成一条缝）认得！当然认得，这是钱袋，装钱的钱袋。（说到钱，声音里满含贪婪的笑）

阿凡提：（把钱袋摇了几下，钱袋发出响声）巴依老爷，你听见了吗？听见那些可爱的小东西在响了吗？

巴依：（把耳朵贴近钱袋，全神贯注地听着）啊，听到了！听到了！多可爱的小宝贝，多么美妙的声音啊，世上所有的音乐都比不上，真好听。

阿凡提：（收回钱袋）法官大人，巴依老爷，再见！

（卡子和巴依同进愣住）

巴依：（从听钱声的享受中回过神来，不由大喊）阿凡提，你还没给钱呢！我的饭钱，我的钱。

阿凡提：（指穷人）他吃了你饭菜的香味，我付给你钱币的声音，咱们的账两清了。

（阿凡提拉着穷人的手，大摇大摆地下场）

卡子：巴依，案子结束了，咱们去你家的饭馆喝酒吧！

巴依：噢！对不起，法官大人。我今天……我今天还有事，改天再说吧！（面向观众说）哼，没要到钱还想喝酒，这个贪官，不知羞耻！（边说边下场）

卡子：（恨恨地骂）这个一毛不拔的家伙，铁公鸡都比你强！（慢慢下场）

旁白：闻了香味要饭钱，巴依老爷太贪心，不想遇上阿凡提，竹篮打水一场空。

附录

三　字　经①

［宋］王应麟

人之初，性本善。性相近，习相远。
苟不教，性乃迁。教之道，贵以专。
昔孟母，择邻处。子不学，断机杼。
窦燕山，有义方。教五子，名俱扬。
养不教，父之过。教不严，师之惰。
子不学，非所宜。幼不学，老何为。
玉不琢，不成器。人不学，不知义。
为人子，方少时。亲师友，习礼仪。
香九龄，能温席。孝于亲，所当执。
融四岁，能让梨。弟于长，宜先知。
首孝弟，次见闻。知某数，识某文。
一而十，十而百。百而千，千而万。
三才者，天地人。三光者，日月星。
三纲者，君臣义。父子亲，夫妇顺。
曰春夏，曰秋冬。此四时，运不穷。
曰南北，曰西东。此四方，应乎中。
曰水火，木金土。此五行，本乎数。
曰仁义，礼智信。此五常，不容紊。
稻粱菽，麦黍稷。此六谷，人所食。
马牛羊，鸡犬豕。此六畜，人所饲。
曰喜怒，曰哀惧。爱恶欲，七情具。
匏土革，木石金。丝与竹，乃八音。
高曾祖，父而身。身而子，子而孙。

① 本篇节选自中华书局《三字经·百家姓·千字文·弟子规诵读本》。

自子孙，至玄曾。乃九族，人之伦。
父子恩，夫妇从。兄则友，弟则恭。
长幼序，友与朋。君则敬，臣则忠。
此十义，人所同。当顺叙，勿违背。
礼乐射，御书数。古六艺，今不具。
凡训蒙，须讲究。详训诂，明句读。
为学者，必有初。小学终，至四书。
论语者，二十篇。群弟子，记善言。
孟子者，七篇止。讲道德，说仁义。
作中庸，子思笔。中不偏，庸不易。
作大学，乃曾子。自修齐，至平治。
孝经通，四书熟。如六经，始可读。
诗书易，礼春秋。号六经，当讲求。
有连山，有归藏。有周易，三易详。
有典谟，有训诰。有誓命，书之奥。
我周公，作周礼。著六官，存治体。
大小戴，注礼记。述圣言，礼乐备。
曰国风，曰雅颂。号四诗，当讽咏。
诗既亡，春秋作。寓褒贬，别善恶。
三传者，有公羊。有左氏，有谷梁。
经既明，方读子。撮其要，记其事。
五子者，有荀扬。文中子，及老庄。
经子通，读诸史。考世系，知终始。
自羲农，至黄帝。号三皇，居上世。
唐有虞，号二帝。相揖逊，称盛世。
夏有禹，商有汤。周文武，称三王。
夏传子，家天下。四百载，迁夏社。
汤伐夏，国号商。六百载，至纣亡。
周武王，始诛纣。八百载，最长久。

周辙东，王纲坠。逞干戈，尚游说。
始春秋，终战国。五霸强，七雄出。
嬴秦氏，始兼并。传二世，楚汉争。
高祖兴，汉业建。至孝平，王莽篡。
光武兴，为东汉。四百年，终于献。
魏蜀吴，争汉鼎。号三国，迄两晋。
宋齐继，梁陈承。为南朝，都金陵。
北元魏，分东西。宇文周，与高齐。
迨至隋，一土宇。不再传，失统绪。
唐高祖，起义师。除隋乱，创国基。
二十传，三百载。梁灭之，国乃改。
梁唐晋，及汉周。称五代，皆有由。
炎宋兴，受周禅。十八传，南北混。
辽与金，帝号纷。迨灭辽，宋犹存。
至元兴，金绪歇。有宋世，一同灭。
并中国，兼戎翟。九十年，国祚废。
明太祖，久亲师。传建文，方四祀。
迁北京，永乐嗣。迨崇祯，煤山逝。
清太祖，膺景命。靖四方，克大定。
至世祖，乃大同。十二世，清祚终。
廿二史，全在兹。载治乱，知兴衰。
读史者，考实录。通古今，若亲目。
口而诵，心而惟。朝于斯，夕于斯。
昔仲尼，师项橐。古圣贤，尚勤学。
赵中令，读鲁论。彼既仕，学且勤。
披蒲编，削竹简。彼无书，且知勉。
头悬梁，锥刺股。彼不教，自勤苦。
如囊萤，如映雪。家虽贫，学不辍。
如负薪，如挂角。身虽劳，犹苦卓。

苏老泉，二十七。始发愤，读书籍。
彼既老，犹悔迟。尔小生，宜早思。
若梁灏，八十二。对大廷，魁多士。
彼既成，众称异。尔小生，宜立志。
莹八岁，能咏诗。泌七岁，能赋棋。
彼颖悟，人称奇。尔幼学，当效之。
蔡文姬，能辨琴。谢道韫，能咏吟。
彼女子，且聪敏。尔男子，当自警。
唐刘晏，方七岁。举神童，作正字。
彼虽幼，身已仕。尔幼学，勉而致。
有为者，亦若是。犬守夜，鸡司晨。
苟不学，曷为人。蚕吐丝，蜂酿蜜。
人不学，不如物。幼而学，壮而行。
上致君，下泽民。扬名声，显父母。
光于前，裕于后。人遗子，金满籝。
我教子，惟一经。勤有功，戏无益。
戒之哉，宜勉力。

前后鼻音词语对比训练

鼻尾音韵母是由元音和鼻音一起构成的韵母，简称鼻韵母。普通话里可以构成韵母的鼻音只有两个：舌尖鼻音 n 和舌根鼻音 ng。同作为声母的鼻音相比，音节末尾的鼻音在发音上有所不同，其在发音过程中并无除阻阶段。

鼻韵母分为前鼻音韵母和后鼻音韵母两类。前鼻音韵母有 8 个：an、en、in、ian、uan、uen、üan 和 ün。后鼻音韵母有 8 个：ang、eng、ing、iang、uang、ueng、ong 和 iong。

鼻音是口腔中形成阻塞，气流经由鼻腔通道产生的声音。口腔中由于阻塞部位的不同，会产生不同的共鸣音色，形成不同的鼻音。鼻韵母的发音特点：第一，鼻韵母由元音和鼻音两类声音组合而成；第二，鼻韵母实际上是由舌的不同部位活动组合而成，即元音使用舌面，鼻音使用舌尖或舌根；第三，在元音过渡到鼻音的过程中存在互相融合的过渡阶段，即元音鼻化阶段。

下面是部分前后鼻音词语，可以进行具体的发音练习。

1. an—ang

扳手——帮手	担心——当心	心烦——新房
产房——厂房	反问——访问	胆量——当量
散失——丧失	烂漫——浪漫	开饭——开放
山口——伤口	施展——师长	赞颂——葬送

2. ian—iang

脸面——两面	实现——思想	鲜花——香花
闲话——像话	坚硬——僵硬	浅显——抢险
简历——奖励	仙姑——香菇	娴静——详尽
年轮——两轮	老年——老娘	廉价——粮价

3. uan—uang

车船——车床　　穿衣——创意　　还款——狂妄
乱窜——乱闯　　关节——光洁　　专车——装车
转换——撞坏　　机关——激光　　新欢——心慌
算计——双机　　奉还——凤凰　　管控——广阔

4. en—eng

审视——省事　　秋分——秋风　　成分——乘风
沉积——乘机　　粉刺——讽刺　　申明——声明
终身——钟声　　吩咐——丰富　　陈旧——成就
诊治——整治　　绅士——声势　　清真——清蒸

5. in—ing

不仅——布景　　抱紧——报警　　亲生——轻生
频繁——平凡　　弹琴——谈情　　金银——晶莹
现金——陷阱　　禁地——境地　　临时——零食
人民——人名　　民心——明星　　贫民——平民

6. uen—ueng/ong

滚开——公开　　春分——冲锋　　炖肉——冻肉
轮子——笼子　　论文——老翁　　吞并——通病
浑水——洪水　　乡村——香葱　　余温——渔翁

7. ün—iong/ong

运费——费用　　工运——公用　　因循——英雄
勋章——胸章　　巡幸——雄性　　均匀——中庸
群像——穷乡　　逡巡——穷凶　　寻机——雄鸡

图书在版编目（CIP）数据

声动梁尘：字正腔圆的基本功 / 刘剑，吴晓蕾编著. — 上海:上海教育出版社，2020.7
（开始朗读吧）
ISBN 978-7-5720-0246-5

Ⅰ. ①声… Ⅱ. ①刘… ②吴… Ⅲ. ①朗诵 – 语言艺术 – 儿童读物
Ⅳ. ①H019-49

中国版本图书馆CIP数据核字(2020)第133739号